ミネルヴァ日本評伝選

久坂玄瑞

志気凡ならず、何卒大成致せかし

一坂太郎著

ミネルヴァ書房

刊行の趣意

「学問は歴史に極まり候ことに候」とは、先哲荻生徂徠のことばである。

歴史のなかにこそ人間の智恵は宿されている。人間の愚かさもそこにはあらわだ。この歴史を探り、歴史に学んでこそ、人間はようやくみずからの正体を知り、いくらかは賢くなることができる。新しい勇気を得て未来に向かうことができる。徂徠はそう言いたかったのだろう。

「ミネルヴァ日本評伝選」は、私たちの直接の先人について、この人間知を学びなおそうという試みである。日本列島の過去に生きた人々の言行を、深く、くわしく探って、そこに現代への批判を聴きとろうとする試みである。日本人ばかりではない。列島の歴史にかかわった多くの異国の人々の声にも耳を傾けよう。

先人たちの書き残した文章をそのひだにまで立ち入って読み、彼らの旅した跡をたどりなおし、彼らのなしとげた事業を広い文脈のなかで注意深く観察しなおす――そのとき、はじめて先人たちはいまの私たちのかたわらによみがえってくる。彼らのなまの声で歴史の智恵を、また人間であることのよろこびと苦しみを、私たちに伝えてくれもするだろう。

この「評伝選」のつらなりのなかから、列島の歴史はおのずからその複雑さと奥ゆきの深さをもって浮かび上がってくるはずだ。これを読むとき、私たちのなかに新たな自信と勇気が湧いてきて、その矜持と勇気をもって「グローバリゼーション」の世紀に立ち向かってゆくことができる――そのような「ミネルヴァ日本評伝選」にしたいと、私たちは願っている。

平成十五年（二〇〇三）九月

上横手雅敬
芳賀　徹

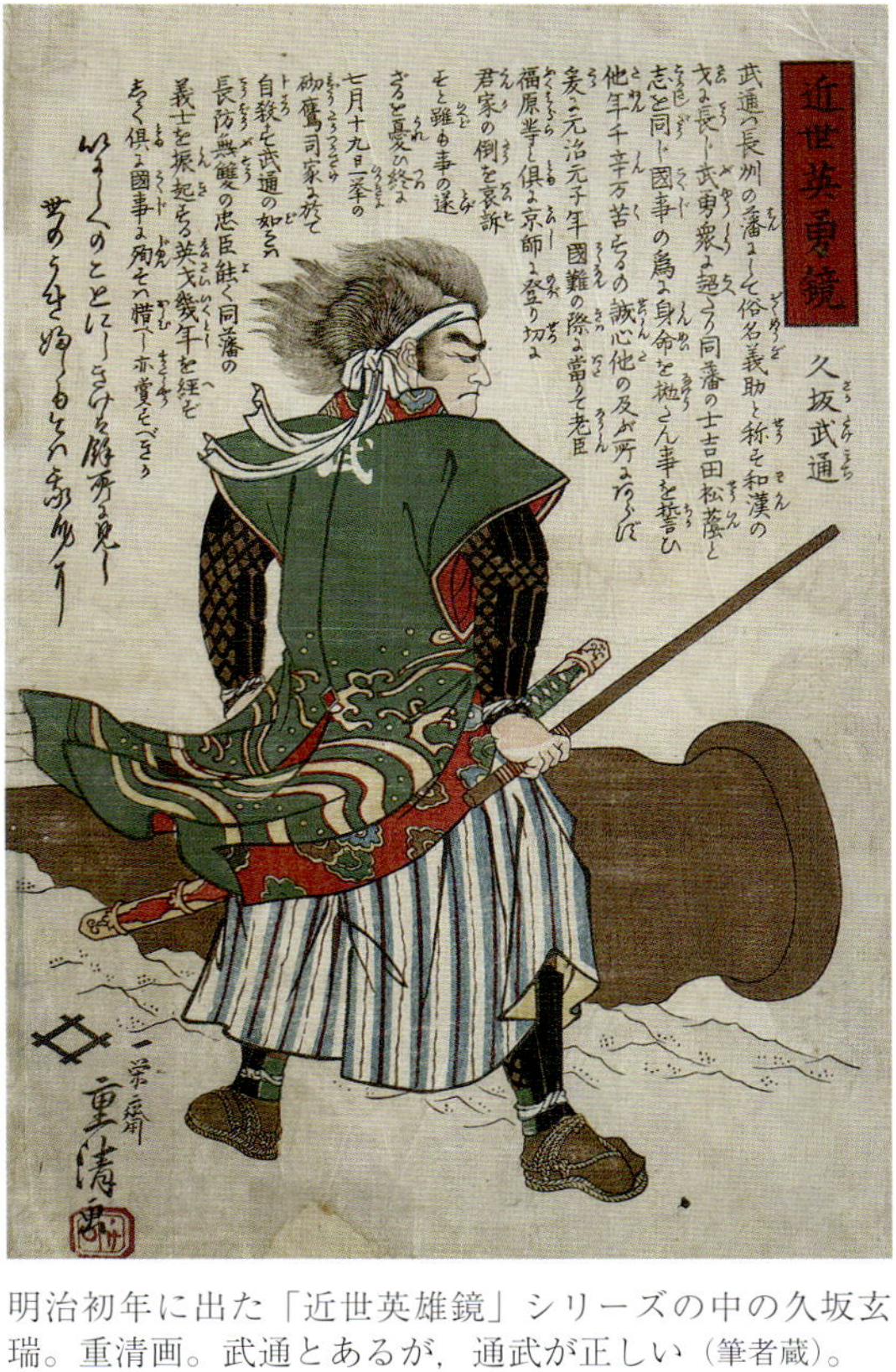

明治初年に出た「近世英雄鏡」シリーズの中の久坂玄瑞。重清画。武通とあるが，通武が正しい（筆者蔵）。

田床山から眺めた萩。日本海に面した三角州に城下が築かれていた。

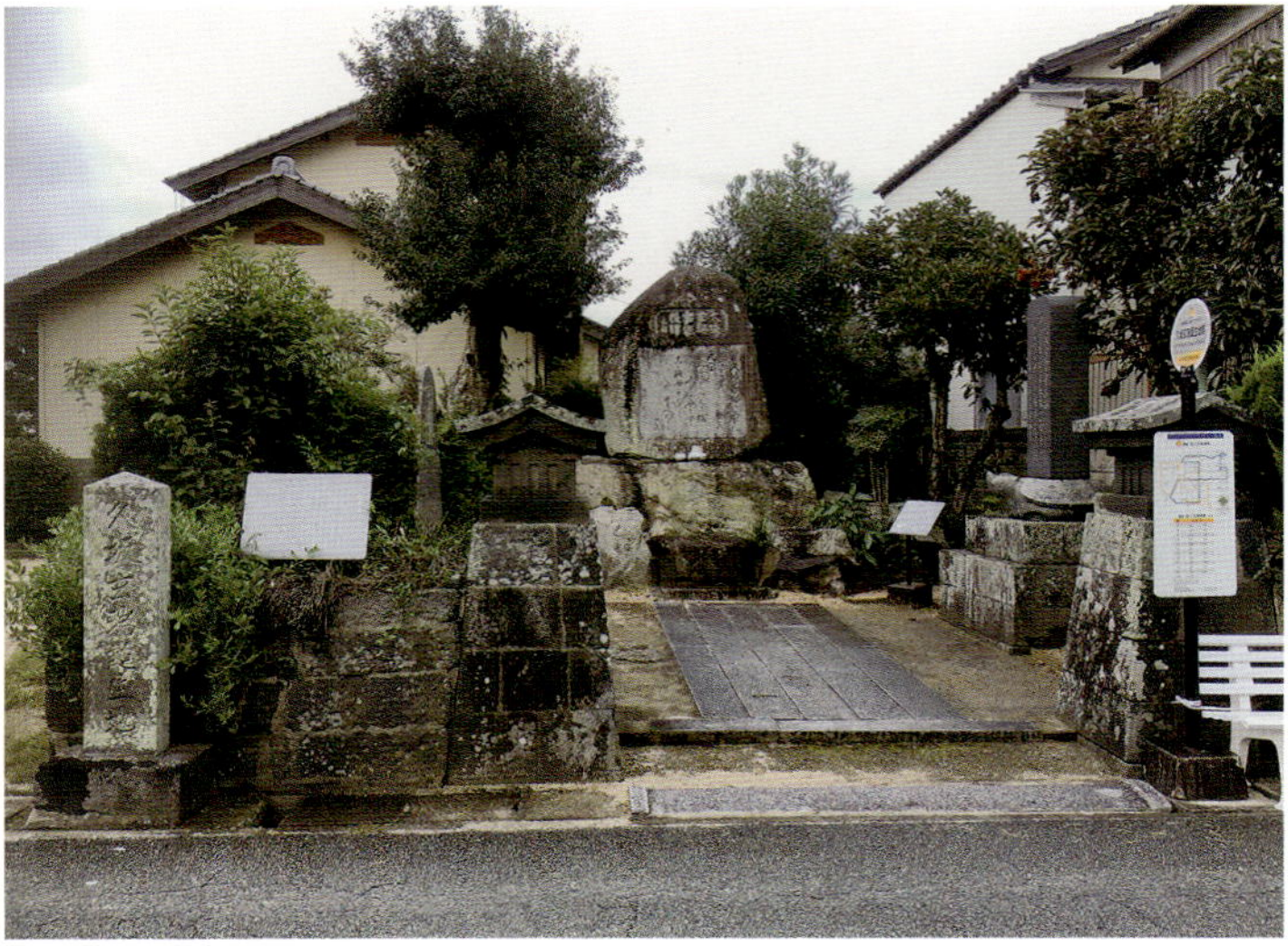

久坂玄瑞生誕地（山口県萩市）。

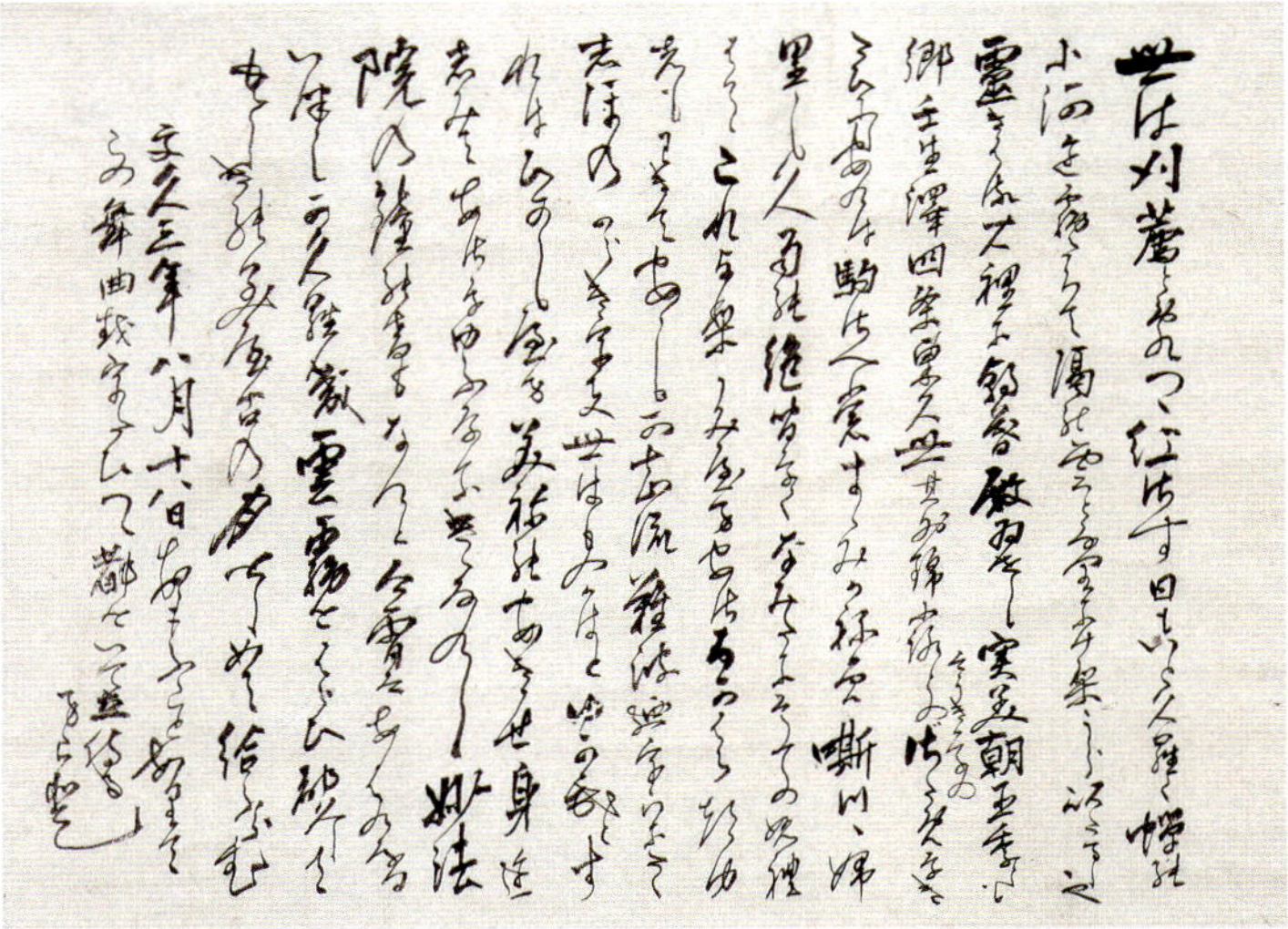

玄瑞筆七卿落今様（山口県立山口博物館蔵）。

八月十八日の政変。驚愕し三条実美邸に駆けつけた親兵と長州勢（『三条実美公履歴』）。

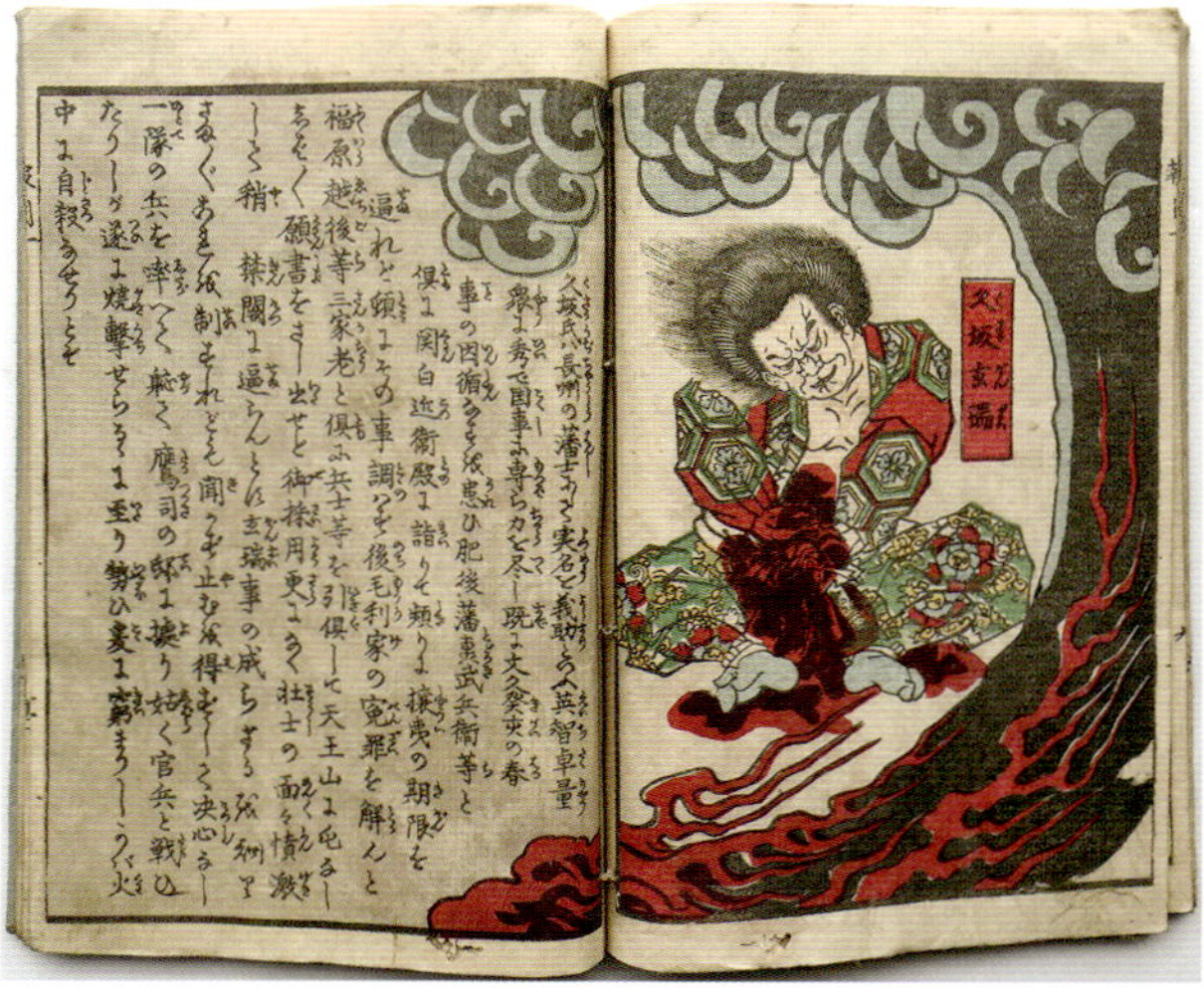

明治七年刊の『報国者絵入伝記』に描かれた凄絶な玄瑞の最期（筆者蔵）。

玄瑞が自刃して果てた鷹司邸跡（京都府京都市）。

はじめに

国内政治の混乱と西洋列強の外圧により、各地で変革を熱望するエネルギーが勃興し、二百年以上つづいた幕藩体制を打ち砕いてゆく。それが、「幕末」という時代の大きな魅力であろう。

幕末の主役たちは戦国時代などとは異なり、権力者である大名や公家ではない。「有志」「志士」と呼ばれる、名もなき若者たちであった。かれらは本来なら国や藩の政治に、直接関与できる身分ではない。ところが、時代の要請に応じるかのように歴史の表舞台に颯爽と登場し、縦横無尽に活躍する。あまりにも生き急ぎ、十代、二十代で生命を散らした者も多い。

この時代に、若き藩士たちが中心となり、藩という巨大組織を動かしたのは、なんといっても長州藩毛利家だろう。吉田松陰が尊王攘夷論（尊攘論）を唱え、その門下生たちが強引に藩を引きずって、幾度か修羅場に立ちながらも、ついには徳川幕府を打倒してしまった。そのエネルギーたるや、凄まじいとしか言いようがない。

松下村塾で松陰の教えを受けた九十余名の門下生のうち、高杉晋作と久坂玄瑞は突出した存在で、「双璧」「竜虎」として、その名がいまも語り継がれている。いずれも二十代の若さで、「明治」という新時代を見る事なく亡くなっているから、英雄視されやすい。

知名度が高いのは、圧倒的に高杉晋作の方だろう。明治以降、数十冊の伝記も出版されている。しかし、代々藩主の側近を輩出した大組（八組《はっくみ》・馬廻り）に属する高杉家の長男として生まれた晋作は、「有志」「志士」と言うには、あまりにも毛並みが良すぎる。父の小忠太が若殿（のち世子毛利定広《さだひろ》・山口藩知藩事毛利元徳《もとのり》）の教育掛を務めていたから、晋作も幼少のころから若殿の遊び相手だった。二十三歳の初出仕が世子小姓役で、以後のエリートコースは約束されたも同然だったのである。晋作自身の能力が優れていたのは確かだが、活躍の舞台は本人の努力とは別のところで、生まれながらに用意されていた。だから、晋作は「有志的な面を強く持つ若手官僚」と言うのが正しい。

その点、玄瑞は違う。玄瑞の生まれた久坂家は寺社組に属する藩医だった。天下太平がつづいていれば、せいぜい藩主かその家族の脈を診て、医者としての栄誉を手にする可能性くらいはあったかもしれない。しかし、藩、まして国の政治を動かすような立場ではない。それが、重要な政治的ポジションを獲得し、京都政局を引っ掻き回し、天皇からもにらまれたあげく、藩を滅亡寸前の危機的状況にまで追い込んでしまう。そして、数え年二十五で散華した。現代ならば、大学を出たばかりの年齢であることに、驚きを禁じ得ない。

玄瑞こそ、「有志」「志士」の典型であり、時代の寵児であると私は思う。

なぜ、このような特異な人物が出現したのだろうか。その軌跡を辿りながら、いまから百数十年前の「幕末」と呼ばれた、時代の過渡期について考えてみたい。

なお改元された年は原則として、一月一日から新しい元号で表記した。史料などの引用は原則として読み下し、旧仮名使いを新仮名使いに改めたり、読み易い表記に改めている。『吉田松陰全集』は昭和十三年から十五年にかけて出版された、いわゆる普及版に依った。久坂玄瑞に関する往復文書は『久坂玄瑞史料』、日記・意見書類・詩歌などは『久坂玄瑞全集』に依った。ただし、いずれも例外はある。

久坂玄瑞——志気凡ならず、何卒大成致せかし

目次

はじめに

目　次

目次

図版写真一覧

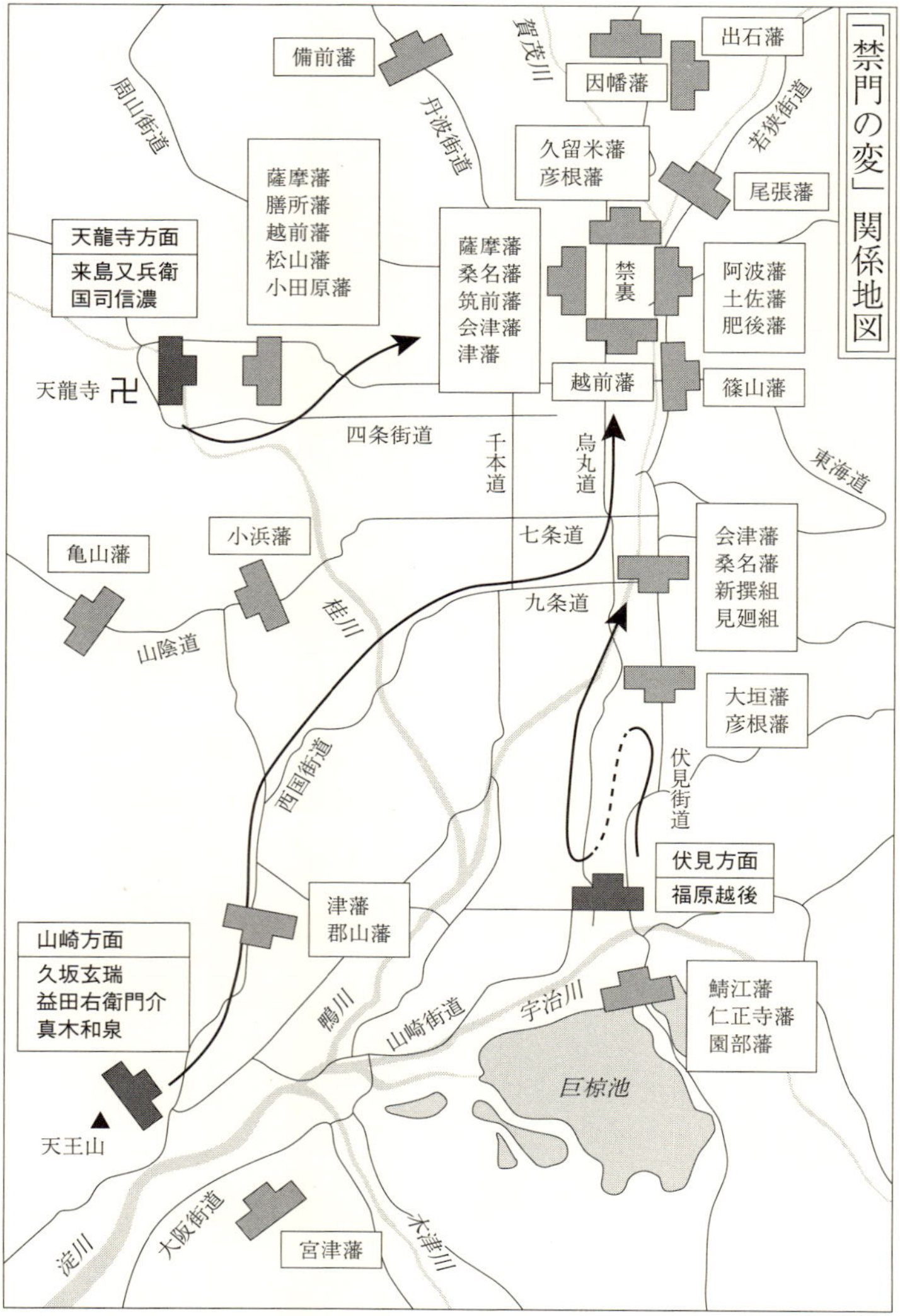
備前藩
出石藩
因幡藩
賀茂川
周山街道
丹波街道
若狭街道
久留米藩
彦根藩
尾張藩
薩摩藩
膳所藩
越前藩
松山藩
小田原藩
天龍寺方面
来島又兵衛
国司信濃
薩摩藩
桑名藩
筑前藩
会津藩
津藩
禁裏
阿波藩
土佐藩
肥後藩
天龍寺
越前藩
篠山藩
四条街道
千本道
烏丸道
東海道
亀山藩
小浜藩
七条道
会津藩
桑名藩
新撰組
見廻組
九条道
山陰道
桂川
大垣藩
彦根藩
西国街道
伏見街道
伏見方面
福原越後
津藩
郡山藩
山崎方面
久坂玄瑞
益田右衛門介
真木和泉
鯖江藩
仁正寺藩
園部藩
宇治川
鴨川
山崎街道
巨椋池
天王山
大阪街道
宮津藩
淀川
木津川

「禁門の変」関係地図

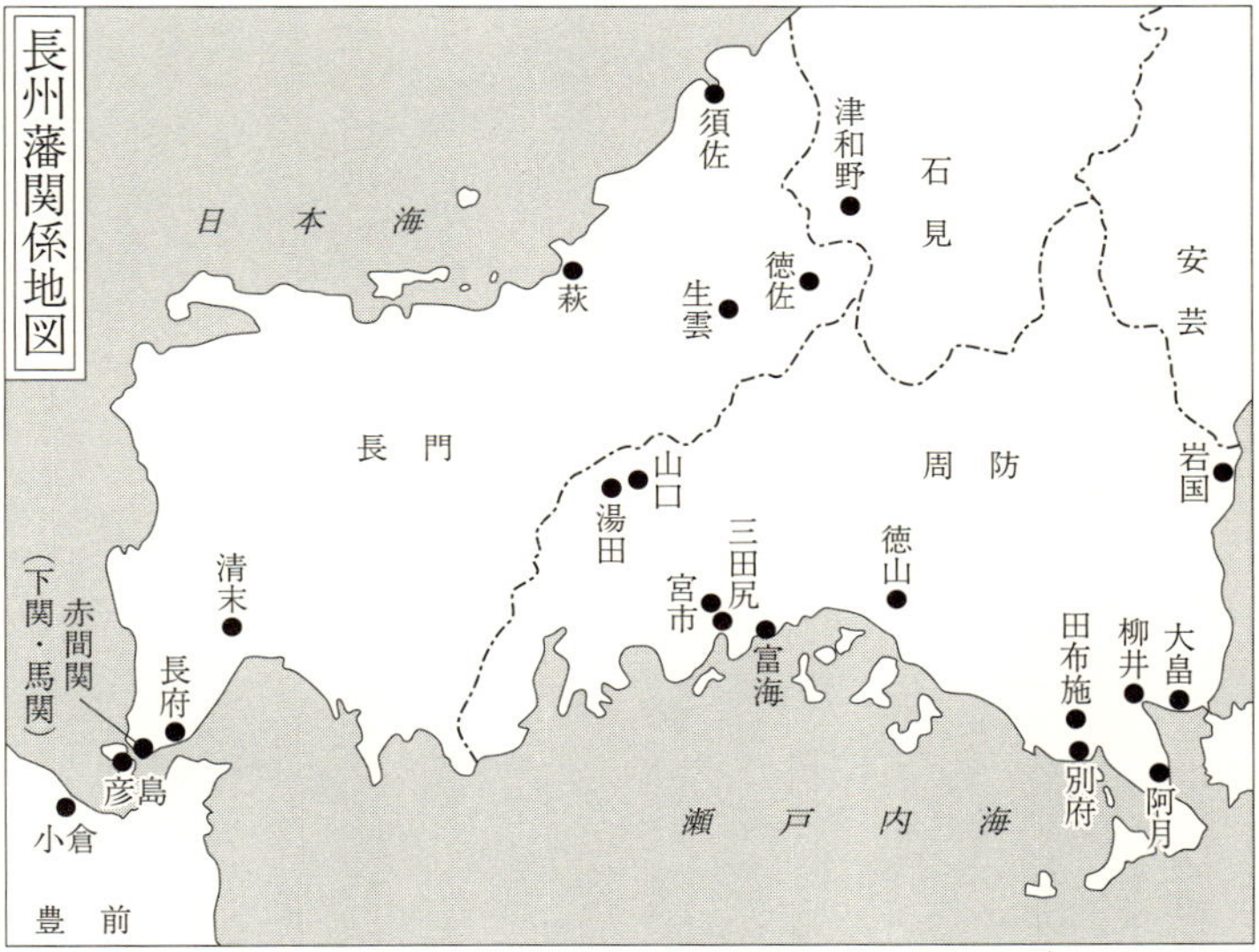

長州藩関係地図

（上）関ヶ原合戦に敗れた毛利氏は周防・長門の領主となった。現在の山口県がそのまま当てはまる。図は田中彰『幕末の藩政改革』より作成。

（右）玄瑞たち山崎勢が御所を目指して進軍したルートには諸説ある。京都の町に入った頃にはすでに開戦しており，玄瑞は兵士たちを急がせたという。図は『京都の歴史・7』をもとに作成。

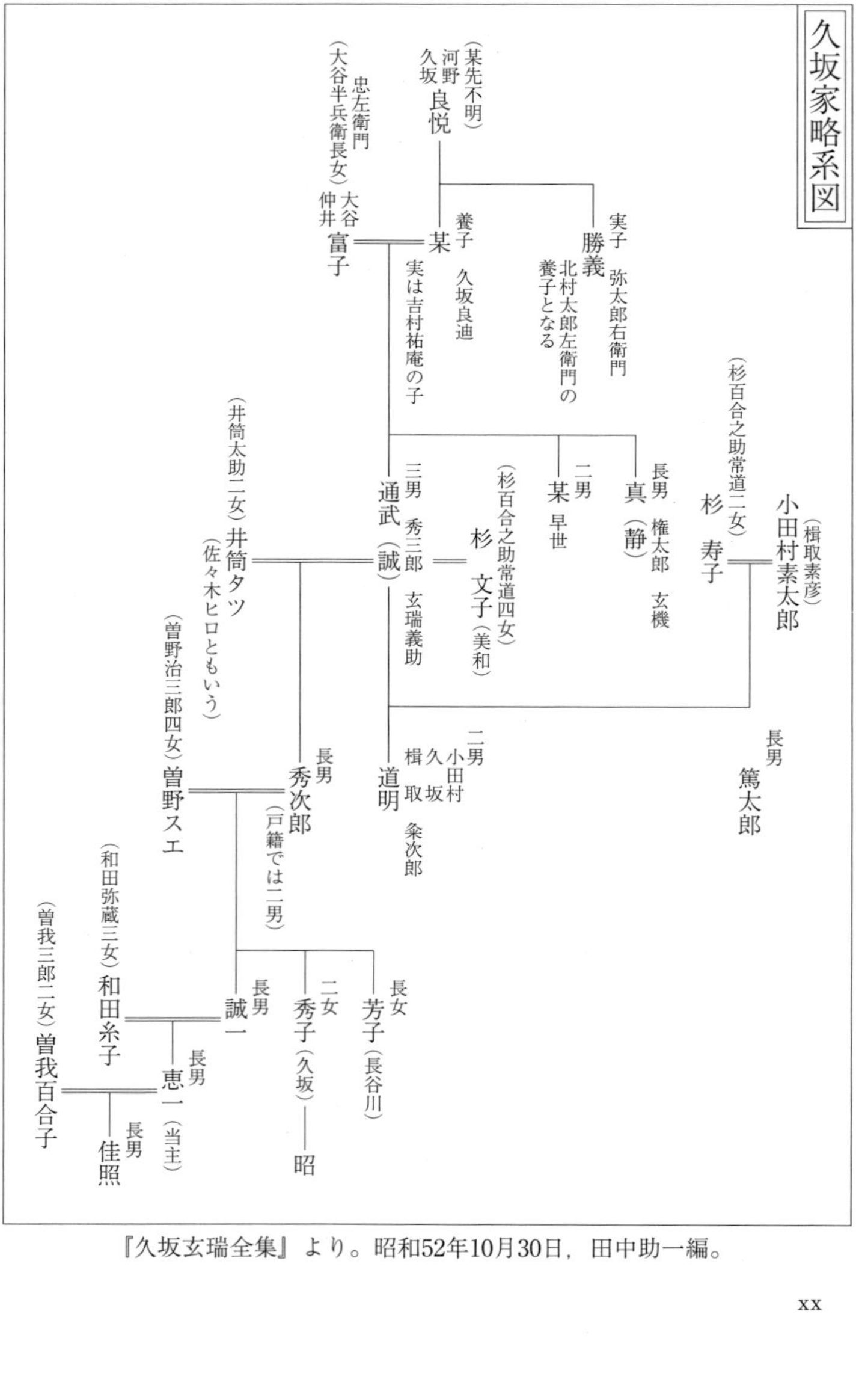

『久坂玄瑞全集』より。昭和52年10月30日，田中助一編。

第一章　誕生から九州遊歴まで

1　誕生

平安古に生まる

中国山脈の奥深くに位置する嘉年上《かねかみ》（現在の山口県山口市）を源とする阿武川《あぶ》は、日本海にそそぐ手前で松本川（阿武川本流）と橋本川に分かれる。長州藩（萩藩）毛利家三十六万九千石の牙城である萩城下町は、ふたつの川に挟まれた三角州の上に築かれていた。毛利氏は慶長五年（一六〇〇）九月の関ヶ原合戦で徳川家康に敗れ、中国地方八カ国百十二万石の覇者から周防・長門の二カ国、いわゆる防長二州の領主に転落した。しかも本拠としていた瀬戸内の安芸広島を追われ、山陰の長門萩に封じ込められてしまう。

こうして萩の三角州の開墾が進められ、西南部の平安古《ひやこ》地区には多くの武家や町人の屋敷地が設けられてゆく。現在も至るところに江戸時代の面影が残る平安古は昭和五十一年（一九七六）、国の重要伝統的建造物保存地区に選定された。この平安古地区が、幕末の長州藩で尊攘運動の急先鋒として活躍した久坂玄瑞の故郷である。吉田松陰に師事した玄瑞は元治元年（一八六四）七月十九日、京都において数え年二十五で生命を散らす。「明治」と改元される、わずか四年前のことだ。

玄瑞は天保十一年（一八四〇）五月（日不詳）、平安古本町の八軒長屋に生まれた。父は藩医の久坂良廸、母は富子。兄弟は兄が二人あり、いずれも父母は同じである。

長兄の久坂玄機《げんき》は医学、蘭学の素養が深いことで知られ、玄瑞より二十も年長だった。次兄の新三郎は文政五年（一八二二）に生まれたが、同七年十一月十四日、三歳で夭逝《ようせつ》している（久坂恵一『久坂家略伝〈改訂版〉』、以下『久坂家略伝』とする）。

幼名は秀三郎。家督を相続して安政元年（一八五四）六月に玄瑞という医者の名になり、文久三年（一八六三）七月には平士の列に加えられたので義助《よしすけ》と改めた。また、通武《みちたけ》・誠・誠道・允武・豊武などと名乗った。実甫《じっぽ》の字《あざな》は、吉田松陰から与えられたという。号は江月斎《こうげつさい》・秋湖《しゅうこ》などが知られる。

失われた生家

玄瑞が生まれた家屋は現存しない。ただ、平安古の住宅街の中に角材型の「久坂玄瑞誕生地」と刻む石碑をはじめいくつかの石碑が建ち、「史跡」として整備された一角がある。他の「志士」の生誕地などは石碑が一本ぽつんと建つのみというのがほとんどだから、かなりの特別扱いである。

これは玄瑞生誕百年を翌年に控えた昭和十四年（一九三九）五月、陸軍中将藤田鴻助らが中心となって整備したものだ。軍国主義に傾く当時の世相を考えると、攘夷を叫び、外国艦に戦いを挑んだ玄瑞の「史跡」が顕彰されたのも頷ける。まず、正面の自然石の碑には玄瑞と行動を共にした尊攘派公卿で、のちに明治政府の太政大臣などを務めた三条実美が詠んだ、次の歌が刻まれている。

　　久坂義助の霊にたむけて
九重のみはしのちりをはらはむとこころも身をもうちくだきたる

京都守護職の会津藩主（ちり）を除くべく、「禁門の変」で御所に突入して死んだことを悼んでいる。その向かって右手には「久坂玄瑞先生遺詠」として、次の一首を刻む石碑も建つ。

　　けふもまた知られぬ露の命もて千年を照らす月を見るかな

「史跡」の前には萩市が運営するコミュニティバスが停まり、停留所名は「久坂玄瑞誕生地前」である。ところが、すぐ北側の民家前にも萩町（萩市となったのは昭和七年から）が大正十四年（一九二五）三月に建立した「久坂義助住所地」と刻む角材型の石碑があり、困惑してしまう。

近年まで残っていた玄瑞旧宅とも言われていた長屋門（山口県萩市）

さらには松本二郎『維新のふる里　萩の風景と人物』には、昭和七年撮影という「久坂玄機・久坂玄瑞　誕生地」と刻む角材型の石碑の写真が掲載されている。この石碑は萩市内、平安古三軒屋丁にあったようだが現在は見当たらない。また、近年まで碑の付近に残っていた古い長屋門が玄瑞旧宅との説もある（古川薫ほか『高杉晋作写真集』や地元の伝承）。どうやら昭和十四年に「生誕地」が「史跡」として整備されるまでは、いくつかの説が混在していたらしい。

これが武家の持ち家ならば、「萩城下町絵図」に当主名が明記されているはずだ。そこで嘉永五年（一八五二）の絵図を見ると、現在の「生誕地」あたりの邸宅には「竹田純朴」の名が見える。幕末のころ、竹田家は五十三石、藩お抱えの茶人（千宗佐流）で、手廻組に属していた（田村哲夫ほか編『萩藩給禄帳』）。竹田の北隣は町人の所有地のようで、青く塗りつぶされており、南隣は「百姓地」となっている。いずれにせよ、「久坂」の名は見当たらない。

福本義亮編『久坂玄瑞全集』には誕生地につき、萩の椿東《ちんとう》小学校長などを務めた信国顕治《のぶくにけんじ》が昭和初期に書いたと思われる、次の一文が収められている。

「しかしその誕生地は萩平安古本町八軒長屋の奥にある本屋なり、久坂は本屋の玄関表座敷の方を借り受け、後の方には山根利輔〈清末《きよすえ》藩士〉が居られて両家合宿なりき。利輔は玄瑞の生まれたる時、彼をだいたり抱えたりしたりとは利輔の直話なり。この山根を訪問せるは杉民治《みんじ》翁の指示によるものなり、而して久坂家は平安寺本門の向ひに居られ、後に其の寺の西隣〈現今魚屋のある所〉

に移られ、さらに万行寺の所にも又その筋の河岸端近所にも居られたり」

久坂家は当時借家住まいだったから、「萩城下町絵図」には名が記されなかったのだろう。平安古地区の中を、転々としていた様子がうかがえる。身内である吉田松陰の実兄杉民治（梅太郎）ですら「久坂は貧しかりし故に住所を転々到底覚え切れざる所なり」と語ったと、信国は述べている。「萩城下町絵図」などを見る限りでは、どこからどこまでを久坂家が借りていたのか特定するのは難しいが、「史跡」として整備された一角よりはやや北側の一部ではなかったかと推測する。

久坂家のこと

玄瑞が生まれた久坂家は、長州藩毛利家に仕える医家だった。始祖は第七代孝霊天皇の第三王子である伊予王子とされ、越智姓河野一族だと伝えられる（『久坂家略伝』）。安政期の分限帳（『萩藩給禄帳』）によると、同藩中には「本道医（内科医）」の久坂家は二家存在していた。

ひとつは、大組に属する久坂の本家だ。大組とは一門（六家）、永代家老（二家）、寄組（六十二家）に次ぐ階級であり、藩主側近などもここから選ばれる。『萩藩給禄帳』には「同（扶持）四人銀三百目（外高弐拾五石）本道医　道三流　久坂文中　五一（歳）」と見える。ちなみにこの分限帳が作られたころの久坂家は、藩主の側近グループである「手廻組」に選抜されていたため藩内でも重きをなした医家だったことが分かる。

いまひとつの久坂家は、寺社組に属する「弐拾五石　本道医道三流　久坂玄瑞　一六（歳）」だ。寺社組は大組の下に位置する階級で、二百石から十四石の儒者・医師・書画家・騎馬師・能狂言師など技芸をもって仕える者から成り、寺社奉行が統轄している（時山弥八編『増補訂正もりのしげり』、以下『もりのしげり』とする）。階級から見てもこちらが別家であり、玄瑞が生まれた家である（すでに当主として玄瑞の名が記載されている）。

　この別家の初代は、玄瑞の祖父にあたる久坂良悦だから、それほど古い家ではない。久坂良悦《りょうえつ》の前身は、寄組士児玉家の抱え医だった河野良悦である。良悦は安永二年（一七七三）、久坂家の中継ぎ養子となった。久坂玄伯が没し、息子良伯が年少の十三歳だったからである。この仕事を、良悦は良伯が一人前になる寛政二年（一七九〇）までつづけた。その功により、良悦は一代限りの藩医となり、以後も久坂を名乗って別家を立てることを許された。

　良悦は江戸へ出て、瑤台院《ようだいいん》（長姫。七代長州藩主毛利重就九女、のち富山藩主前田利謙《まえだとしかね》夫人）・邦媛院《ほうえんいん》（節子姫。八代長州藩主毛利容徳夫人）・貞操院（幸姫。九代長州藩主毛利斉房夫人）などの侍医を務め、文化五年（一八〇八）に萩に帰っている。文化八年、再び江戸へ出て法鏡院《ほうきょういん》（三津姫《みつひめ》。十代長州藩主毛利斉熙夫人）の侍医を務めたりしたが、文政元年（一八一八）八月二十七日、萩で七十六歳の生涯を閉じた（香川政一『久坂玄瑞』）。

　次が玄瑞の父でもある良廸だが、かれは元来萩の人ではない。瀬戸内に近い、周防国熊毛郡田布施《たぶせ》（現在の山口県熊毛郡田布施町）に住む吉村祐庵の息子である。吉村は、医者として寄組士柳沢家に仕えていた。

別家久坂家の初代となった良悦には弥太郎右衛門勝義という実子がいたが、すでに北村太郎左衛門の養子になっていた（『久坂家略伝』）。そこで、吉村の二十五歳になる息子を養子家督とする。これが良廸で、文政三年（一八二〇）四月十六日、養父の跡目相続を認められた。

良悦は薄給の嘱託医でありながら、「堅固に相勤め、苦労を遂げ」たという。このため、藩は何らかの恩典を与えるつもりだったが、行われないうちに没してしまった。よって良廸には「格別の御心入れを以て」、父の棒給であった二十五俵をそのまま禄に直し、譜代の臣、寺社組に加えるとの沙汰が出る（武田勘治『久坂玄瑞』）。

良廸は「三楽」と号し、医業のかたわらで俳句などを楽しむ風流人でもあった。文政五年、藩主斉《なり》熙《ひろ》の三男郷之助（信順。安政二年三月、萩において四十歳で没）の侍医を十六年間にわたり務めている。また、江戸へ呼ばれ、十三代長州藩主毛利慶親《よしちか》（敬親）夫人の都美姫や側室の侍医を務めたりした（香川政一『久坂玄瑞』）。

このように、祖父や父が侍医として藩主やその家族に身近で接し、信頼を得ていたことは、のちに玄瑞が政治活動を行うさい、有利に作用したことは想像に難くない。また、玄瑞没後の慶応元年（一八六五）九月、その妻文（吉田松陰の末妹）が「美和（のち美和子）」と称し、毛利家の奥御殿に女中として奉公し、藩主の孫興丸《おきまる》（のち毛利元昭《もとあきら》）の傅《もり》役を務めることになったのも、かの女が「久坂家の嫁」であったことと無関係ではあるまい。

玄瑞の母富子もまた、生まれつきの萩の人ではない。萩城下から直線距離で二十キロメートルほど

生雲の大谷家跡（山口県山口市）

東の山間部に入った、長門国阿武郡生雲村《いくも》（現在の山口県山口市）の大谷家の八代、半兵衛の娘である。家格を整えるため、長州藩士仲井（中井）家の養女ということにして、久坂家に嫁いで来た。

生雲村の庄屋である大谷家は大庄屋も兼ね、苗字帯刀を認められていた。富子の兄で九代当主となる忠兵衛や、その長男である久七（玄瑞の従兄弟）は幕末のころ政治運動に係わり、慶応二年（一八六六）の四境《しきょう》戦争（第二次長州戦争）では生雲村に駐屯した南園隊のために、自宅屋敷を提供している。あるいは京都を脱走した公卿の中山忠光や七卿のひとり沢宣嘉《のぶよし》を匿ったりした（波多放彩『阿東町誌』）。玄瑞の生活を経済的に支援したり、一時寄寓させたりもした。玄瑞も大谷家との付き合いは特に大切にしていたようで、自分が藩外で活動している間も、妻に訪ねさせたりしている。

玄瑞が生まれたころ

くしくも玄瑞が生まれた天保十一年（一八四〇）五月、長州藩主毛利慶親（天保八年襲封）はお国入りにさいし、村田清風を江戸当役用談役に昇格させた。ここに長州藩の「天保の改革」の幕が本格的に開く。清風は負債を「八万貫の大敵」と呼び、解消のために厳しい倹約を実施した。さらに天保十四年（一八四三）には「三十七カ年賦皆済仕法《さんじゅうななかねんふかいさいしほう》」という、負債踏み倒しに近い財政の立て直しを実行しようする。ところが商人や、ついには藩士たちからも激しい反発を受けてしまい、翌年の弘化元年（一八四四）には、早くも退陣に追い込まれた。かわりに反対派の坪井九右衛門らが藩の実権を握り、「三十七カ年賦皆済仕法」を止めさせ、「公内借《くないしゃく》捌法《はっぽう》」に替えたが、かえって藩は借金を抱え、財政を傾かせてしまう。

また、玄瑞が生まれた天保十一年（一八四〇）はイギリスと清朝中国との間にアヘン戦争が起こり、対外危機感が急速に高まった年でもある。十八世紀後半、産業革命を成功させ、資本主義を確立した西洋列強は、強大な武力を背景としてアジアに進出して来た。同じころ北方では、ロシア南下の危機も迫る。

長州藩領（現在の山口県がそのまま当てはまる）は三方が海に囲まれているから、西洋列強の動向に過敏なまでに反応し、早くから海防が盛んに叫ばれていた。清風は同年九月二十七日、対外防備が急務であると、藩主に建言している。こうして天保十四年四月一日には、羽賀台（現在の萩市郊外）で総数一万四千百十人（異説あり）を動員した大操練が行われた。「明治維新」の序曲とも言うべき戦国時代さながらの大操練は、後世まで語り継がれることになる。玄瑞は数えで四つだから、もちろん直接関係してはいない。

つづいて弘化元年には長門国の阿武郡・大津郡・豊浦郡海岸に砲台が築かれ、同四年（一八四七）三月十三日には萩に招かれた日向延岡藩士吉羽数馬による洋式砲術実演が、やはり羽賀台で行われたりした（「毛利氏史要年表」『もりのしげり』）。

このような世相の中で育った玄瑞であるが、少年時代にかんする逸話は、ほとんど伝わっていない。安政四年（一八五七）、十八歳のころ作った「感有り」と題した詩（『丁巳鄙稿』）に、子供のころ鳩車や竹馬で遊び、秋には梨や棗を食べ、春には紙凧を上げて遊んだといった思い出が詠まれているから、おそらくは平凡な少年時代だったのだろう。

2 少年のころ

吉松淳蔵に師事

香川政一『久坂玄瑞』には、天神祭の日に奉納される「御槍《おやり》の備《そなえ》」を見ていた玄瑞が、「毛利家は将軍様の臣下ではなくて、御天子様の臣下である」と、兄玄機から教えられたりする逸話が出てくるが、真偽のほどは分からない。同書によると、少年玄瑞が基礎的な学力を身につけた場所は「吉松淳蔵《じゅんぞう》の塾」であり、「塾は萩の平安古満行寺筋にあつて、玄瑞の家の後の町である」という。あるいは、のちに同志となる横山幾太は玄瑞のこととして、「その幼なるときは平安古に吉松淳蔵とて私塾あり、これに学びたるを以て、余等はその幼なるときは能く知られざれども、その名は萩中に聞え居り」と回顧する（『吉田松陰全集・十二』）。その秀才ぶりは、早くから城下に知れ渡っていたようだ。

幼少期の玄瑞を指導した吉松淳蔵（号・松蔭）は文政元年（一八一八）、周防防府の商家小西屋の四男に生まれ、萩の吉松家を継ぎ、私塾を主宰した。養父の惣右衛門は藩お抱えの馬医である。吉松家は明和三年（一七六六）ころから代々私塾を主宰しており、淳蔵も三十四年間で一千五百人あまりを教えたという（栗田興一「もう一つの『松下村塾』――吉松塾」『史都萩・二十四号』）。

同じころ、吉松塾には高杉晋作も通って来ていた。玄瑞と晋作は後年、松陰門下の「双璧《そうへき》」「竜《りゅう》虎《こ》」などと称される。のちに同志となる長州藩陪臣（寄組児玉家の臣）の大楽源太郎も、吉松塾で学んでいた（内田伸『大楽源太郎』）。

香川政一『久坂玄瑞』では「彼の詩文の才と見識とは、吉松塾に於いて既に儕輩《さいはい》（同輩）を凌ぐものがあった」とする。吉松家の子孫方には淳蔵が江戸に赴くさい、玄瑞から贈られた詩書が伝わっている。あるいは後年のこととして、「久坂の配慮であろうが吉松塾と、松下村塾とは親しく互いに会読と称して往来したとその他色々近親の老人から聞いている」という話も地元に伝わる（『維新のふる里萩の風景と人物』）。

淳蔵は明治二十年（一八八七）、七十歳で他界した。晩年は故郷防府で過ごしたという（吉田祥朔『増補近世防長人名辞典』、以下『近世防長人名辞典』とする）。

蘭学を学んだ玄機

少年のころの玄瑞に、多大な影響を及ぼしたのは長兄の久坂玄機である。玄機は文政三年（一八二〇、異説あり）、萩城下平安古の石屋町と満行寺筋の交差点東南角の家に生まれた。現在同地には「久坂玄機誕生地」と刻む角材型の石碑が建つ。諱は真・静、天籟《てんらい》と号した。二十二歳の弘化三年（一八四六）八月より三年間、家業の医学修業のため、京坂方面に赴いている。

適塾（大阪府大阪市北区）

やがて玄機は蘭学に傾倒し、その道で名を知られるようになってゆく。大坂瓦町で緒方洪庵が主宰する適々斎塾（適塾）に出入りし、客分のような扱いを受けた。嘉永元年（一八四八）一月ころ、蘭学者伊東玄朴《げんぼく》は江戸で主宰する象先堂《しょうせんどう》の塾頭に玄機を迎えようと考えたが、実現しなかったという。大坂滞在中には長州藩からの依頼で蘭書『ヘロトロン』を翻訳し、「演砲法律」と名付けている（田中助一『防長医学史』）。

萩の両親は、玄機が家学である道三流の医学から離れてゆくのではないかと心配した。だが、玄機はあくまで本職の医学修業を最優先させていること、その上で職外の分野を兼ねていることを、嘉永元年（一八四八）一月十七日付の両親あての長文の手紙（『久坂玄瑞全集』）で正直に知らせている。玄機が言う職外とは「防夷の学」、国防のことだ。それは「報国の寸忠」であり、「立身出世の俗情」といった私心から出たものではないとも釈明する。また、洋書の翻訳も「国家への報效」のためだと言う。

洪庵の義弟である緒方郁蔵は、適塾の協力者だった。のち大坂で独立したさい、自分の塾則の第一に「蘭学を学ぶと雖も、常に我朝の道を守り、国体を失すべからず」と書いている（緒方富雄『緒方洪庵伝　第二版増補版』）。これが、当時の学者の心得であり、玄機も肝に銘じていたのだろう。

洪庵自身も西洋兵学に強い関心を抱き、書籍を探していた。そのことは、先に見た玄機の両親あての手紙に「緒方も昨年来は砲術書抔をも懇望つかまつり候ゆえ、色々通詞へ相談に及び候えども、価は少しも不憾、其の侭江戸へ持ち登り候」などとあることからもうかがえる。

玄機は蘭学を学び、砲術書を研究して西洋列強の外圧を除くために働きたいと願っていた。その思いは弘化四年（一八四八）、大坂で親交を深めた阪谷朗廬《さかたにろうろ》が備中に帰国するさい玄機が贈った、七言四十四句の長詩からもうかがえる。阪谷は『海防臆測《かいぼうおくそく》』を著し、幕府の海防策を批判した古賀侗庵《こがとうあん》に江戸で師事したこともある漢学者だ。長詩には次のような一節がある。

談、海冠防禦の事に及び
我はすなわち泰西洋に出づべしと説く
洋夷狡黠にして醜となすべきと雖も
すべからく八紘（世界）を洞照すべし
客（阪谷）曰く、可なり、吾もまた念《おも》へり

玄機は日本から西洋に打ち出してゆく積極的な攘夷論を説き、西洋人はずる賢いから憎むべきだとも言っている。

また、ある蘭学医が西洋の元旦を祝おうと玄機を招待したが、玄機は自分が洋書を読むのは西洋の長所を学んで、日本の短所を補うためであり、西洋に膝を屈したのではないと、憤慨したという。これは万延元年（一八六〇）に玄瑞が著した『俟采択録《しさいたくろく》』中に出てくる逸話だ。

嘉永二年（一八四九）一月十八日、長州藩は医学興隆のため萩城下南苑に設けられた医学所の制度改変を行い、侍医の能美洞庵《のうみとうあん》を頭取役とする。洞庵は青木周弼《しゅうすけ》・赤川玄悦《げんえつ》を会頭役、そして玄機を都役とするよう藩当局に願い出た。そこで藩は同月二十七日付で玄機に大坂からの至急帰国を命じ、嫡子雇として医学館の都講役を任じる。

同年六月、長崎で蘭医モーニッキが天然痘の感染予防である牛痘接種法を試み、成功した。そこで長州藩でも種痘を行うことになり、九月一日、玄機のほかに赤川・青木が引痘掛を命じられる。そして種痘は十月二日、医学館で行われ、成功を収めた。これにより種痘は藩内全域に広がり、多くの生命を救うことになる。あるいは玄機は、種痘にかんする蘭書『治痘新局』を翻訳しているが、これは刊行には至らなかったようだ。

翌三年（一八五〇）一月、玄機は医書購入のため大坂へ出張する（『萩市史・一』）。六月二十九日、医学館である済生堂の機構は改革され、好生館と改称されたが、玄機はその都講兼書物方を任ぜられた。八月十一日には好生館の開館式が盛大に行われ、式後、玄機と青木は藩主毛利慶親《よしちか》に蘭書を進講した。慶親は大いに医道の興隆に励むよう、玄機に内命する（『防長医学史』）。

久坂家代々への藩からの沙汰を集めた「伝書」（『久坂玄瑞全集』）には、「年月不詳」だが、藩が「かねて業事に志厚く、和漢の医学且つ蘭学をも出精」した玄機を奨励して、「一金　拾両」の賞与を出したさいの添状が収められている。藩から将来を嘱望されていたのだ。

ところが玄機は安政元年（一八五四）二月二十七日、三十五歳で病死してしまった。アメリカやロシアの使節が相次いで来航したため、藩に出す上書を最期まで病床で書いていたと言う。この上書につき安政六年（一八五九）春ころ、野山獄に投ぜられていた吉田松陰は「久坂玄機の上書の事を記す」という短い文章を書いている。それによると上書は、久坂家には残っていなかった。中村道太は相模警備の陣営の倉庫に保存されているのではないかと言う。だが、当時長州藩は相模から撤退しており、上書の行方が分からない。そこで松陰は上書を探し出し、玄瑞に抄録させたらいいと述べている。

また、すこし後のことになるが、文久元年（一八六一）三月二十三日、玄瑞が妻文の兄杉梅太郎（民治《みんじ》）にあてた手紙で、「亡兄玄機遺著数部《ぼうけいげんきいちょすうぶ》」を藩医能美隆庵《のうみりゅうあん》に貸したままなので、返してもらって欲しいと頼む一節がある。「片紙も失ふては、子弟の本懐にあらず。御案じ下さるべく候」と心配しており、玄瑞の中で亡き玄機がいかに大切な存在であったかがうかがえる。

家族を失う

十四歳から十五歳にかけて、玄瑞は次々と肉親が先立つという不幸に見舞われる。

まず、母の富子が嘉永六年（一八五三）八月四日、病没した。『久坂家略伝』では「行年不詳」とし、法名は法雲院孤月貞璨大姉（大谷家過去帳。法雲院円月貞珊大姉）。

その半年後の安政元年（一八五四）二月二十七日、先述のように兄の玄機が病死した。法名は雲光斉全道玄機居士。

さらに同年三月四日、父の良廸が六十三歳で他界してしまう。法名は孝忠軒心明道居士。

いずれも萩城下北古萩町にあった久坂家菩提寺である保福寺に埋葬された（現在保福寺は廃寺となっ

ており、久坂家の墓は萩市椿東の団子岩に改葬されている）。こうして玄瑞は、わずか半年あまりの間に家族すべてを失った。両親は萩の生まれではない。このため玄瑞は、身近な場所に血縁者や頼れる肉親が居なくなった。

玄機が病没するや、良廸はただちに玄瑞を「嫡子」としたい旨を藩に届け出ている。一応書類上は、没する前日の二十六日に願い出たことになっているが、実際は当日出されたようだ。玄機は独身であり、子もなかった。この願いは二十七日付で許可されている。間もなく良廸も没したため、藩は六月九日付で玄瑞に家督、知行高二十五石を相続させると認めた。

こうして十五歳の玄瑞は、藩医久坂家の当主となった。「法体」となり、「名をも玄瑞と改名」したいと、六月二十五日、寺社奉行に願い出ている。そして三十日に許可された。頭髪を剃り、名も改めたものの、まだ未熟で医者としての勤務はできない。七月二十八日には、医学館である好生館に入学を許可されている。時代の要請は洋学研究にあり、好生館内には翌二年九月一日、西洋学御用掛所が新設されることになった。

玄瑞に限らず幕末、「有志」「志士」として政治運動に身を投じた者には、医家に生まれた者が多い。医学を通じて「西洋」にふれる機会が多かったのも、一因だろう。玄瑞の周囲をみても、同志となる長州藩の桂小五郎（木戸孝允）、熊本で出会った宮部鼎蔵《みやべていぞう》、江戸で師事した洋学者の村田蔵六《ぞうろく》（大村益次郎）、京都で師事した越前小浜出身の梅田雲浜《うんぴん》など、みな医家の生まれである。古代中国では「上医は国を医し、中医は人を医し、下医は病を医す」と言われたという（山本徳子『ことわざ東洋医学

――現代に生きる養生の知恵』)。

3　月性たちの指導

崩れ行く幕藩体制

玄瑞の母が亡くなる二カ月ほど前の嘉永六年(一八五三)六月三日、アメリカの東インド艦隊司令長官ペリー率いる黒船四隻が、江戸湾浦賀沖に来航した。九日、ペリーは配下の将校を率いて久里浜(現在の神奈川県横須賀市)に上陸し、フィルモア大統領の親書を幕府側に手渡す。アメリカは西部海岸のカリフォルニアを開いて以来、太平洋を渡り中国貿易を行うルートを設けたため、日本に寄港地が欲しかった。また、蝦夷(北海道)も捕鯨の基地になると期待していた。翌年の回答が約束されたので、ペリーの艦隊は十二日、江戸湾から去る。

アメリカ側の要求に対し、幕府はその可否を判断しなかった。老中首座阿部《あべ》正弘《まさひろ》はまず、アメリカ大統領の親書を翻訳し、朝廷に報告した。つづいて再来するであろうペリーの対処につき、将軍専裁という初代徳川家康以来の祖法を破り、全国の諸大名に意見を求める。これに対し、全部で二百三十二の大名が答申書を寄せてきた。うち、「単純拒絶」(ただ拒絶すべきことの主張だけがあって、実行に移す方策が述べられていないもの)は二十八、「即時拒絶」は十一、「折衝拒絶」は四十五などである。そして将来の方針として「鎖国」が百三十もあったのに対し、「開国」は八しかなかった。「即時拒絶」の方針が答申書で回避された主たる理由は、ペリー艦隊と交戦した場合、敗北が予測されるからだ。

だからこそ、海防強化が急務となるのである（井上勲「開国と幕末の動乱」井上勲編『日本の時代史20 開国と幕末の動乱』）。

ペリー来航は、外様や家門ではない大名たちが国政に参加する契機となった。この前後から尾張藩主徳川慶恕《よしくみ》・越前藩主松平慶永《よしなが》（春嶽《しゅんがく》）・薩摩藩主島津斉彬《しまづなりあきら》・宇和島藩主伊達宗城《むねなり》・土佐藩主山内豊信《やまうちとよしげ》（容堂《ようどう》）などが、活発に動きはじめる。かれらは特に「有志大名」と呼ばれた。

では、長州藩主毛利慶親はというと、少なくとも有志大名ではない。ペリー来航時、幕府の求めに応じてすみやかに大森海岸に警備の兵を出した御褒美として、参勤交代時の槍を二本から三本に増やしてもらっている（『修訂防長回天史・二』、以下『防長回天史』とする）。幕府から諮問を受けたさいは、江戸藩邸で周布政之助《すふまさのすけ》らに協議させ、八月二十三日、武備守戦にありとの答申書を提出した。

幕府は国内統治のために構築していた幕藩体制のルールを、外敵から防備するためのものに大幅に改変する必要に迫られた。この年九月には最高法「武家諸法度」のうち、大船（五百石以上）建造の禁を解く。そして十一月一日、幕府はペリー再来を前に、アメリカの国書に対する方針を発表した。それは防備が不十分であるため諾否については明言せず、もし戦争になれば国体を辱めぬよう戦うというものだった。

年が明けて安政元年（一八五四）一月十七日、ペリーの艦隊は七隻で再び浦賀沖に来航する。神奈川における数回にわたる交渉のすえ、三月三日には「日米和親条約」が締結され、下田・箱館における薪水や食糧などの補給、漂流民保護などが決められた。肝心の通商貿易は日本側が断固認めなかったが、アメリカを最恵国待遇とすることは認めた。

これに刺激されたのが、ロシアだった。ロシアの太平洋艦隊司令長官で海軍中将のエウフィーミー・プチャーチン率いるディアナ号は安政元年（一八五四）九月十八日、摂海（現在の大阪湾）に来航し、条約締結を求める。その後、伊豆下田で幕府側との交渉が行われ、同年十二月二十一日、「日露和親条約」が締結された。

月性に師事

両親と兄を失い、天涯孤独となった玄瑞を教育、指導したのは、かつて玄機が親しく交わった月性《げっしょう》を中心とするグループだった。かれらから強い影響を受けた玄瑞は、政治運動家としての基礎を築いてゆく。

玄瑞はのち安政六年（一八五九）四月二十八日、吉田松陰にあてた手紙の中で、十五歳で家族を失った後のこととして、「遂に亡兄の識《し》る所の清狂《せいきょう》道人（月性）に従ひて游び、始めて書を読み、略々天下の形勢を聞知す」と述べる。月性から本格的な読書の手ほどきを受け、時世に目覚めたというのだ。

清狂と号した月性は、周防国玖珂郡遠崎《とおざき》（現在の山口県柳井市）妙円寺（浄土真宗）の住職である。文化十四年（一八一七）生まれの月性は豊前の恒遠頼母《つねとおたのも》（醒窓《せいそう》）や広島の坂井虎山《さかいこせん》に師事して頭角を現した後、長崎でも学び、オランダ船の偉容に驚いた。さらに大坂へ出、篠崎小竹《しのざきしょうちく》の梅花塾で都講（塾頭）を務めたりと、東奔西走する。

玄瑞が編んだ『俟采択録』によると、玄機は医者に似合わぬ、特注の長刀を帯びていた。酒席では

月性剣舞の図
（僧月性顕彰会提供）

月性がこの長刀を抜いて舞い、玄機が高吟した。現在も妙円寺に伝わる月性肖像画は墨染めの衣に身を包み、右手に長刀を握って舞う姿である。

熱烈な尊攘家でもあった月性は、海防を自らの任として防長二州各地に説いてまわった。あるいは私塾を開いて後進を指導し、「海防僧」と呼ばれていた。月性の思想は、基本的に後期水戸学的な名分論である。皇室を核とする国体を脅かす外圧は、打ち払うべしというものだった。

さらに同グループで玄瑞の指導にあたったのは、土屋矢之助（蕭海《しょうかい》）や中村道太郎（九郎兵衛・九郎）である。また、月性の紹介で知り合った重臣（寄組士。家禄五百二十石）の口羽《くちば》徳祐《とくすけ》（憂庵《ゆうあん》）も玄瑞の将来に期待し、その育成に力を注いだ。

安政二年（一八五五）三月二十六日、中村は十六歳の玄瑞を明早朝、萩城下塩屋町の土屋方に呼び出す手紙を発している。そのころ月性は萩に来ており、玄瑞に「少々面話」を望んでいるというのだ。また中村は、玄瑞に土屋を紹介したかったようだ。その日は玄機の月命日にもあたり、中村は感激のあまり涙を流したとまで述べる。

あるいは、同じころと思われるが「好生館　日下玄瑞様」のあて名で、月性が発した手紙もある。玄瑞の訪問をたびたび受けながらも不在だったことを詫び、預かっていた詩稿に批評も加えたので、授業が終わった後、自分が滞在している小林某の家へ来るよう知らせる。詩文の添削などして、指導していたことがうかがえる。

口羽徳祐に師事

長州藩の若き高級官僚である口羽徳祐が、少年玄瑞に与えた影響も見逃せない。

口羽は安政二年、二十二歳で家督を継ぎ、同五年八月には寺社奉行になった実力者だった。だが、同六年八月二十一日、二十六歳で病没する。現在ではほとんど忘れられた感があるが、長く生きていたら同世代の桂小五郎（木戸《きど》孝允《たかよし》）と並ぶ（あるいはそれ以上の）長州藩の若手リーダーとして活躍したかも知れない。

かつて江戸に遊学した口羽は、師事した羽倉《はくら》簡堂《かんどう》（用九《ようきゅう》）から「少年重厚にして才気ある者長門の口羽生の如き。吾未だその比を見ず」（『近世防長人名辞典』）と絶賛された。藩校明倫館では弘化三年に周布政之助ら同志と、時事問題を研究する嚶鳴社《おうめいしゃ》を結成している。

その口羽が玄瑞の詩文などを添削・指導してくれた。口羽の詩集である坂上良介編『杷山《ひざん》遺稿』には玄瑞にかんする詩が数篇収められているが、いずれも辛辣な言葉が並び、指導が厳しいものであったことをうかがわせる。

まず、初対面時の「日下玄瑞、初めて来るや詩有りて其の韵に次す」と題した詩では玄瑞の独善的な面、視野が狭いといった欠点を指摘し、だからこそ万巻の書籍を読めと勧める。そして、「君とともに国策の安綏《あんすい》を効《つと》めん」、つまり将来は一緒に、国の政治を安定させようと励ます。また、「玄瑞に寄す」では玄瑞が家族を失った不幸を慰めつつも、その前途を称え、「泗洙の流（孔子・孟子の教）」

をしっかり学べといったアドバイスを与える。

あるいは安政三年（一八五六）元旦に玄瑞の詩を読んだ口羽は、「少年秀才日下生」「慨然学を志し、孔子を信ず」「我と交を締め、論頗《すこぶ》る合う」などと同志として扱い、絶賛する詩を寄せている。

つづいて同年、玄瑞が九州遊歴したさいの詩稿『西遊稿』には口羽が懇切丁寧に評を加えているのだが、末尾に寄せた詩では「切磋を以て主と為す」とある。口羽は早くも玄瑞の中に為政者としての資質を見、その部分を鍛えようとした。事実、玄瑞は家業である医者を廃し、藩政に深く関わりたいと熱望するようになる。

4 九州遊歴

旅立ち

父と兄の四周忌を終えた十七歳の玄瑞は安政三年三月六日、萩を発って九州北部へ遊歴に出た。本人が藩に届け出たところによれば前年十二月から眼病を患っており、藩医山根文季の診断を受けたが、治らなかった。そこで文季の勧めにより、筑前糟屋《かすや》郡須恵に住む福岡藩医の田原養朴に診てもらいたいと、旅の許しを得たのである。

一説には中村道太郎から「先づ九州を遊歴して浩然の気と大見識とを養って来い」と勧められたという。また、口羽徳祐の影響を受け、詩嚢を豊かにする旅を企てたからだともいう（武田勘治『久坂玄瑞』）。藩医（のち松下村塾生）の半井春軒《なからいしゅんけん》が同行する予定だったが、これは実現しなかった。

旅日記は付けなかったが、長短の詩で道中における思いをつづった『西遊稿』上・下と題した詩集が伝わる（『久坂玄瑞全集』）。その内訳は七言古詩（四編）、五言律詩（六編）、七言律詩（九編）、五言絶句（一編）、七言絶句（二十九編）の計四十九編から成る（以下、読み下しは原則として西郷道胤「久坂玄瑞の漢詩文――西遊稿とその詩想の展開」からの引用）。

これらの詩などから推測すると、萩を発った玄瑞は秋吉台（現在の山口県美祢市）を経て河原（同前）で一泊し、翌日本州最西端の赤間関（馬関・現在の山口県下関市）に赴く。まずは「壇の浦懐古」と題し、「山陽の地勢尽きんと欲するの頭《ほとり》。清巒《せいらん》相近きは是九州」に始まる詩を詠み、同地で滅んだ平家を偲んだ。

ここから関門海峡を小舟で渡り、九州豊前の小倉《こくら》（現在の福岡県北九州市）に上陸する。小倉から南下し、大橋（現在の福岡県行橋市）などを経て、京都《みやこ》郡稗田《ひえだ》村（同前）で私塾「仏山堂《ぶつざんどう》」を主宰する詩人の村上仏山を訪ねた。当年四十七の仏山は筑前の学者亀井《かめい》昭陽《しょうよう》の門下で、京都に遊び、諸名流と交流して詩名を高めたが、肺の病のために郷里に帰り、後進を教育していた。

その席上、玄瑞が詠んだ二十四句から成る堂々たる七言古詩を見ると、仏山の名声を慕い、教えを受けることが旅の主目的のひとつだったことが分かる。同じ古詩によると、仏山は「茶酒膝を交えて談まさに静か」といった慇懃な態度で、玄瑞を迎えてくれた。

仏山は自作の詩をいくつか見せてくれたが、それらを読み興奮した玄瑞は思わず、「且つ吟じ且つ誦し、起ちて快を叫」んで称賛した。それから、仏山の門人たちと詩会を開き、「春日、水哉園《すいかえん》に会し、韻を分ちて無を得たり」と題した詩を作ったりしている。

次に玄瑞は上毛郡薬師寺村（現在の福岡県豊前市《ぶぜん》）に儒者の恒遠醒窓《せいそう》（頼母《たのも》）を訪ねた。恒遠は日田（現在の大分県日田市）の咸宜園《かんぎえん》で広瀬淡窓《たんそう》に師事して塾頭を務め、さらに長崎で学んだ後、郷里で蔵春園という私塾を主宰していた。かつて蔵春園で学んだ月性の紹介状を携えていた玄瑞は、ここで二泊させてもらう。恒遠の日記三月十一日の条には「萩藩士、久坂玄瑞来訪」とある（恒遠俊輔『幕末の私塾・蔵春園　教育の源流をたずねて』）。

つづいて玄瑞は中津（現在の大分県中津市）から耶馬渓《やばけい》へ行き、頼山陽や梁川星巌にならって「耶馬渓四首」「羅漢寺《らかんじ》」を賦す。

玄瑞が訪れた耶馬渓（大分県中津市）

このあたり、玄瑞は文人墨客気取りだ。さらに久留米城下（現在の福岡県久留米市）では、儒者の和田逸平を訪ねた。和田も広瀬淡窓門下である。ただし不在だったようで、「久留米に和田逸平を訪ねて遇はず」と題した次の詩を作った。

天外尋ね来たりて再び門を叩く
憐《あわ》れむ君去りて在水雲の村を

落花砌《せい》に満ち人の掃ふ無し
胡蝶双々短垣《たんえん》を過ぐ

後日、この詩は口羽から「此れ巻の中の傑作、双々の二字更に佳《よ》し」と絶賛された。

柳川（現在の福岡県柳川市）へ向かう途中、「軽風開き遍《あまね》し満堤の花」といった美しい光景を楽しんでいると、田の中に「高麗の鴉」がいた。それを見て「仰ぎ見る余烈今日に存するを」と言うのは、かつて豊臣秀吉の朝鮮出兵に加わった柳川城主立花宗茂が持ち帰った鳥との、伝説があるからだ。

福岡藩（黒田家）の支藩である秋月藩の城下（現在の福岡県甘木市）では「戸俊輔」（不詳、略称かも知れない）を訪ねて酒を酌み交しながら吟じ、語り合う。他に「酒を買う」といった詩も作っているから、このころすでに玄瑞は酒を嗜んでいたようだ。

宮部鼎蔵と出会う

秋月から南下した玄瑞は、肥後熊本に「奇士」宮部鼎蔵《みやべていぞう》を訪ねた。文政三年（一八二〇）生まれの宮部は、当年三十七。玄瑞と同じく医家の生まれだが、文武に励み、親戚の山《やま》鹿流《がりゅう》兵学師範の家を継いだ。嘉永二年（一八四九）十二月には九州遊歴中の吉田松陰の訪問を受け、意気投合している。同四年（一八五一）、江戸へ遊学した年末に、松陰と共に江戸から東北地方の防備視察の旅に出た。のち、三条実美《さんじょうさねとみ》に従って長州藩に赴き、元治元年（一八六四）六月四日、京都で起こった「池田屋事件」で闘死することになる。

玄瑞が訪ねたころの宮部は、安政二年（一八五五）六月に起こった「水前寺事件」により兵学師範の職を解かれ、城下を離れて故郷の南田代村（現在の熊本県上益城郡御船町上野）で隠棲中だった。

ここで玄瑞は宮部と「海防の大義竟《つい》に如何」などと語り合う。日本の現状につき、「廟堂《びょうどう》」の政治指導者は宋の秦檜《しんかい》みたいな者ばかりで、「草莽《そうもう》（在野）」の中にこそ「林則徐《りんそくじょ》」のような者がいるのだと詠じている。秦檜は金が侵略して来たさい、主戦派を斥け、戦わずして屈辱的とされる講和を結んだ南宋の宰相だ。林則徐は、イギリスに抵抗してアヘンを処分した清朝の大臣である。玄瑞は眼前の宮部に、林を重ねた。旗印ばかり並べて何もしなければ外敵が虚を衝き攻めて来るだろうと、日本の国防の現状を嘆く。玄瑞は「語り尽き、辞迫り、復た余す無し」と、宮部を完璧な人物だと絶賛した。

つづいて玄瑞は、「藤公《とうこう》（加藤清正）の廟は応《まさ》に遠きに非ざるべし。請ふ見む当年威武の舒《の》ぶるを」と詠み、熊本郊外の加藤清正の廟に参って攘夷を祈願する。

豊臣秀吉による二度にわたる朝鮮出兵、いわゆる「文禄・慶長の役」を、幕末の攘夷論者たちは対外戦争として評価していた。その戦いで虎を退治したり、朝鮮の二王子を捕えるなどの軍功を立てたという清正は、「攘夷」を唱える者たちに英雄視されていた。玄瑞は「熊基（本）にて加藤肥州廟に謁す」と題し、清正の朝鮮における武勇を称えた次の詩を作る。

藤公は元是れ万人の豪
羯虜《けつりょ》肝寒し日本刀
釜海（釜山沖）濤崩れて帆影疾《はや》く

蔚山雲　迸《ほとばし》りて礮声《ほうせい》高し
啼児黙し懼る夜叉又到ると
群獣逃げ奔る猛虎嗥《ほ》ゆと
地下の栄魂瞑するを得ず
如今甘受す犬羊（西洋列強）の臊《そう》

釜山沖の荒波を乗り越えて朝鮮半島に渡り、蔚山で奮闘した清正の姿を偲びながら、玄瑞はいまの日本は西洋列強の外圧に屈しているから、これでは清正の魂も、おちおち眠っていられないと嘆く。

宮部は親友の松陰のことに話が及ぶと称賛し、玄瑞に師事するよう勧めた。以後玄瑞の中で、まだ見ぬ松陰に対する「欽慕《きんぼ》」の念が募ってゆく（安政三年六月上旬、吉田松陰あて玄瑞書簡）。

松陰は安政元年三月二十七日、伊豆下田からアメリカ密航を企てるも失敗し、萩に送り返された。それから一年二カ月ほど萩城下の野山獄に投ぜられた後、実家である松本村の杉家に戻り、幽囚の身となった。

実は松陰は、月性グループの客分的存在だ。だから玄瑞も、月性などから松陰の名は聞いていた。にもかかわらず面識がなかったのは月性たちが玄瑞の指導を始めたころ、松陰はペリー来航に刺激され、東奔西走していたからであろう。

長崎で西洋文化に触れる

熊本で宮部に会い、攘夷について論じたことで、玄瑞の九州旅行に大きな変化が見られる。それまでの「詩嚢を豊かにする旅」から、攘夷の士気を高めるための史跡巡視に変わってゆく。九州北部各地には蒙古襲来、豊臣秀吉の朝鮮出兵といった対外戦争の記憶が代々語り継がれていた。

熊本から南下した玄瑞は三月二十一日、松橋《まつばせ》（現在の熊本県宇城市）に至り、ここから舟で天草に渡ろうとする。ところが夜の洋上で気候が急変し、生死の間をさまようという危機に遭遇した。それは、

蹇地《けんち》の颶風《ぐふう》（つむじ風）西より来たり
鯨鰐《げいがく》浪を吹きて雨矢の如し
敗篷《はいほう》（破れたとま）裂けんと欲し檣（帆柱）摧《くだ》けんと欲す

といった、凄まじい風雨であった。玄瑞は「天は将に奇危もて壮士を試みんとす」、つまり自分が「壮士」か否かを天が試しているのだと考えたりする。こうして二十四日まで松橋に留まったが、風雨は止まなかった。そこで天草行きをあきらめ、陸路北上して有明海を経、彼杵《そのぎ》（現在の長崎県東彼杵郡東彼杵町）から大村湾を渡り、長崎を目指す。

開港地の長崎で玄瑞はまず、西洋文化を目の当たりにして驚く。初めて生で接する、「異国」である。「長崎」と題した、次のような詩がある。

路は長崎に到って意気豪なり
青山断ゆる処是れ鯨濤《げいとう》（荒波）
慨然《がいぜん》眼を放って孤剣を撫す
海を圧して蠻船《ばんせん》（外国船）百尺高し

長崎の海上に横たわる、巨大な西洋艦を睨みつけながら、「孤刀」を握り締めるのである。宮部に会って以来、玄瑞の中で西洋列強に対する敵愾心が、激しく燃え上がっていた。だが後日、口羽はこの勇ましい詩につき、詩吟剣舞に使うにはふさわしいとしながらも、次のように冷静に評す。

「然れども此れ或いは崎港（長崎港）の事に非ず。丑・寅の歳、浦賀・下田の作ならば、則ち自ら的切と為す」

ペリーが浦賀に来航した「丑」の嘉永六年か、再来して伊豆下田で和親条約を締結した「寅」の安政元年の作ならばよいが、条約締結後のいまとなってはテロなど適切ではないと、熱くなった玄瑞を戒めるのだ。

同じころ作った詩では、港を埋め尽くした巨大船につき、「満港の烟波《えんぱ》百尺の檣《しょう》、燦然《さんぜん》として画の如く斜陽に映ず」と、一見優雅に描写するも、「箋毫錦繍《せんもうきんしゅう》舶来の日（舶来の箋紙・毛筆・錦繍）、市上

玄瑞が訪れた崇福寺（長崎県長崎市）

吹き薫る蘭麝《らんじゃ》の香（西洋の麝香《じゃこう》の香り）」とつづけ、やはり西洋列強に対する嫌悪感を剝き出しにする。

中国風の黄檗《おうばく》宗《しゅう》崇福寺《そうふくじ》（現在の長崎市鍛冶屋町）から市街を眺めて、「遠望尤も慨くに堪へり。闔街夏蠻《かばん》を雑るを」と、唐人・蘭人館が雑居するさまを慨嘆したり、

蠻兵《ばんぺい》（外国兵）十万一身に当る
剣を撫し瀾を観て眉揚がらんと欲す
若《も》し妖氛《ようふん》の皇国を汚す有らば
直ちに前《すす》み賊を斬ること嚢を探る若《ごと》くならん

などと過激な言を並べ、攘夷の志を繰り返し吐露する。

幕末に注目された「元寇」

長崎を発った玄瑞は舟を雇って大村湾を進み、大村（現在の長崎県大村市）に到着した。そこから長崎街道を歩き、安政三年（一八五六）四月二日には萩にいる藩儒山県半蔵（のち宍戸《しし ど》璣《たまき》）に手紙を書き送る。それによると玄瑞は大村藩領の竹松村大川田（現在の長崎県東彼杵郡の一部）に住む大朔朝長に、山県の手紙を届けた。本人は大坂にいるとのことで不在だったが、手紙は託してきたと山県に知らせる。つづいて唐津（現在の佐賀県唐津市）を経て浜崎へ向かった

が、途上たまたま出会った漁夫が「豊公築く所の城」と指さす。これは豊臣秀吉が朝鮮出兵の足場として築いた、名護屋城の跡だった。またも玄瑞の心は熱くなる。

それから唐津湾岸、博多湾岸を進んだ玄瑞は福岡藩黒田家（五十二万石）の城下である筑前福岡（現在の福岡県福岡市）に入った。舞鶴城を仰ぎ、千代の松原を過ぎた玄瑞は六百年近く前、二度にわたる蒙古襲来「文永・弘安の役」の古戦場を訪ねる。

西アジアを征し、朝鮮半島の高麗を屈服させた蒙古（元）は、鎌倉幕府を通じて日本に通商を求めてきたが、朝廷の方針もあり拒否された。そこで文永十一年（一二七四）と弘安四年（一二八一）、博多湾など九州北部に襲来して日本の武士たちとの間に大激戦を繰り広げる。江戸時代になり、水戸藩が『大日本史』を編纂するさい、蒙古襲来を「元寇《げんこう》」と呼んだ。以後「元寇」の呼称は、国学の発達などとともに広まる。しかも蒙古軍退散の理由が、筥崎宮《はこざきぐう》が「神風」を吹かせたからといった「神話」が、もっともらしく語り継がれることになる。

じっさいは日本の武士が奮闘したこと、海岸堡《かいがんほ》を確保できなかったこと、二度目に博多湾沿岸に石築地（元寇防塁）が築かれていたことなどさまざまな合理的な理由が考えられるのだが、それが「神風」のおかげだと信じられてゆく。当然ながら大型台風は日本側にも甚大な打撃を与えており、当時の武士たちに「神風が吹いたから決着がついたという意識はまったくなかった」と言う。奮闘した鎌倉幕府御家人の竹崎季長が描かせた『蒙古《もうこ》襲来《しゅうらい》絵《え》詞《ことば》』にも、「神風」が吹き蒙古軍をやっつけている場面などは描かれていない（服部英雄『蒙古襲来』）。

だが、玄瑞はそのような「史実」はもちろん知らない。筥崎宮に参り、「箱崎にて感有り」と題した古詩を作っている。

鎌倉太郎は真の英傑
断然使を斬る三尺の鉄
蒙古憤恚《ふんい》して艨艟《もうどう》を飛ばし
黒雲海《こくうんうみ》を蔽《おお》ひ魚鼈《きょべつ》を奔らす
小醜《しょうしゅう》豈に窺はんや大八洲
天を捲く颶風《ぐふう》忽ち颶颲
神兵縦横人無きが若く
賊艦《ぞくかん》靡《ま》粉《ふん》して妖気絶ゆ
六百年後丙辰の年（安政三年）
吾れ来たりて慷慨し目眦《まなじり》裂く
如今国威何ぞ衰頽《すいたい》せる
万里の妖氛《ようふん》凌蔑《りょうべつ》に委す
浩歌一曲前途に上る
風雨《ふうう》蕭索《しょうさく》簑薜に滴る

厳然照々廟額《びょうがく》の字
敵国降伏千古に掲ぐ

玄瑞はまず、一度目の襲来である文永の役後、来日した蒙古の使者を斬った鎌倉幕府の執権北条時宗を「真の英傑」と称える。さらに神門に掛けられた「敵国降伏」の額文字を仰ぎ見て、感激する。この額には文永の役で焼失した筥崎宮を再建するさい、外敵撃退を祈った亀山上皇から贈られた宸筆が彫り込まれている。

幕末、外圧の問題が深刻化すると「元寇」は攘夷と重ね、論じられるようになった。安政二年二月十六日から江戸本所押上の最教寺で祖師日蓮と蒙古退治の旗曼陀羅が開帳され、外敵撃退の祈禱が行われたのも、そのような一例である（比留間尚『江戸の開帳』）。

筥崎宮の亀山上皇宸筆額
（福岡県福岡市）

江戸の日本橋で私塾を主宰し、急進的な攘夷論を唱えていた儒者の大橋訥庵《とつあん》は、蒙古襲来を題材とした史書『元寇紀略』上・下を著し、嘉永六年十一月に出版している（『大橋訥菴先生全集・下』）。最初のペリー来航から半年後の出版だったから、「坊間に流布すること頗る多く、当時人々の耽読した」（寺田剛『大橋訥菴先生伝』）という。

それから玄瑞は小倉に戻り、関門海峡を渡って赤間関を経て、五月の初めころに帰萩《きはぎ》した。約一月半にわたる旅であった。

第二章　吉田松陰との出会い

1　松陰との論争

九州の旅を終えた久坂玄瑞が、萩に帰着したのは安政三年（一八五六）五月半ばであろう。対外戦争の史跡を見学し、興奮覚めやらぬまま松本村の杉家で幽囚中の吉田松陰に、手紙を書き送った。

松陰への接触

松陰は天保元年（一八三〇）の生まれだから、玄瑞よりは十年長である。諱は矩方《のりかた》、通称は寅次郎。ロシア南下に危機感を募らせて、脱藩して東北地方の防備を視察したり、アメリカ密航を企てたりと、その言動はかなり派手で目立っただろうから、玄瑞も関心を寄せていたはずだ。

この、玄瑞が発した一通目の手紙は失われたようで、残っていない。だが松陰の『丙辰幽室文稿《へいしんゆうしつぶんこう》』（『吉田松陰全集・四』）六月二日の条に、玄瑞への返信「久坂生の文を評す」が収められており、おおよその内容をうかがい知ることができる。それによると玄瑞は、幕府が進めるアメリカ・ロシア相手の外交を激しく非難した。かつて鎌倉幕府の執権北条時宗は、元の使者を斬って断固拒絶の態度を示した。それから十万の大軍が攻め寄せて来たが、これも撃退した。だから時宗に倣ってアメリカ使節を斬るべきだと主張した。

威勢が良い十七歳の玄瑞の意見に対して六月二日、松陰は返信する。それは冒頭から次のように、玄瑞の意見を大言壮語であると厳しく批判したものだった。

「議論浮泛《ふはん》にして、思慮粗浅、至誠中《うち》よりするの言に非ず。世の慷慨を装ひ気節を紛ひて、以て名利を要《もと》むる者と、何ぞ異ならん。僕深く此の種の文を悪《にく》み、最も此の種の人を悪む。僕請《おも》う、粗ぼ之を言わん。兄幸いに精思せよ」

松陰は「国勢」を論ずるなら、東アジアの盟主になろうとした神功皇后や豊臣秀吉を見習うべきと言う。まず、東アジアを征することが先で、北条時宗は「季世（道徳が廃れた末世）」の人であると手厳しい。使者を斬って良い結果が出たのは偶然で、「固より亦一時の傑なり。然れども以て国勢を論ずるに足らざるなり」と、手本にならぬと一蹴した。

つづいて、もしアメリカ使節を斬るなら、最初の嘉永六年（一八五三）に行うべきで、和親条約が締結された安政元年（一八五四）の再来時では遅いとも言う。それでもまだ、意味はあったのかも知れぬが、安政三年の現時点では問題にならないくらい遅いとする。大抵時機と言うのは「影の如く響の如し」と、たちまち変転するものであり、昔の「死例」を持ち出し、今日の時の勢いを止めようとしても無意味だとし、それが思慮粗浅だと責め立てた。

さらに松陰は、玄瑞の現在の立ち位置を問う。松陰は天下には何もできない立場というものはないし、何もできないという人もいないと考えている。ただ、物事を論じるには、まず自分の立場でできることから始めなければならぬと説く。

「故に身将軍の地に居らば、当に将軍より起すべし。身大名の地に居らば、当の大名より起すべし。百姓は百姓より起し、乞食は乞食より起す、豈に地（立場）を離れ身を離れて、これを論ぜんや」

とし、玄瑞は「医者より起すべし」であり、松陰自身は「囚徒なり、当に囚徒より起すべし」とする。その上で利害心を絶ち、死生を考えず、国のため、君のため、父のために尽くせば家族からも朋友や郷党からも理解され、上は君の、下は民の信頼を得ることができるのだとも言う。そこに至ってこそ将軍、大名、百姓や乞食も事が成し遂げられるのだ。医者、囚徒に至るまで、それぞれが何かできるのである。

以上のような点を論ぜずに、天下の大計を言ったり、そのために口が焦げて、唇がただれては何の意味も無い。松陰が玄瑞の「議論」を「浮泛」であるとするのはここだ。そして最後は、「聖賢の貴

松陰が幽囚生活を送った杉家遺構
（山口県萩市）

ぶ所は、議論に在らずして、事業（実践）に在り。多言を費やすことなく、積誠之れを蓄へよ」と、締めくくる。松陰が重んじたのは議論や多言、まして大言壮語ではなく、地に足の着いた実践だった。

このように、ひとまずこてんぱんに打ちのめしたものの、実は松陰は玄瑞の「志気」を高く評価し、「大成」させたいと願っていた。六月三日、月性グループの土屋矢之助に次のように手紙で知らせている。

「坂生《ばんせい》（玄瑞）志気凡ならず、何卒大成致せかしと存じ、力を極めて弁駁《べんばく》致し候間、是れにて一激して大挙来寇《らいこう》（反論）の勢いあらば、僕が本望これに過ぎず候。もし面従腹誹（面従腹背）の人ならば、僕が弁駁は人を知らずして言を失ふといふべし。この意兄以て何如と為す、何如と為す」

松陰は玄瑞が反論してくれれば本望だとし、もし面従腹背して逃げるなら、自分の弁駁は無駄だったと言う。使節を斬る、斬ると騒ぐ玄瑞を、口羽徳祐も松陰と同じような理由から戒めたことは前章で見た。あるいは松陰は月性グループと連絡をとり合っていただろうから、こうした玄瑞の性癖はすでに承知していたのかも知れない。

論争始まる

安政三年（一八五六）六月六日、松陰の「久坂生の文を評す」を受け取った玄瑞は案の定、憤慨した。机を叩きながら鼻息荒く、「再び吉田義卿に与ふる書」をしたためて反論する。

こうして、玄瑞と松陰の攘夷の手法をめぐる論争が始まった。松陰はこの年四月十五日に著した「七生説」の中で、「聖賢の心を存し、忠孝の志を立て、国威を張り（拡張）、海賊（外敵）を滅ぼす」のが自分の志だとしている。

この反論の手紙で玄瑞はまず、外国使節を斬る時機がまだ失われていないという自説が、いかに妥当であるかを論じる。そしていま、西洋列強の勢いは一歩ずつ進み、日本の勢いは一歩ずつ退いているのだと言う。そこで、古人の言「我一歩退けば、すなわち彼一歩進む」を引用し、日本が一歩進めば、列強は一歩退くなどと繰り返す。

玄瑞は神功皇后でも豊臣秀吉でもなく、あくまで北条時宗を手本としたい。また、医者の立場で天下の大計を論じるのが分不相応であると認めながらも、それでも論じなければいられない思いを熱く吐露し、「憤激の余りこれを心に発して、これを紙に書す」とまで言う。

これを受け取った松陰は、ひと月ほど冷却期間を設けた。その後で、「久坂玄瑞に復する書」を書き上げる。玄瑞が時勢論をしきりと主張して反論したので、松陰も時勢論で対抗してゆく。

松陰は、幕府はすでに「二虜（アメリカ・ロシア）」と和親したのだから、わが方より断交すべきではない、断交すれば国際的な「信義」を失うだけだと言う。だからいまは国境を守り、条約を厳にして「二虜」をつなぎとめておく。その隙に乗じて日本は蝦夷を開拓し、琉球を手中に収め、朝鮮を併合して、満州を服従させ、支那を圧して、インドに手を差し伸べるのだ。このように進取の勢いを張り、退守の基礎を固めれば、神功皇后や豊臣秀吉が成し遂げられなかった雄図も実現できるとする。

さらに、そうなると「二虜」は自分たちの思うままに追い立て、使えるようになるので、その時になって、これまでの日本に対する無礼の罪を責めても、許してもいいのだと言う。いたずらに時宗を真似て使者を斬り、愉快がる必要はないとする。

日本が積極的に東アジアに勢力を拡大することで、西洋列強の外圧を防ぐという攘夷論だ。だが松陰は、これとて幕府や諸大名の仕事であり、自分がとやかく論じても「空論虚譚《きょたん》」にすぎぬとの自覚があると言う。

つづいて前回と同じく「一医生」の玄瑞の主張に対し、「一事として躬行（実践）に出づるものなく、一語として空言に非ざるはなし」などと、長々と非難の言葉を浴びせかける。さらに「心を天地に立て、命（生命）を生民（人類）に立て、往聖を継いで万世を開く。足下誠に能く力をここに用ひ、食息坐臥、語黙動静」云々などと、とにかく地に足を着けて物事を考えろ、実践が伴わない言を吐くなと諭す。

玄瑞、再び反論

この松陰からの手紙に対し、またも玄瑞は反論をこころみ、安政三年七月二十四日、「吉田義卿《ぎけい》に与ふる書」を書き上げている。それはあえて議論を好むのではなく、自分の惑いをすっきりさせて欲しいのだと訴えるところから始まる。

神功皇后や豊臣秀吉の雄図を果たすべきで、北条時宗に倣って使者を斬る必要はないという松陰の主張が、玄瑞を惑わすのだと言う。そして、どのようにして攘夷を実現するべきかを、今度は玄瑞が具体的に述べる。

まず、近ごろ日本人と西洋人が雑居し（人禽雑処《じんきんざっしょ》）、交易も行われているのだが、利は果たして日本にあるのか、西洋にあるのかを問う。日本が軍備を怠り、士気を高めず、交易を行って安心していることを、玄瑞は平和ボケと見ている。だから『易』の「危うきはその安んずることある者なり、亡ぶるはその存するを保する者なり」の一節を引用してみたりする。

玄瑞は西洋との交易は、必要なしと考えていた。日本の地は「豊富肥沃」であり、「金銀・米穀・山種・海産」と、みな国内で調達できるからだ。自給自足で間に合うから日本に国際貿易は必要なしという考えは当時一般的で、幕府側の代表としてペリーと交渉にあたった林大学頭（復斎）なども、その理由から通商を拒否している。だから玄瑞も、もとの鎖国状態に戻すべきなのだが、それでは西洋列強が承知しないだろうから、その時こそ使節を斬るのだと主張する。

また、「邪教（キリスト教）」が日本の人心に入り込むことも危険視している。王陽明の「山中の賊を破るは易く、心中の賊を破るは難し」を引用して、このままでは「神州」の「衣食」「言語」であっても、「その心」は「夷狄《いてき》」になってしまうと嘆く。だから「天下の心」が「夷狄」になる前に使節を斬り、交流を絶つしかないと言うのだ。

さらに玄瑞は、松陰が言う支那・印度などの東アジアの諸州は「山中の賊」だと見る。「心中の賊」を破れば、「山中の賊」を破るのは難しくないとする。使節を斬れば国内の緊張が高まり、各地に勢力を拡大することもでき、「進取の勢」が伸びて「退守の基」は固まり、神功皇后・豊臣秀吉の雄図が果たせるのだと説く。

だから神功皇后・豊臣秀吉は後まわしにして、まずは北条時宗に倣って使節を斬ることから始めるとの主張は曲げようとはしない。最後は松陰に「交易の利害」「時機の緩急」を深く考えて欲しいと訴えた。

論争の終わり

松陰の安政三年七月二十五日付、三通目の手紙である「再び玄瑞に復する書」により、この論争に一応のピリオドが打たれた。

ここで松陰の態度は、一変する。三度目の玄瑞の手紙を読んで、これまでの疑いは氷解し、晴れたなどと持ち上げる。そして、玄瑞の外国使節を斬るという主張の正しさを認めるような素振りを見せる。ただし、それはまさか「泛言《ふげん》（空論）」ではないだろうなと、釘を刺す。自分はこれまで玄瑞を「空虚装扮の徒」であると考えていたが、それは間違いだったなども述べている。

このように追い詰めておいて「願わくば足下決然として自ら断じ、今より手を下して、虜使を斬るを以て務《つとめ》と為せ」とし、自分は「足下の才略を傍観」すると突き放す。そこまで言うなら実行してみせろ、お手並み拝見というわけだ。

それから松陰は、自分も嘉永六年（一八五三）から安政元年（一八五四）にかけて、外国使節を懲らしめようと考えたことがあると打ち明ける。だが、「才」も「略」もなかったから「百事瓦解」し、かわりに外国へ渡る決意を固めたとする。さらに安政元年にも宮部鼎蔵とアメリカ使節暗殺を謀ったこともあるが、利なく害にしかならないと悟り、中止したなどと打ち明ける。

そして玄瑞も実行できないなら自分たちと同じであり、ますます「足下の空虚装扮」を責めるとし、最後に「足下、尚、僕に向かいてこれを反語するや否や」と迫った。

この手紙に対する玄瑞の返信は管見の範囲では、現存しない。外国使節を斬りに行けない玄瑞は、おそらく返答に窮したのだろう。玄瑞がどの程度まで納得していたかはともかく、ここで論争は終わる。

2　吉田松陰のこと

行動する兵学者

吉田松陰が外圧の問題に強い関心を抱き、危機感を強めていたのは、かれが兵学者だったからである。長州藩士（無給通）杉百合之助の次男として萩の松本村に生まれた松陰は六歳で叔父吉田大助没後の跡を継ぎ、大組（八組・馬廻り）吉田家（五十七石）の当主となった。

吉田家は代々山鹿流兵学師範で、松陰は九歳の時、藩校明倫館の教授見習となり、十九歳からは独立した師範となった。兵学とは、社会の治者である「武士」の学問である。山鹿流開祖の山鹿素行は、農工商の三民は「皆己が欲をほしいままにして其の節を知らず、盗賊・争論やむことなく、其の気質

毛利慶親（敬親）
（京都市教育会編『京都維新史蹟』）

のままにして人倫の大礼を失する」（『山鹿語類・二』）とし、だからこそ特権階級の士が支配するのだと教える。

松陰は嘉永三年（一八五〇）、九州北部を遊歴し、佐賀・長崎・平戸・熊本などを巡って西洋列強の脅威を痛感した。翌四年には江戸遊学を果たすが、藩の許可を待たずに東北地方へ防備視察の旅に出たため、同五年十二月、士籍を削除され、杉百合之助の育《はぐくみ》（家督とは関係ない養子のような身分）となる。それでも藩主毛利慶親《よしちか》の恩情から、十年間の諸国遊歴を許され、関西方面を経て江戸に赴くが、同六年（一八五三）六月、浦賀沖に来航したアメリカのペリー艦隊を目撃して衝撃を受けた。

また同年十月には初めて京都を訪れ、勤王家として知られた梁川星巌に面談して、孝明天皇が外圧の問題に関心を抱き、時世を憂えていると知り感激する。この時「山河襟帯《さんがきんたい》の詩」と題した長い詩を作って、天皇を奉じて攘夷を実行し、平和を取り戻さねばならないと訴えている。

ペリー来航を機に徳川一門や外様大名などが幕政に対し、発言力を強めていた。ところが、長州藩主毛利慶親は「有志大名」ではない。そこで松陰は藩主の養子で、十五歳になる若殿の毛利騄尉《ろくのじょう》（のち定広《さだひろ》・広封《ひろあつ》・元徳《もとのり》）に期待した。元服の儀式を行うため、江戸に出て来る騄尉を「有志大名」の列に加えようと考えたのである。松陰は騄尉の近侍である長井隼人（雅楽《うた》）と飯田猪之助（左門）に相談するが、ふたりの重役は「世子（騄尉）の側より国家天下の事を議する事甚だ懼《おそ》る所なり」などと保守的な態度で、受け付けようとしない。それでも松陰は「着府（江戸到着）の上は世子にも天下有志の君へも交を納れられ度き御志は勿論の事に付き、学事講習の上、自ら駁戎の事（外国の侵略を防ぐ方法）にも及ぶべく、両人必ず正論を立て申すべくと存ぜられ候」と訴えた（嘉永六年十一月二十六日付、横井平四郎あて松陰書簡）。

松陰は西洋砲術家の佐久間象山の影響もあり、外圧の正体を探ろうと考え、海外密航を企む。そして安政元年（一八五四）三月二十七日夜、伊豆下田から再来したペリーのアメリカ艦に乗り込もうとするも失敗した。このため捕えられ、萩に送り返されて、城下の野山獄に投ぜられた。翌二年（一八五五）十二月十五日、獄を出た松陰は松本村の杉家で蟄居生活に入ったが、ここで家族や親戚相手に学問を講じたのが、いわゆる「松下村塾」である。

松陰、山県太華と論争

吉田松陰は野山獄や杉家で行った孟子の講義を、『講孟劄記《こうもうさっき》』としてまとめ、安政三年（一八五六）九月、藩の大儒（朱子学派）で七十六歳になる山県太華《やまがたたいか》に批評を乞うた。これが発端となり孔子や孟子、さらには外圧の問題、国体観、天皇観に至るまで、松陰はさまざまな点で太華と意見を衝突させる。特に国体について松陰は「天下は一人の天下なり」と言い切った。天下はすべて天皇のものであり、すべての民は天皇の臣であると主張したのだ。

これに対し太華は「天下は一人の天下に非ず、天下の天下なり」と批判した。さらに「天下第一等の人ありて、天下悉く敬信して是れに随服する。これ天下の君たり」と説く。神武天皇以来、天下を治めていた天皇家が保元・平治の乱で「君徳」を失い、鎌倉幕府に政権を奪われたことも、天命だと言うのだ。さらに、松陰が幕府を覇とし、諸大名を王臣（天皇の臣）と見ることにも、強く反対する。大名は天皇の臣ではなく、幕府に仕えているというのが、太華の考えである。

すると松陰は征夷大将軍の任命権は天皇にあり、さまざまな爵位も天皇から出される事実を挙げて、太華の説に抵抗する。

太華は君徳を失えば、新しい王が代わるという孟子の放伐論を踏まえ、幕府という政権の正当性を主張した。だが松陰は、太華の説を絶対に認めない。それは漢土（中国）の話であり、日本は神代の昔から天皇が絶対の存在なのだと反論する。こうした松陰の国体論を太華は、「皇国」と唱え、君臣の分を曖昧にして、封建秩序を乱すものだと危険視した。

もっともこの時期、松陰は幕府を倒そうなどとは思っていない。天朝が在るから幕府も存在する。だから天朝を尊重するのは皇国を安泰にする大計でもあり、松陰は天朝も幕府も共に尊重するのだ。

松下村塾とは

孟子の講義を終えた松陰は、安政三年（一八五六）八月二十二日から山鹿流兵学書『武教全書』の講義を始めた。松陰の『丙辰《へいしん》日記』同日の条には、「この日、松崎武人、父の病を聞き柱島に帰省す」とある。「松崎武人」とは瀬戸内海に浮かぶ周防柱島（現在の山口県岩国市）の出身で、のち奇兵隊総督を務めることになる赤禰《あかね》武人《たけと》である。このころ、松陰へ接触を始めていた。

十月一日、周防本郷村（現在の山口県岩国市）に住む医者の息子で十六歳になる増野《ましの》徳民《とくみん》が勉学のため萩に出て来て、杉家に寄寓し松陰に師事した。徳民が、松下村塾生第一号と言われるゆえんである。

やがて徳民は、近くの松本村新道に住む同年齢の吉田栄太郎（のち稔麿《としまろ》）を松陰のもとに連れて来た。栄太郎は下級武士（十三組中間）の息子である。栄太郎は十三歳の嘉永六年（一八五三）、藩主参勤の駕籠に雑役として従い、江戸に赴いた。そのさい二度にわたるペリー来航を目撃して衝撃を受け、以来外圧、海防に対して強い問題意識を持っていたのだ。

その後、近隣の主に武士の子弟たちが次々と講義に加わるようになる。それが、松陰の主宰する「松下村塾」へと発展してゆく。そもそも松下村塾とは、松陰の叔父である玉木文之進が松本村新道に開いていた私塾である。のち、同じ松本村に住む、親戚の久保五郎左衛門が引き継いで二代目の松下村塾を主宰した。これは「久保塾」とも呼ばれ、門人は七、八十人もおり、寺小屋的要素が強かった。後年、初代総理大臣となる伊藤博文（利助・春輔・俊輔）や吉田栄太郎も、ここで学んだ。獄から出た松陰も、その運営に協力しており、久保から依頼されて「松下村塾記」を著したりしている。さらに、時期ははっきりしないのだが、久保は「松下村塾」の名称を松陰に譲った。つまり松陰は三代目の松下村塾主宰者ということになる。

ただし、松陰の松下村塾からは寺小屋的要素が薄れ、世の治者である「武士」のための私塾となってゆく。そのことを裏付

松下村塾の遺構（山口県萩市）

けるのが、塾生の身分だ。海原徹『松下村塾の人びと』によれば九十二名を数える塾生の内訳は士分五十三名、卒分（足軽・中間など）十名、陪臣十名、地下医四名、僧侶三名、町人三名、他藩人（医師）一名、不明八名となっている。不明のうち三名は武士身分である可能性が高く、それを含めて合計すると武士身分は七十六名、全体の八十三パーセントを占めていた。

3　松陰の妹と結婚

『吉日録』の中の玄瑞

松陰と手紙で論争した玄瑞は、どのような形で松下村塾に入門したのか。あるいは入門したとすれば、いつのことなのか。これらの点については、実は具体的なことが分かっていない。

安政三年（一八五六）十一月二十六日、玄瑞が京都に在る月性にあてた手紙には「先達て杉氏へ参りし芳墨《ほうぼく》（月性の手紙）拝誦つかまつり候」とか「吉田氏再復書と説、甚だ僕心を得る」とあるから、杉家や松陰と交流を持っていたことはうかがえる。

松陰の安政三年八月から十二月までの『丙辰日記《へいしん》』や安政四年（一八五七）一、二月の『丁巳日乗《ていし》』には徳民や栄太郎が来たり、本を読んだりと、熱心に勉学に励んでいた様子が連日のように記録されているのだが、玄瑞の名は見当たらない。あるいは安政四年九月三日に松陰が著した「煙管《きせる》を折るの記」では、高杉晋作らが中心となって塾内で禁煙を誓った顚末が述べられているが、ここにも玄瑞は登場しない。この時期の玄瑞は松下村塾に通い、他の塾生たちと議論を闘わせたり、共に松陰の指導を受けるようなことはなかったようである。

『丁巳日乗』につづき安政四年三月十三日に松陰が起稿した雑記『吉日録《きしじつろく》』になって、ようやく玄瑞に関する記述が見えるようになる。『吉日録』は冒頭に、玄瑞が清朝中国で起こっていた太平天国の乱に材をとった詩などを寄せて来たことが記されている。

「久坂玄瑞近稿を示す。詩中に云はく、『近聞満清干戈（太平天国の乱）起。英船捲浪海気紫。虎争龍攫戦不決。所以来我事遂止。』と。自註に云はく、『去秋、英夷来りて長崎に泊す。今年も亦来ると曰ふ。』と。余、未だ新聞紙を見ず。或は云はく、嘆夷復た事を広東に起すと」

つづいて友人で明倫館居寮生の中谷正亮《なかたにしょうすけ》が、玄瑞に関する情報を知らせてくれたことを三月二十八日夜に記録している。それは、明倫館内で盛んに議論された「今の諸侯は幕府の臣か、天朝の臣か」との問題につき、太華の養子山県半蔵（のち宍戸璣）は「父の説を主張」し、将軍の臣であるとした。ところが「医学生久坂玄瑞・蘭学生氏家音熊等日に往きて半蔵を窘《きん》す」というのだ。前年同じ問題で太華と論争した松陰にすれば、天皇の位置付けにかんし、玄瑞とは同見解だと確信したのである。

四月一日に書いた一文ではやはり中谷からの情報として、明倫館の生徒のうち嫡子や当主は「近日多く怠惰」の者が多く、庶子（次男以下）の方が勉強家であるなどと記している。そして「独り医学生半井春軒・久坂玄瑞年少本人にして苦学するのみ」と、勉学熱心な玄瑞を称える。

あるいは亡き久坂玄機についても触れ、「玄機は今の玄瑞が兄にて、其の志気、玄瑞に比するに更に超邁《ちょうまい》（他よりすぐれている）なりと、道太（中村道太）・清狂（月性）常に余に語る」などとし、「唯だ余其の人（玄機）を一見せず以て憾《うらみ》とす」と、玄機に会えなかったことを悔やむ一節もある。玄瑞の存在が松陰の心の中で、日に日に大きくなってゆく様子がうかがえる。

松陰の妹文と結婚

玄瑞が松下村塾に頻繁に通わなかった理由を、武田勘治『久坂玄瑞』は「当時久坂はまだ好生館入舎生であったから、何時も来てゐたわけではなかったろう」とするが、妥当なところではないか。

それに松陰は必ずしも、付き合い易い相手ではない。これぞと思い見込んだ相手に対しては異常なまでに肩入れして、執着する癖がある。玄瑞は松陰に対し、敬意を抱いていたのだろうが、自分からはあまり近寄りたくないと思った可能性も否定できない。

一方、松陰の玄瑞に対する思いは、ますます募るばかりだった。安政四年（一八五七）十一月下旬には、江戸にいる同志で玄機とも交流があった奥州人の江幡五郎に対し、玄瑞の詩稿に「久坂玄瑞の詩稿に書して江幡吾楼に与ふ」と題した次の一文を添えて送り、指導を頼む（『丁巳幽室文稿』）。

「是れ老兄の知らるる故久坂玄機の遺弟玄瑞の詩なり。玄瑞行年十八。才あり気あり、駸々として進取す。僕輩の能く裁成する所に非ず。願はくは老兄間《ま》に乗じて一読し、痛く準縄《じゅんじょう》を加へられんことを。渠《か》れは南山の竹なり。之《こ》れに羽《はね》して之れに鏃《やじり》せば、その或は石を貫く者、之の子なり。至嘱至嘱」

玄瑞は同年に作った詩を『丁巳鄙稿《ていしひこう》』(『久坂玄瑞全集』)としてまとめ、それに松陰が評を添えているが、あるいは、このころのものかも知れない。

さらに、玄瑞を身近に置きたいと思ったのか、松陰は自分の末妹である文《ふみ》を玄瑞に嫁がせようと考えるようになる。玄瑞に家族が無いことを、気の毒がっていたともいう。義弟にしようというのだから、相当なほれ込みようだ。

松陰には、両親を同じくする四人の妹がいた。上から千代・寿《ひさ》・艶《つや》・文である。艶は数えの三つで夭逝。千代は児玉初之進、寿は小田村伊之助(のち文助・楫取素彦)へとそれぞれ嫁いでおり、杉家に残っていたのは文だけだった。松陰も文の育成を気にかけていたようで、安政二年(一八五五)十一月三日(推定)、野山獄中から母滝に宛てた手紙には「お文は定めて成人つかまつりたるにてこれあるべく、仕事(家事)も追々覚え候や、間合間合に手習など精を出し候様つかまつりたく」などとある。

文は楫取《かとり》家(後年の再婚先)の戸籍では、弘化二年(一八四五)三月一日生まれとある。だが、多くの文献は天保十四年(一八四三)生まれとする。これは、天保十四年説が妥当のようだが、なぜ二年も差があるのかは不詳だ。天保十四年生まれならば、玄瑞との縁談が持ち上がった安政四年(一八五

晩年の文こと楫取美和子
（『日本及日本人・495号・松蔭号』）

七）当時は数えの十五ということになる。

ただし、杉家の家長でもない松陰が、なぜ文の縁談を決めるような権限を持っていたのか。階級は杉家は無給通（扶持方九人高六十石以下）、久坂家はそのひとつ上の寺社組（二百石より十四石）で、身分違いの縁談ということになる。この結婚に関して文の両親や兄の杉梅太郎が口を挟んだ形跡が見られない。杉家の中で、松陰の発言力が特別だったということか。

松下村塾生だった横山幾太の回顧録「鷗磻釣余鈔《おうばんきんよしょう》」（『吉田松陰全集・十二』）には、この縁談に関する有名な逸話が出てくる。松陰の意を悟った中谷正亮が、玄瑞に文との縁談を打診した。ところが、玄瑞は断る。「夫《そ》の妹醜《しゅう》なる（容姿がよろしくない）」がその理由だ。すると中谷は「これは甚だ君に似合わざる言を聞くものかな。大丈夫の妻を妻《めと》る。色を択ぶべきか」と、非難した。容姿で妻を選ぶのか、お前はその程度の男かと問われた玄瑞は言葉に窮し、ついに縁談を受けたのだという。

松陰が嫁ぐ文に贈った言葉

こうして文は、玄瑞に嫁ぐことになった。安政四年十二月五日、松陰が文に玄瑞の妻になる心得を説いた「文妹久坂氏に適くに贈る言」（『丁巳幽室文稿』）がある。

「久坂玄瑞は防長年少第一流の人物にして、固より亦天下の英才なり」といった賛辞に始まり、一方の文は幼く、劣っているが、「自ら励み自ら勤めば何すれぞ成らざらん。況や婦道難きに非ざるや」

とする。また、離婚、再婚は恥だとし、そうした心得が「天下の英才」に嫁ぐ文にとって、いかに大切であるかを説く。

それから松陰は、文の名の由来を説明する。文が生まれた時、叔父の玉木文之進が特に喜び、自分の一字を取り名付けたのだという。だから本を読んで大義に通じ、その名に恥じぬよう求めるも、婦人の読書は男のそれとは違うなどと戒めている。

時に玄瑞十八歳、文十五歳。玄瑞を指導して来た月性はこの結婚を、わが事のように喜んだ。安政四年十二月二十四日、松陰あての手紙では「御令妹を日下生（玄瑞）え御妻の由、御好配を得られ、御満堂（家族中）御大慶と大賀奉り候」と、祝辞を述べる。つづいて、次のような一節があるのが興味深い。

「御令妹を先年、桂生に勧め候事御座候が、小五郎も壮士に候へども読書の力と憤夷の志は日下生遙かに勝るべく候」

月性は以前、文を長州藩の桂小五郎に嫁がせてはどうかと提案していたらしい。だが、月性は桂よりも玄瑞の方がすぐれていると述べる。特に勝っていると評すのは「憤夷（西洋列強に対する憤り）の志」だが、先に見た安政三年（一八五六）十一月二十六日付、月性あての手紙で玄瑞は「相州霜田（豆州下田）亜墨利加軍艦一隻八百人来り、スクウスル一隻八人乗り、来泊之様子慨然に堪えず候」などと怒りを込めて知らせている。これは同年七月十一日、軍艦サン・ジャシント号に乗ってアメリカ初代駐日総領事となるタウンゼント・ハリスが下田に到着したことだ。ハリスは幕府を相手に、自由貿易を骨子とした通商条約締結のための交渉を始めていた。玄瑞の手紙は「又々江戸表は西洋学館建立、恐らくは天下の人心羊と相成り申すべく候。蕃書（洋書）を読む者は有識の士に非ざれば則ち不可なり」とつづく。

4 松陰と玄瑞の関係

文と結ばれた玄瑞は杉家で起居するようになり、ここで安政五年（一八五八）を迎える。正月早々、松陰は玄瑞と対座し、各々韻を分けながら新年短古三十首を唱和した。

安政五年の正月

一月五日、松下村塾生の松浦松洞（亀太郎）が芸州へ赴くことになり、松陰は塾生を集め、別宴を張る。玄瑞は松陰から松洞のことは聞いていたが、会うのはこの時が初めてだったと述べている。そして、「松浦松洞を送るの序」を書き与えて激励する。

松浦松洞は萩の松本村船津に住む商人の次男だが、このころは長州藩重臣の根来主馬の家臣になっていた。小田海僊に師事した絵師で、後に松陰の肖像画を描くことになる。

一月十三日、玄瑞は国相府（国もと萩の藩政府）の長である益田弾正（親施。のち右衛門介）に、意見書を提出した。玄瑞は幕府の気力が衰え、アメリカの使者（ハリス）を厚遇していることを神州の大恥辱と嘆く。だから、長州藩主を助けて防長の正気を鼓舞し、尊王攘夷の志を抱いて立ち上がる。そして西洋に屈しようとする幕府を諌め、天皇を安心させるよう訴えた。

吾友松陰

玄瑞は、松下村塾の運営も手伝った。安政五年二月五日、松陰は剣が得意な佐々木謙蔵・岡部富太郎・中谷茂十郎という塾生三名に手紙（『戊午幽室文稿』）を発し、村塾で「武」を指導して欲しいと頼む。同じ手紙で松陰は「文」の指導は「有隣（富永）・清太（久保）・実甫《じっぽ》（玄瑞）」が担当するのだと述べている。また、文武の指導については「僕有隣・清太・実甫と之れを謀」ったとも言うから、村塾における教育計画作りに、玄瑞が関わっていたことが分かる。

こうして見ると玄瑞は一塾生というより、最初から助教的な立場で松下村塾に関わったようだ。このころ、玄瑞が松陰を「師」として見ていたのかについては、疑問が沸かないわけではない。この点につき、先に触れた玄瑞の「松浦松洞を送るの序」に注目したい。この送序は現在、次のように字句の多少異なる二つのものが伝わっている。

ひとつは京都大学附属図書館が所蔵する玄瑞自筆本で、おそらく松洞に渡された原本だろう（尊攘堂旧蔵）。いまひとつは、明治十年（一八七七）に出版された玄瑞の遺文集『江月斎遺集・乾』に収められた活字本である。

松陰のことを言う時、自筆本は「吾友吉田義卿」だが、活字本では同じ部分が「吾師吉田義卿」となっている。「友」と「師」では、そのニュアンスが異なる。後世の者は玄瑞は松陰の門下生であり、松下村塾生だったという先入観のようなものを持っている。無論玄瑞は松陰に対し敬意を抱いており、その出会いが人生に大きく影響したことは疑う余地がない。

だが、考えてみると玄瑞が松下村塾に頻繁に通ったような形跡がない。通っていないとは言わないが、史料が見当たらない。また、文との結婚により杉家で起居して松陰と寝食を共にしたのは二カ月余りの短い時間でしかない。江戸遊学に旅立った玄瑞が、次に萩に帰って来るのは安政六年（一八五九）二月のことだ。このころ松陰は数々の過激な言動が災いして、城下の野山獄に再び投ぜられており、師事するといった状況ではなくなっていた。

松陰亡き後、玄瑞はその師弟関係を強調する。後述するが、「松陰」を「尊王攘夷」の「殉難者」として神格化し、その弟子を称することで、自らの政治活動を正当化した。ただ、「吾友」と書いた安政五年一月時点では、玄瑞は松陰との関係を同志的なものと考えていたと見た方が、自然ではないか。

5　高杉晋作のこと

晋作の入門

後世、玄瑞と並び松陰門下の「竜虎」「双璧」などと称されたのは、高杉晋作だ。玄瑞とは少年のころ、吉松塾で机を並べた間柄だった。

晋作は天保十年（一八三九）の生まれだから、玄瑞よりはひとつ年長である。高杉家は大組に属し、戦国の昔から毛利家に仕え、代々藩主の側近を輩出して来た名門だった。その一人息子として生まれた晋作は十六歳の安政元年（一八五四）一月、若殿である毛利騄尉《ろくのじょう》の行列に父の小忠太（のち丹治）とともに加わり、江戸に赴く。藩主の信任篤い小忠太は、長井雅楽とともに若殿の教育掛を務めていた。江戸に到着した若殿は元服の式を行い、将軍徳川家定から長州藩の世子として公認される。名も家定から一字貰って（偏諱《へんき》）、定広と改めた。

この年一月以来、江戸は二度目のペリー来航に沸いていた。三月三日には日米和親条約が締結される。晋作は西洋列強による外圧を、目の当たりにした。やがて帰国し、安政四年（一八五七）二月には明倫館の入舎生となり、同年から松下村塾に通って吉田松陰に師事した。松陰のもとに連れて行ったのが、玄瑞だったとする説もあるが俗説だろう。

このころ晋作は、「武」から「文」へと、その志を変えようとしていた。玄瑞は安政四年十一月ころ、晋作の従兄で松下村塾生でもあった南亀五郎にあてた手紙で「高杉晋作本《もと》武人、頃学校に入り、節を折りて書を読む」などと述べている。玄瑞が晋作の動向を意識していたことがうかがえる。

ライバルとしての晋作

晋作と玄瑞が何かにつけて比較されるのは、松陰がふたりを互いにライバル視させて競わせ、切磋琢磨させたからである。

少し後のことになるが、松陰は安政五年七月十八日、江戸遊学に発つ晋作に与えた「高杉暢夫《ちょうふ》を送るの叙」の中で、次のように述べる。松陰はかつて玄瑞が、「第一流」だと思っていた。そこへ晋作が現れた。ただし、松陰が見るところ晋作は「有識の士」だったが、学問は未熟、自分流に勝手に物事を解釈する悪癖もあった。

そこで松陰は何かにつけて玄瑞を褒め、晋作を抑えた。負けん気が強い晋作は発奮して、猛勉強を始めた。すると晋作は「学業暴《には》かに長じ、議論益々卓《たか》く」といった成長を遂げる。塾生たちからは一目置かれる存在となり、松陰も何かにつけて晋作に相談するようになった。玄瑞は晋作の「識」には及ばないとし、一方の晋作は玄瑞の「才」を高く評価して「当世無比」と称えた。松陰は晋作に、玄瑞を失うなと戒めている。

高杉晋作（筆者蔵）

渡辺蒿蔵の回顧録に「久坂と高杉の差は、久坂には誰れも附いて往きたいが、高杉にはどうにもならぬと、皆言ふ程に、高杉の乱暴なり易きには人望少なく、久坂の方人望多し」とある。同じような人物評が、久坂秀次郎（玄瑞の庶子とされる）の談話中にも出てくる（『久坂玄瑞全集』）。

「杉民治翁（梅太郎。松陰の家兄）がかつて某奇兵隊士に同隊長としての久坂と高杉の人物対比感想を聞かれたるに、某氏答へて曰『高杉は直情径行、自我強く部下の意見などは更に顧みず、無頓着無関心に只勇猛邁進的であつたに反し、久坂は深思遠謀よく部下の意見を容れ、衆智を集めて敢決断行の人であつて部下を愛するの情至つて深く何れも心服して居た。高杉には部下が引きずられ勝であつたが、久坂には心から感服随進したものである云々』とは両人を寸評してよく其の全を得たものと云ふべきであると」

何不自由のない、良家のお坊ちゃんとして育った晋作には傲慢な側面があり、異常なまでに高いプライドを持っていたことは他の史料からもうかがえる。一方、玄瑞は早くに家族を失い、家業を継いだ苦労人らしく、他人に対する気配り、人心掌握術に長けていたようだ。

ちなみに玄瑞の印象としては横山幾太が「その人は君子の風あり能《よ》く人《ひと》を容《い》る。性酷《はなは》だ文才あり、音吐明瞭鐘の如し。一見其の風采の衆に秀出するを知るに足れり」と絶賛し、「胆識《たんしき》世に秀で英雄の風あるは東行高杉氏、度量衆を容れ君子長者の風あるは久坂実甫」とも評す。

また、口羽は「久坂・高杉才品各異なり而して藩少年の第一流連壁と謂ふべし。春風（高杉）嘗《かつ》て曰、通武（玄瑞）の如き者は生涯室を出でずして、尚名を天下に肆せんと、蓋《けだ》し一の誠を謂ふなり」（「逸事逸話」『久坂玄瑞全集』）。と、晋作が玄瑞を認めていたことを述べている。

6　江戸遊学

玄瑞、萩を発つ

玄瑞が早くから江戸遊学を希望していたことは安政三年（一八五六）十一月二十六日付、月性あての手紙で「小生東行（江戸遊学）の志未だ遂げず。実は親族一決未だなり」と述べていることからもうかがえる。ネックになっている「親族一決」が何を意味するのかは不明だが、あるいは遊学費用のことかも知れない。

そして安政五年（一八五八）一月、玄瑞に「業事（医学）稽古」のため、「自力（自費）」による「三十六カ月」の江戸行きを許可するといった藩の沙汰が出た。つづいて玄瑞の申し出により、好生館の入舎生を除くとの沙汰も出る。

玄瑞は二月十日に江戸にいる本家の当主久坂文中《ぶんちゅう》に手紙を書き、遊学が許可された喜びを「本懐此の上無く存じ奉り候」と知らせ、「御当地罷り越し候節は何卒、何卒、先ずは辰下御見舞い申し上げたく、かくの如くござ候」と挨拶する。

松陰は「日下実甫の東行を送るの序」を書き与えて激励した。「吾妹婿日下実甫」との呼びかけから始まる一文だ。その中で、次のような賛辞を送る。

「日下実甫は年未だ弱冠ならざるも、志壮気鋭、これを運《めぐ》らすに才を以てす。吾れ嘗て推すに吾が藩の少年第一流を以てせり」

さらに松陰は、追加の叙まで書いてくれた。こちらには周囲の者が軽挙妄動を戒め、深思熟慮を求めようとも、「当今の世、足ざるものは果断なり」と、玄瑞に思い切って行動するよう発破をかける。

また、松陰は二月十九日、旧知の儒者で備中藤江村（現在の広島県福山市）に住む森田節斎《もりたせっさい》に、玄瑞を紹介する手紙を書いてくれた。これは、玄瑞が頼んだものだった。嘉永六年（一八五三）二月、江幡五郎の紹介で大和五條（現在の奈良県五條市）に森田を訪ねて指導を受けて以来、松陰は森田を師のひとりとして、慕っている。松陰は森田に「このたび、友人久坂玄瑞東遊につき」「この生（玄瑞）

同志中の奇才子、僕大知己にござ候」として、自分の近況を玄瑞の口から聞いてほしいとも述べている。

他にも口羽徳祐や月性が、江戸にいる自分の知己に玄瑞を紹介する手紙を書いてくれた。二月二十日、月性が儒者の藤森弘庵にあてた紹介状には「この子弊藩医員久坂玄瑞と申し候。読書憂国の一慷慨男子にござ候。御接見下さるべく候」などとある。

口羽は二月十六日付で、佐倉藩儒の立見直八に手紙を発した。その中で「右玄瑞生年十九、気力もこれ有り、藩中少年の才子にござ候。何卒御心易く仰せ付けられ御附合い下され候よう願い奉り候」などと紹介する。つづいて藤森弘庵や羽倉簡堂にも頼んでおいたので、よろしく引き回してやってほしいとし、さらには、幕府昌平黌教授で長州藩江戸藩邸でも教えたことのある安井息軒にも会わせてやってくれと頼む。

藤森・羽倉・安井、いずれも海防にかんする発言などで、社会に影響を与えていた当代一流の学者たちだ。周囲が玄瑞に、あつい期待を寄せていたことが分かる。また、遊学の目的は表向きは医学修業だが、多くの有識者に会い、己を磨こうと意気込んでいたこともうかがえる。こうして玄瑞は結婚したばかりの新妻を残し、二月二十日に萩を発った。

秋良敦之助に会えず

関ヶ原で敗れ、山陰に封じ込められた毛利輝元は慶長九年（一六〇四）、萩城下から山口などを通り、瀬戸内の三田尻（現在の山口県防府市）へ通じる五十三キロメートルの街道を整えた。これが「萩往還《はぎおうかん》」である。中国山脈を北から南に真っすぐに縦断する険しい山道だが、

克己堂跡（山口県柳井市阿月）

参勤交代にも使われたことから、「御成《おな》り道」とも呼ばれていた。

江戸遊学を許され、萩を発った玄瑞もまた萩往還を山口、三田尻と進む。山口までは松下村塾生の佐世八十郎（のち前原一誠）が見送ってくれた。別れ際、佐世が玄瑞に与えた送序（三月二十一日付）によると、佐世が村塾に通っていたころ、玄瑞にかんする話は聞くものの、会う機会がなかったので残念に思っていたという。それが松陰の妹と結婚したので、初めて会い議論することができて嬉しかったとする。

玄瑞は三田尻の東方二里の富海《とのみ》（現在の山口県防府市）から乗船し、海路熊毛郡阿月村（現在の山口県柳井市）に上陸した。阿月村は瀬戸内海に突き出した半島の東沿岸に位置し、長州藩重臣の浦家給領地である。幕末の当主浦靫負《ゆきえ》は教育熱心で、天保十三年（一八四二）には克己堂《こっきどう》という郷校を開き、家臣の子弟を教育していた。ここでは海防問題も熱心に討議され、近くに住む月性もたびたび訪れて指導にあたっていた。松陰と親しい白井小助や、赤禰武人・世良修蔵（戊辰戦争のさい福島で暗殺された奥羽鎮撫総督の参謀）もここで学んでいる。

克己堂学頭を務めたのが、浦家の重臣である秋良敦之助《あきらあつのすけ》（貞温）だ。靫負の腹心とされ、特に財政整理に手腕を発揮した。大の西洋嫌いで、西洋への対抗意識から安政四年三月に奈良の豪商村島長兵衛に出資させて大坂で「人車船」を造り、阿月に引っ張って来ている。

秋良と松陰は、江戸や萩で時事を談じ、親交を深めた同志であった。ただし、秋良は数日前に東上し不在のため、玄瑞には会えなかった。玄瑞は「地を満つ東風虜塵を吹く」に始まる一詩を残して二月二十四日の朝、阿月村を発つ。つづいて玖珂《くが》郡遠崎の妙円寺に月性を訪ねたが、こちらも不在だった。

このころ遠崎と柳井の漁師たちの間で派手な喧嘩が起こっていた。この件につき玄瑞は二月二十三、二十四日とつづけて松陰に報告の書を送る。はじめは「鐘鉦衆を募り放火、焼屋、傷死者五、六」との噂に興奮気味の玄瑞だったが、最終的には「傷死者これ無く申し候。少し傷き候者のみ、放火焼屋などもこれ無く、これは茅へ火を放つくらいの事にござ候」と冷静に観察する。幽囚の身である松陰は、このように知己が各地から送ってくれる情報を喜んだ。

森田節斎を訪ねる

玄瑞は道中でいくつかの詩を作り、『東遊稿《とうゆうこう》』（『久坂玄瑞全集』）と題してまとめている。これによると阿月村を発った玄瑞は、岩国に陶周洋なる人物を訪ね、詩を交した後、厳島（現在の広島県廿日市市）に遊ぶ。中国山脈の中に位置する吉田（現在の広島県安芸高田市）を訪ね、洞春公廟（戦国武将毛利元就の墓）で「微臣猶碌々。何を以て神を慰霊す」と、自分の非力を思い涙を流す。乃美（現在の広島県東広島市）へ向かう途中の山中で「三月上旬、梅香を放つ」と春の匂いを感じながら、本郷（現在の広島県三原市）を経て久明に「坂田氏」を訪ねる。

森田節斎（新城軍平『森田節斉』）

つづいて、備中沼隈郡藤江村に松陰が紹介状を書いてくれた森田節斎を訪ねた。文化八年（一八一一）生まれの森田は、この年四十八。大和五條の儒者だったが、藤江村の豪農山路熊次郎の懇願により、安政三年（一八五六）冬に当地に来て子弟の教育にあたっていた。

玄瑞が森田に呈した詩には「談、海防に及びしばしば浩嘆」とある。森田もまた熱烈な攘夷論者だった。安政元年（一八五四）には五條代官から協力を依頼され、海防の目的で十津川郷士ら二千人を、五條磧《かわら》に集めて調練したこともある。あるいは、松陰や梅田雲浜《うんぴん》・宮部鼎《てい》蔵《ぞう》・日柳燕石《くさなぎえんせき》らとも親交があった。

後日のことになるが四月十八日、松陰は森田にあてた手紙で「天朝の盛」を喜び、「久坂生文才僕に長ずること数等、但しこれも把筆《はひつ》立ちどころに就《な》り申し候」と述べている。

日柳燕石の噂

このころ玄瑞は中国路の道中から、萩にいる松下村塾賓師の富永有隣に漢文の手紙を発している。日ごろ話題になっていた文人学士を訪ねてみたが、一見して驚くに足る人物に出会えぬと嘆き、それでも近ごろ山岡・安元・日柳の「三奇士」を知ったという。玄瑞の手紙によれば、三人は次のような人物だ。

日柳は通称を長次郎、燕石《えんせき》と号し読書や詩作を好む、讃岐琴平（現在の香川県多度津郡琴平町）に住む博徒だった。数百人の子分を操ることができるという。玄瑞は日柳の詩集『柳東軒《りゅうとう》詩抄』を読み、その人となりが察せられる旨を述べている。

安元は大和郡山藩士で杜預蔵と称し、安政元年の日米和親条約に反対したが、病死してしまった。玄瑞は安元について書いた森田の文章を書き写し、松陰に送ったので、富永にも見るよう勧める。

山岡は福山藩士で、阿部正弘（老中首座）に仕えたが、やはり安政元年の日米和親条約に反対し、アメリカと和するよりも戦うべきだと訴える上書を遺し、同年八月二十四日、江戸において自刃した。享年三十九（渡辺修二郎『阿部正弘事蹟・下』）。玄瑞は福山を通るさい、会う人ごとに山岡のことを尋ねてまわって、そのたびに感動したと言う。また玄瑞は、山岡の詩を備忘録に書き留めている。それは藩主に攘夷を建言したため、侍講を免ぜられ帰国する福山藩の老儒者門田堯佐《もんでんぎょうすけ》（樸斉）に贈られた詩だ。

三人のことを知った玄瑞は喜ぶ。ただし安元と山岡は鬼籍に入ってしまった。そこで玄瑞は富永に讃岐に行き、ぜひとも日柳に会うよう勧めている。きっと、意気投合するだろうとも言う。日柳は松陰がアメリカ密航未遂事件を起こしたことを、喜んでいるようだとも知らせる。松陰は安元とは懇意だったが、亡くなったことは知らないだろうから、富永から知らせておいてほしいと言う。

なお、この玄瑞の手紙を受けた富永は同年四月十八日、松陰の紹介状を携え、藤江村に森田を訪ねている。松陰は富永のために、日柳への紹介状を書いてやってほしいと森田に頼む。ただし、この後富永が讃岐に日柳を訪ねたのか否かについては、富永有隣先生事蹟顕彰会『勤王志士　富永有隣先生

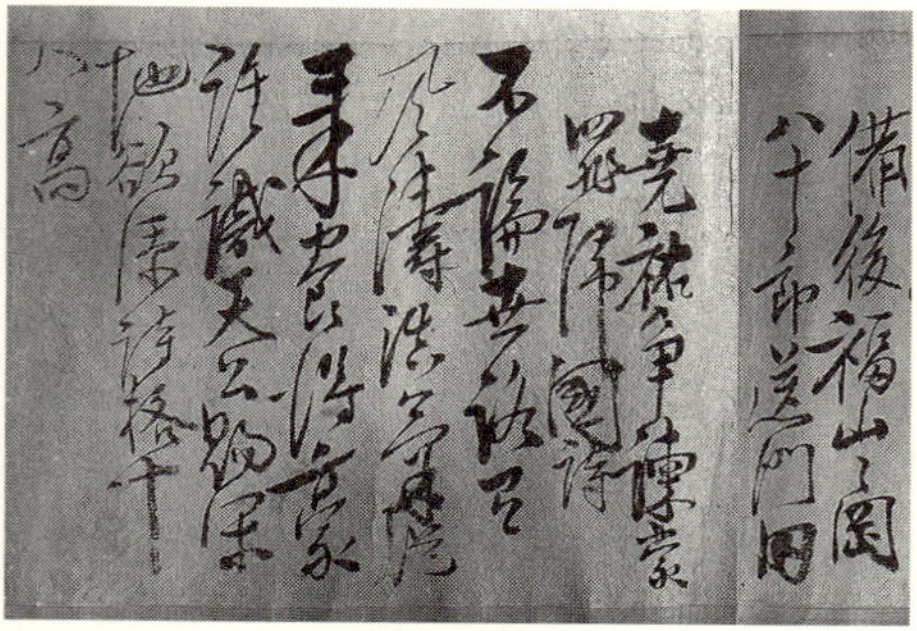

玄瑞が写した山岡八十郎詩（筆者蔵）

小伝』や草薙金四郎『勤王奇傑　日柳燕石伝』はじめ数種の日柳伝では確認できない。松陰も日柳の詩文を愛読し、本人に会うことを望んでいたが、実現しなかった。

玄瑞もまた、日柳とは生涯会えずじまいだったようだ。ただ、日柳が文久三年（一八六三）前半ころ、長州藩士の名を書いた備忘録の中に「在京書生にて鉄中の錚の者」として桂小五郎・楢崎弥八郎・高杉晋作と並び、「日下（久坂とも）玄瑞　医」の名が挙がっている（『高杉晋作史料・三』）。

このような情報が伝わっていたからか、その後も日柳は長州藩士との縁が切れなかった。たとえば日柳のもとには元治元年（一八六四）十二月には井上善心、慶応元年（一八六五）五月には高杉晋作といった長州人が潜伏することになる。特に高杉を匿ったため日柳は捕えられ、明治元年（一八六八）一月まで二年半もの間、高松の獄に投ぜられた。

出獄後、新政府の幹部となった木戸孝允（桂小五郎）の求めに応じて上京した日柳は品川弥二郎に頼まれて、『久坂玄瑞天王山陣中日記』の跋文《ばつぶん》をつくっている。つづいて四月二十三日には、兵庫において伊藤俊輔（春輔・博文）から玄瑞や高杉の詩を見せられ、「亡友の心事を追想して、その報いらざりしを恨んだ」という（『勤王奇傑　日柳燕石伝』）。その後、日柳は新政府軍に日誌方として従軍したが、明治元年八月二十五日、越後柏崎において五十二歳で病没した。

阪谷朗盧を訪ねる

備中に入った玄瑞は幕府旗本領である川上郡九名村（現在の岡山県井原市）に、漢学者の阪谷朗盧《ろうろ》を訪ねた。大坂の大塩中斎《ちゅうさい》（平八郎）や江戸の古賀侗庵《とうあん》の門で学んだ当年三十七の阪谷は、興譲館に招かれて後進の指導にあたっていた。興譲館は三卿のひとつ一橋家の領地だった寺戸に、嘉永六年（一八五三）に完成した郷校である（現在、井原市の私立興譲館高校の前身）。

玄瑞が阪谷を訪ねたのは、かれが兄玄機の友人だったからだろう。玄機は大坂で蘭学を学んでいた弘化四年（一八四七）、月性を介して阪谷と会い、意気投合した。玄機は帰国する阪谷に、別れを惜しむ七言四十四句の長詩を贈る。これに感激した阪谷は瀬戸内海を行く帰りの船中で、韻を次いでやはり七言四十四句の長詩を作り、玄機に返したことがあった（二つの長詩はのちに「友情の賦」と名付けられた）。

阪谷は訪ねて来た玄瑞の印象を「猶ほ弱冠なるも慷慨発奮はその兄の如し。而うして才思の群せざること、或いは之に過る」と記録している。兄玄機の激しい攘夷論を受け継いでいることを、確認しているのだ。

阪谷は森田や日柳とも親交があつかった。山下五樹『阪谷朗盧の世界』によると、奇人として知られた森田は、よく酒席で次のように歌った。

ろろはむげ（朗盧は無芸だ）ほこくやますする（備中松山藩の儒者山田方谷は山気がある）てとはうた

（播州林田藩の河野鉄兜は和歌が上手）えせくばくうつ（日柳燕石は博奕を打つ）せさはさすかく（森田は山水を描く）

このような時事問題を熱心に討議する文人、学者の輪の中に、玄瑞も入ろうとしたのだろう。

玄瑞は、かつて玄機と阪谷が交わした長詩を揮毫《きごう》してくれるよう頼む。阪谷は、あれは「遊戯にして録」した詩なのだがと言いながらも快く応じてくれた。その目的は「旧情を継いで、新交を成さんとする」ためだと、阪谷は述べている。感激した玄瑞は二首の七律を贈った。そこには、

臂《ひじ》を把《と》りて団欒するは主か客か
文章吟哦（吟誦）話まさに新たなり
山醪の酒、冽《きよ》くして芳醇たりを
客友交親すること旧識の如し

などとある。さらに阪谷は玄瑞を連れ、親友で適塾出身の山鳴弘斎を近くの後月郡梁瀬《やなせ》（現在の岡山県井原市）に訪ね、茶や酒を楽しみ、同盟を結び、深夜まで話し合った（玄瑞詩集『東遊稿』中に「阪谷朗盧と山鳴弘斎を梁瀬に訪う」がある）。翌朝、阪谷と「何れの日か樽前に重ねて春を賞《め》でん」と、再会を約して別れた玄瑞は京都をめざす。

第三章　「有志」として政治活動

1　初めての京都入り

安政三年（一八五六）七月二十一日、来日したアメリカ合衆国駐日総領事ハリスは江戸に赴き、十月二十一日、将軍徳川家定に謁見してアメリカ大統領の親書を渡した。

朝廷の政治化

つづいてハリスは、自由貿易を骨子とした「日米修好通商条約」を締結すべく、幕府側との交渉に入る。そのころ、清朝中国でアロー号事件が起こり、英仏軍が広東を占領したとの情報をハリスは最大限に利用し、危機感を煽った。やがて、日米両国政府の代表外交官がそれぞれの首都に常駐することや、対外貿易のため横浜・長崎・箱館・新潟・兵庫を開港し、江戸・大坂を開市するといった条約内容がまとまってくる。

ところが幕府は調印にあたり、孝明天皇の「勅許」を得ると言い出した。「征夷大将軍」の任命者である天皇の意を確認し、挙国一致体制で開国したと、内外に示す必要があったのである。そこで老中堀田正睦《まさよし》は安政五年（一八五八）二月五日に上洛し、勅許を求めた。幕府側は当初は形式的なものと考えていたようである。しかし攘夷論者の孝明天皇は鎖国が祖法であると信じ、西洋列強が侵略的意図で日本に接近して来ると考えている。

このため二十三日、堀田に伝えられた勅には、もう一度御三家以下の諸大名の意見を聞いた上で願い出よとあった。これでは納得できない堀田は、朝廷の実権を握るとされる関白九条尚忠《ひさただ》に接近する。九条は外交に関しては従来どおり、幕府に一任するとの勅答案をまとめようとした。

すると三月十二日、八十八人もの公家が幕府一任、条約調印に反対し、帯刀して九条の屋敷に押しかけて、諫疏《かんそ》の文を突き付けた。驚いた九条は病気と称し、参内を中止する。

玄瑞が大坂から淀川を船でさかのぼり、政局の舞台となりつつあった京都に足を踏み入れたのは、三月十六日のことだ（『久坂玄瑞遺文集』年譜）。『東遊稿』に収められた「淀河」と題した詩で「満岸の芦花夕日殷《さか》ん」と、その光景を詠む。

玄瑞の京都滞在は、松陰の指示により、急きょ決まったと考えられる。玄瑞が萩を発って八日後の二月二十八日、松陰は追いかけるように玄瑞に手紙を書き送った。そこには「京師の事如何やらんと至極案じ申し候」「愚考するに、天朝の正論と西城（江戸城西の丸の一橋派）の正議と合体して、天下の俗説を推し崩し、神州を維持すること方今《ほうこん》の急務なり。天朝の御中興も征夷の御中興も此の辰《とき》なり」などとあり、京都に人材を集めるのが急務だと述べられている。

京都情勢を松陰に知らせる

京都に入った玄瑞は初め旅館に泊まったが、費用がかかるので河原町にあった長州藩邸内の寺院である願就院に移った。しばらくとどまって、勅許問題の決着を見届けようとする。僧侶などと夜を徹して語り合うこともあったようだ。本来なら、こうした形での藩士の滞在は認められないが、宍戸九郎兵衛（のち左馬之介）から京都藩邸留守居役の福原与三兵衛に根回しして、認めさせた。福原は同役を安政五年二月十八日、宍戸から引き継いだばかりだった。

京都藩邸跡（京都府京都市）

三月十八日、玄瑞は吉田松陰に近況を知らせる長い手紙を書き送った。その初めで玄瑞は十三日、大坂常安橋《じょうあんばし》で偶然にも浦家の臣白井小助と会い、さらに秋良敦之助を宿に訪ねて談じたなどと知らせる。つづいて江戸に行ったら、幕府に上書を差し出すつもりだとも言う。ペリー来航以来、幕府は広く意見を募っていた。

玄瑞は幕府がアメリカの求めに応じ、長州西端に位置する馬《ば》関《かん》（赤間関）を強引に開港するのではないかと、危惧していた。だからもし、開港地で「夷狄狼藉《いてきろうぜき》」が起こった場合は「神州の恥辱」となるため、幕府の許可なく、それぞれの地の兵が戦える決まりを設けてほしいと訴えるのだ。それに馬関の大半は、長州藩の中でも支藩の長府藩（五万石）と清末《きよすえ》藩（一万石）の領地だった。このため、武備が行き届かぬおそれがあるので、萩の本藩がすべてを引き受けるべきだとも主張した。

それから玄瑞は見聞した京都情勢を知らせる。老中堀田の周旋が、「赤心」の公家八十八人の抗議で頓挫したことを「誠に以て天朝の英盛ん、奮激に堪えずなり」と喜ぶ。また、朝廷内にも「頼もしき御方」が多いとしながら、「鷹司《たかつかさ》太閤は最老域にて智略もあり、しかして関東方にて、正論家を圧倒せんと成され、正論家は大抵智略の乏しき者にて、これ迄憂うべきなり」と嘆く。太閤鷹司政通は幕府の開国政策を支持していたからで、「鷹司殿頻りに賂を受けられ候様子」などと批判する。

天皇と毛利家の関係

玄瑞は政治化が進む朝廷に接近を始めた、諸藩の動向にも注目している。外様大名などの中から国政に参加する、「有志大名」が現れたことは先述のとおりだ。玄瑞は薩摩藩が朝廷に太刀を献じ、「段々内密御上表」しているとか、尾張・越前・水戸藩は朝廷のために役立ちそうだなどと観察する。だが、毛利家は天皇と特別な関係にあるのだから、太刀を献じたり、使者を出したりしなくても、藩主が江戸から帰国途中に堂々と京都に立ち寄ればよいのだと言う。松陰や玄瑞らは自分たちの藩主父子に「有志大名」になり、国政に参加してもらいたいと熱望している。

毛利家の先祖は平城《へいぜい》天皇の皇子阿保《あぼ》親王とされ、皇別の家柄との誇りが高かった。親王の落胤《らくいん》と言われるのが（異説あり）参議の大江音人《おとんど》で、その子孫で武家となったのが、鎌倉幕府の公文所別当を務めた大江広元である。広元の四男季光《すえみつ》が相模国毛利荘（現在の神奈川県厚木市）を領したことから、

「毛利」と称した。

このため毛利家では、古くから皇室との関係を重視していた。戦国武将の毛利元就は正親町《おおぎまち》天皇の即位の礼に際し、その費用総額二千五十九貫四百文を進献している。江戸時代になっても武家伝奏を経ず、歓修寺家を通じて朝廷に献上したり、京都へ立ち入ることが認められていた（中原邦平『訂正補修　忠正公勤王事績』、以下『忠正公勤王事績』とする）。元和元年（一六一五）十月、京都三条河原町に藩邸を獲得し、寛永八年（一六三一）四月には四千三百坪あまりに拡大しているが（『もりのしげり』）、大名が京都に拠点を持てたのも異例だった。

元禄四年（一六九一）、毛利家は阿保親王八百五十年祭にあたり、摂津打出《うちで》（現在の兵庫県芦屋市）の親王塚周囲を改修したり、石灯籠を献じたりしたが、この事業は皇室との関係を藩内外にアピールする意味もあった。江戸時代後期になり皇室に注目が集まると、たとえば文政五年（一八二二）三月には村田清風に命じて大和の不退寺や摂津の打出など、近畿地方に点在する阿保親王の遺跡を調査させ、『阿保親王事蹟詮議』としてまとめさせている。

そのため長州藩内では、皇室は主家につながる存在であり、関心が強かった。先に見たように、天皇の位置付けをめぐり松陰は藩の大儒山県太華と、玄瑞は太華の養子山県半蔵《やまがたはんぞう》と論争している。

高杉晋作を刺激する

吉田松陰は飛耳長目《ひじちょうもく》により情報を集め、行動を起こせと、つねに門下生たちに説いていた。玄瑞の京都通信は萩の同志たちを刺激し、今後の活動を左右する貴重な情報源となる。

安政五年四月十三日、萩の久保清太郎（松太郎・断三）は玄瑞にあてた手紙で、「別後度々の尊翰、杉氏へ参り候分拝見つかまつり候」と、京都の事情を知らせてくれたことに対し感謝している。また同じ手紙には「爰元《ここもと》にても、このたびは周布その外弾大夫（益田弾正）等は大きに憤発、二月ころとは様子相変わり候様にござ候」と述べている。

当時長州藩政府には、藩主に従う行相府と国もと萩の国相府があった。久保の手紙にある、憤発したという益田や周布がいるのは国相府だ。前年十二月、幕府がアメリカとの条約締結にかんして諸大名に諮問したさい、国相府は行相府と意見交換をしながら、藩是をいかに定めるのかを模索していた（『防長回天史・二』）。

玄瑞の手紙に、とりわけ刺激を受けたのは、玄瑞をライバル視してきた高杉晋作だった。四月十日、晋作は松陰にあてた手紙で「玄瑞の書状参り候の由、大悦候。玄瑞の書、明日なりとも御返し（貸し）遣わさるべく候よう希い奉り候由」などと頼む。こうして玄瑞の手紙を読んだ晋作は同月十三日、やはり松陰に対し、次のような感慨を述べる。

「玄瑞君もますます慷慨《こうがい》、浪華を過ぎ京師に至る、愉快、愉快。京師の事実悦ぶべし、懼るべし。実に天下の安危是に於いて決す。有志の士、臂几枕書《ひきちんしょ》の時にあらざるなり」

さらに晋作は、今後の松下村塾の同志がとるべき道を、あれこれと提案している。そして「玄瑞は又別世界、かつそれ京師は最も医人の集会する所、嫌疑を避くに及ばず。その形は医にして、その心は丈夫、以て京師に居り、その処を得る」などと喜び、さらに自分も江戸遊学できるよう、松陰から藩儒小田村伊之助に頼んで貰えないかと言う。小田村は松陰の次妹寿の夫で、のちに楫取素彦《かとりもとひこ》と称し、明治になり群馬県令や貴族院議員などを務めた。

また、晋作は玄瑞が幕府に差し出すという意見につき「玄瑞の上書愉快、愉快」と、喜ぶ。あるいは「馬関の議懼《おそ》るに足らず」とし、「その言うところ、馬関は清末・長府領もござ候。中々、この儀は小藩にて武備も不行き届きに候間、丸々本藩御引き取りなられ候などの議論妙策なり」と、支藩から本藩に移すことに賛意を示す。

玄瑞に前後して、吉田栄太郎や松浦松洞ら松下村塾生たちが萩を発ち、江戸や京都に向かった。かれらは身動きがとれない松陰に代わり、各地で情報を収集しては書き送り、その手足となって働く。塾生の渡辺蒿蔵は後年「塾には飛耳長目録と云ふものありて、今日の新聞様のを書き綴りしものである。主に交友又は上方（京都）より来る商人などの談によれり」（「渡辺蒿蔵談話第二」『吉田松陰全集・十二』）と、回顧している。

そして晋作にも七月十八日、江戸遊学の許可が下りた。初め自費遊学だったが、江戸で異変が起こった場合は藩のために働くという条件付きで、稽古料が支給されることになった。旅立つ晋作に松陰は、前章で見た「高杉暢夫《ちょうふ》を送るの叙」を与え、玄瑞と共に励め、玄瑞を失うなと諭している。

こうして晋作は七月二十日、萩城下を発つ。同行者は山県半蔵と境二郎だ。かれらは萩往還を経て

梅田雲浜
（佐伯仲蔵『梅田雲浜遺稿並伝』）

瀬戸内側に出、海路上方に向かう。それから京都に立ち寄り、嵐山に遊んだことは分かっているが、在京中の玄瑞と接触した形跡は見当たらない。つづいて草津から中山道に入り、熱田に出、東海道を進んで八月十五日、江戸に到着した。

梅田雲浜

京都にとどまる玄瑞に、松陰は萩から手紙で指示を出す。松陰は大坂在住の土浦藩士大久保要、水戸藩京都留守居役の鵜飼吉左衛門、久我家に仕える陽明学者の春日潜庵（讃岐守）などを訪ねるよう勧める。あるいは町奉行の浅野や堀田老中に従う川路聖謨を、「書生顔にて御尋ね成され候も妙か」などとアドバイスを授けている。

同じ手紙で松陰は「梅田は固より御知己の事、梁川星巌《やながわせいがん》公卿間の事能く存知し居り候」と述べている。若狭小浜出身の浪人儒者梅田雲浜《うんぴん》と、美濃出身の詩人梁川星巌は当時、朝廷に強い影響力を持つ、京都の在野における勤王家の二大巨頭だった。玄瑞はまず、烏丸御池上ルにあった梅田のもとを訪ねている。その時の玄瑞の印象を、梅田は後に幕府から問われ、次のように語った。

「久坂玄瑞と申す者、長州家中にこれ有り、もっとも若輩ものにて、医道修行のため、当五月頃、初めて江戸え参り掛け京都に罷り越し、此の者方え立ち寄り候儀に候て、兼て長州・九州路にては、関東の批判いたし候癖これ有り（中略）玄瑞儀は兵学を心得居り、強気成るものにこれ有り候」

(「安政大獄吟味関係史料」『大日本維新史料・井伊家史料・十五』)

梅田は武力を持たない朝廷を護衛してくれる大名として、毛利家に着目していた。そのため、長州藩と上方の関係を強化しようと、奇策を打ち出す。安政三年(一八五六)十二月、長州藩の京都留守居役である宍戸九郎兵衛らの協力を得、萩を訪ねて藩政府の実力者である坪井九右衛門《つぼいくえもん》に会い、上方との物産交易を提案したのだ。長州藩の紙・蠟・食塩などの産物を大坂で売り、五畿内地方の産物または他の物と交易するのである。

坪井は関心を示し、商談はまとまって、安政四年(一八五七)五月には宍戸が物産取組内用掛に任ぜられた。大坂町奉行からの許可も出、大和十津川の材木を伐採して大坂に廻すという計画が進む。梅田は三月二十二日、長州藩重臣浦家の家臣赤禰忠右衛門(武人の養父)に出した手紙に、次のような重要なことを述べている。

「御国太守公(長州藩主)の幕府への仰せ上げは、暫く御面従にて、禁庭(朝廷)の儀は他の諸侯と違い格別に御由緒在らせられ候事故、天朝に事有り候節は御内実の思し召し云々、御尤も千万に存じ奉り候。内々粟田親王え言上仕置き候間、左様御承知下さるべく候」

梅田は、長州藩は天皇との関係が他の大名と異なるから、万一の時は幕府よりも朝廷側に立つのだと、粟田宮《あわたのみや》（青蓮院門跡・のち中川宮朝彦親王）に内々報告したというのだ（佐伯仲蔵『梅田雲浜遺稿並伝』）。

萩を訪れたさい、梅田は旧知の間柄である松陰を、松下村塾に訪ねた。かつて、嘉永六年（一八五三）十二月上旬、松陰は江戸で初めて会った梅田を「事務に甚だ練達、議論また正、事務上に付いては益得るの事も多し」「梅田は精密策有り」と称賛しながらも、「天下の大計には頗る疎なり」と評している。この時、梅田は萩城下にひと月ほど滞在して、明倫館で経書を講じたり、藩士たちと交友し、重臣の浦靭負にも会っている。玄瑞が梅田と初めて会ったのも、この萩滞在時であろう。

2 勅許なしの開国

江戸到着

安政五年（一八五八）三月二十一日、御所に呼ばれた老中堀田正睦は、小御所において勅答の伝達を受けた。だがそれは、条約締結は国体を損ない「後患測り難」いので、御三家以下の諸大名の意見も徴すようにという以前とあまり変わらないものだった。つまりは、拒絶である。関白九条が用意した勅答案は葬り去られ、天皇の鎖国攘夷の方針は確たるものとして、幕府に伝えられた。

江戸時代始まって以来、初めて生じた国政の方針をめぐる朝廷・幕府間の大きな亀裂である。堀田は天皇の無理解を批判し、失意のまま江戸へ帰ってゆく。こうした一連の動きを玄瑞が、萩へ知らせた意味は大きい。玄瑞は朝廷の政治化を喜ぶ。

四月十一日、秋良敦之助と玄瑞からの報知により、松陰は堀田に与えられた勅の内容を知った（玖村敏雄『吉田松陰』）。そして感激のあまり翌十二日、「村塾策問一道」を著し、さらにこれを村塾に備えていた活字を使い印刷する。そこには、幕府から長州藩主への諮問が行われた場合、さらに家臣への下問があるかもしれないとして、門下生たちの覚悟を次のように促す。

「諸君生平書を読む、志固《もと》より皇室に在り、情常《つね》に夷虜《いりょ》を慨す。その嘗て見る所を疏して悉さざることある勿く以て下問の日を待て」

実際、松陰はこの後、藩政府に「狂夫之言」「愚論」「私擬対策」という三篇の意見書を出し、尊王論の立場から国策、藩政の改革を忌憚なく説いた。これらは六月十五日、参勤から帰国した藩主の目に触れることになる。さらには梁川星巌を通じて、ひそかに孝明天皇のもとにも届けられた（玖村敏雄『吉田松陰』）。

玄瑞の京都滞在は二週間程だったようで、四月七日には江戸の長州藩下屋敷に到着している。下屋敷は麻布竜土《あざぶりゅうど》の地に三万三千二百八十坪もの広大な敷地を占めており（現在の東京都港区・東京ミッドタウン一帯）、その中に江戸在勤の藩士たちの官舎である固屋と呼ばれる建物が軒を並べていた。玄瑞はかねてより決まっていたとおり、本家の久坂文中の固屋で起居させてもらう（安政五年四月七日、坂章蔵あて玄瑞書簡)。

長州藩下屋敷跡
（東京都港区・東京ミッドタウン）

伊東玄朴に入門

江戸に着いた玄瑞は安政五年四月十七日、萩の土屋矢之助に「さて、この内は京師滞留つかまつり候。天朝の盛、輓近《ばんきん》これ未だこれ聞く事、誠にもって感激奉り候」と、最近の京都の情勢を知らせる。また老中堀田が勅許を得られなかったことにより、「幕府内にも中々正論家もこれ有り、内輪《うちわ》荒れの由に候得ば、決して京師の御議論に相成申すべく候。この節は馬夫、轎父も京師の盛を言わぬ者ござ無く候」と喜ぶ。

だからこそ、玄瑞はすぐにでも京都に引き返したかった。ところが「親類（久坂文中のことだろう）」から説得され、「先ず当分はこの地（江戸）遊学つかまつる積もり」とするも、「何れ来春迄には、必ず上京」したいと述べている（安政五年五月十日、福原与三兵衛あて玄瑞書簡）。

四月十二日、藩から玄瑞に対し「松平肥前守（鍋島閑叟《かんそう》）様家来伊藤（東）玄朴《げんぼく》に入門直ぐ様彼の方入り込み稽古つかまつりたき段、願いの如く御許容を遂げられ御許容候事」との沙汰が出た。寄宿して学べということだ。

シーボルトに師事した蘭医の伊東玄朴はジフテリアの治療で名を馳せ、佐賀藩医となり、天保四年

（一八三三）からは江戸・下谷《したや》和泉橋通り御徒町《おかちまち》に象先堂を構えていた。先述のとおり、玄朴は玄瑞の兄玄機を象先堂の塾頭に迎えたいと望んでいたほどだから、玄瑞に対する期待も大きかったはずだ。

なお、玄瑞が入門した安政五年の七月から、将軍徳川家定の脚気が重くなったため、玄朴は蘭医としては初めて幕府奥医師に取り立てられることになった。

芳野金陵に入門

つづいて安政五年四月十三日、玄瑞に浅草福井町（現在の東京都台東区浅草橋）で塾を開く大儒の芳野《よしの》金陵《きんりょう》（立蔵）にも入門する。

下総出身の金陵は弘化四年（一八四七）より、駿河田中藩の儒官を務めていた。ペリー来航のさいは老中久世広周に国防策を建言し、以後しばしば諮問を受けている。明治十一年（一八七八）、七十七歳まで生きたが、後に玄瑞の遺稿集『江月斎《こうげつさい》遺集《いしゅう》』編纂のさい、楫取素彦から依頼されて漢文の「久坂通武伝」を寄稿した。それによると玄瑞は羽倉簡堂を介し、松浦知新（松洞）・半井《なからい》春軒とともに芳野に入門して来たのだという。幕臣で学者の羽倉は、玄瑞が萩を発つさい、口羽徳祐が立見直八へ紹介を頼んでくれた一人だった。当時の玄瑞につき金陵は、次のように述べる。

「日々洋客のますます猖獗《しょうけつ》なるを見て、鎖攘《さじょう》の遷延《せんえん》を憤り、自ら奮い為すことあらんと誓う。よって審《つまび》らかに思うて曰く、西洋の学は利用厚生に止まる。神智を益し、偉器を成すは、いかで経史に如《し》かずと」

玄瑞は西洋を激しく敵視するが、科学技術は導入すると考えていたと言う。松陰が師事した佐久間象山が唱えた「東洋の道徳（儒教）、西洋の芸術（科学技術）」である。

先の土屋あての手紙で玄瑞は「芳野塾には易経・墨子・詩経・左傳」の会読が行われていると知らせる。伊東の象先堂とは異なり、金陵の塾では熱心に時事問題も討議されていたから、玄瑞にとっては居心地が良かったようだ。同志と「時事」を論ずる時の玄瑞は「胆を張り、眦《まなこ》を決し、眉をあげ、袂を聳《そび》やかし」ていたと、金陵は述べる。また、ある夏の日、戎衣《じゅうい》（軍服）を着た玄瑞が大砲で外国艦を撃った後、西洋人をやっつけるというパフォーマンスを演じ、それを見た松浦たちが手を叩いて喜んだと回顧する。

金陵の三男桜陰は玄瑞と同年輩で、特に親しく交わった。桜陰はのちに出奔して水戸の天狗党挙兵に参加し、明治五年（一八七二）に他界している。金陵も、玄瑞を福井藩江戸屋敷に使いに出したさいは「長州屈指の才人」として紹介するなど、高く評価していたことが分かる（二松学舎大学史料展示室運営委員会編『芳野金陵と幕末日本の儒学』）。

あるいは、三月十九日より上屋敷で月三回の蘭書会が開かれるようになったが、後に桂小五郎と玄瑞にもこれに参会するよう命が出た（『防長回天史・二』）。この会で教えていたのが、後日玄瑞が師事することになる村田蔵六（のち大村益次郎）である。

また、越前大野藩の蝦夷地総督を務める内山隆佐は「巨船に駕して、黒竜江に赴かん」と考えており、この計画に桂と玄瑞を誘う。当時、大野藩は樺太開拓のため洋式大型船を建造し、進水式を終えたばかりだった。玄瑞からの手紙でそのことを知った松陰は「その志大にして、これを運《めぐ》らすに才を以てすと謂うべし」と喜ぶ（安政五年七月五日、周布政之助あて）。しかし玄瑞にあてた六月二十八日付の手紙になると「又海外へ出る道あらば、北京・広東へ行き、洋言の実否を糺《ただ》すこと急務にござ候」とし、「黒竜江行の事、僕は不同意なり。併し未だ深く同志へ謀り申さず候。同志決議の上委細申し上ぐべく候」と慎重になる。その後の経緯は不詳だが、玄瑞の黒竜江行きは実現していない。

桂小五郎と竹島開墾

吉田松陰は江戸にいる桂小五郎と玄瑞を結び付けようとした。桂小五郎が後年、薩摩の西郷隆盛・大久保利通と並び「維新の三傑」と称される、木戸孝允であることは言うまでもない。

天保四年、萩城下江戸屋横町の藩医和田家に生まれた桂は八歳の時、大組の桂家を継いだ。藩校明倫館で松陰から山鹿流兵学を学び、嘉永五年（一八五二）には江戸へ出て、神道無念流斎藤弥九郎の門で剣術を修行していた。翌六年（一八五三）六月、ペリー来航に触発され、西洋の技術や砲術に強い関心を抱く。

桂は特に松陰とは師弟というよりも、同志として交流した。松陰は自分の知己は第一が来原良蔵、第二が中村道太郎（九郎）、第三が桂で第四が来島又兵衛だと述べている。

松陰は玄瑞が萩を発つにあたり、安政五年二月十九日付、桂あての手紙を託していた。その中で松陰は玄瑞のことを「僕同志の士につき、何事も老兄（桂）へ商議致し候よう申し置き候」と紹介する。また、「本藩今日の大患は、言路壅塞《ようそく》の一条にござ候」と指摘している。「壅塞」とは下意上達しない

桂小五郎
（坂本・中岡銅像建設会編『雋傑坂本龍馬』）

ことであり、それを実行しないと「とても何事も致し方これ無く候」と言う。国相府の勢いの無さに不満を述べ、藩主や行相府を励まさねばならぬとも言う。

さらに松陰は、長府藩士興膳《こうぜん》昌蔵《しょうぞう》が提唱する「竹島開墾の策」につき、玄瑞と話し合ってほしいと桂に頼む。ここで言う竹島とは現在、日韓間で領有問題が起こっている竹島ではない。朝鮮半島から約一三〇キロメートル沖合に位置する、空島（無人島）だった、現在「鬱陵島《うつりょうとう》」と呼ばれる島のことである。

かつては日本と朝鮮の間で帰属をめぐり意見が対立したが、元禄四年（一六九一）一月、幕府は朝鮮との友好関係を尊重し、鬱陵島への渡海を禁じた。だが、幕末になると、ここを大陸への足場にして、積極的に日本の防衛線を築こうとの考えが出てくる。これにつき、以前から日本が東アジアを束ねる必要を説いていた松陰は、次のように述べる。

「天下無事ならば幕府の一利、事あらば遠路の下手《げしゅ》は吾が藩よりは朝鮮・満州に臨むに若《し》くはなし。朝鮮・満州に臨まんとならば竹島は第一の足溜なり。遠く思ひ近く謀るに、これ今日の一奇策と覚え候」

さらに松陰は六月二十八日、玄瑞にあてた手紙の中で、竹島がイギリスに奪われたとの風説があることを「甚だ信じ難く候」と言う（これは誤報だった）。イギリスが竹島を奪ったなら「開墾」を名目に「交易」を行い、「外夷の風説」を集めれば良いとする。イギリスと戦争しても勝ち目がないとは承知していたようで、この点は現実的である。それでも「何時長門などへ来襲」するか分からないから、放置するわけにはいかない。その危機感により、ちょっとした船でも海を渡ることができない現在の制度を壊すことができるのではないかと、期待する。追伸でも「竹島論は能々桂へ御相談然るべく候」と念を押し、「これは吾々自らすることに非ず。その行わる迄の事をしてやりて開かせ置けば、その上は致し方あるなり」と、自分たちが問題を提議したいと言う。

松陰は桂あての七月十一日の手紙でも、防衛線として長州藩が竹島を開墾する必要があると強調している。どうせ空島なのだから、日本側が開墾しても朝鮮から異論は出ないだろうとし、西洋列強が着目し、足場にすることを恐れる。さらには「開墾を名とし渡海致し候はば、これすなわち航海雄略の初めにも相成り申すべく候」と、海外に勢力を伸ばす端緒にもなるとも言う。

なお、松陰は秋ごろ、上田藩士桜井純蔵・恒川才八郎（いずれも佐久間象山門下）などを頼って、玄瑞を信州松代で謹慎中の佐久間象山に従学させたいと、桂に相談している。松陰は七月六日、玄瑞にあてた手紙にも「兄諸国修行の事、昨夜周布へ申し入れ置き候。未だ答を承らず候」などと述べている。これは玄瑞にさらなる広い世界を見せようとする一方、松陰が象山との連絡ルートを維持したいと懸命になっていたことと関係するのだろう。江戸で勤務していた松陰の親戚である久保清太郎がその役を務めていたが、安政四年三月二十九日に帰萩《きはぎ》していた（宮本仲『佐久間象山』）。その後任として松陰は門下生の吉田栄太郎を考えたようだが上手くゆかず、玄瑞に期待したものと見える。

月性の死と遺稿出版計画

玄瑞にとり、師の月性は巨大な存在だった。玄瑞が西洋列強を激しく憎み、尊攘論に目覚めたのは、月性の影響によるところが大きい。月性もまた亡き同志の弟である玄瑞を愛し、親身になって指導してくれた。

月性は安政元年（一八五四）十二月に著した論策『封事草稿《ほうじそうこう》』で、外国艦が日本沿岸に来航したさい、幕府が打ち払えないのなら、長州藩主が率先して決戦し、粉奮《ふんせい》すべきだと主張している。これに対し幕府が異議を唱えるなら、幕府に批判的な大名を糾合し、勅を奉じて大挙して幕府の非を衝き、外圧を除き、天皇に政治を主導させるべきだとも述べる。征夷大将軍の徳川家が本来の任務を果たせないのなら、毛利家が替わり、朝廷と毛利家で御公儀を形成しても良いと、考えていた。だから、征夷大将軍の任命権を持つ天皇の政治化は重大なのだ。この論策は土屋矢之助らの添削を経て翌二年四月ごろ、藩政府に提出されたと考えられる（海原徹『月性』）。

安政五年一月十九日、玄瑞は遠崎の月性に手紙を書き、アメリカ総領事ハリスに通商開国を迫られた幕府の弱腰、天皇の扱いに対する不満を吐露する。そこで玄瑞らは同志十余人と藩政府に対し、いまこそ長州藩が立ち上がって幕府を諫め、それでも聞き入れられなければ天下に尊王攘夷を訴え、「神州の正気を一発せん」との決意を述べた。だが、藩上層部には相手にされなかったようだ。追伸には「早々出府なさるべく候。神州の安危今日に在り候なり」と促している。

月性が萩入りしたのは二月十六日で、同月二十日、玄瑞は東上の途に就く。この時、京都での再会を約束した。玄瑞の京都滞在は、月性に会う目的もあったのだ。

にもかかわらず、月性が来ない。玄瑞が同年三月十八日に吉田松陰にあてた手紙には「月性上人は上京、今にござ無く候。待ち入り奉り候」と心配し、「清狂師へも荒ましなりとも京師の近況御伝え遣わさるべく候」と気にかけている。そして京都での再会を果たせぬまま、玄瑞は江戸へ向かった。ところが月性は同年五月十日、地元の遠崎において四十二歳で急逝してしまう。玄瑞の嘆きは大きかった。

月性の墓
（山口県柳井市・妙円寺）

松陰はただちに口羽徳祐・久保清太郎ら同志とともに、月性の遺稿『清狂吟稿《せいきょうぎんこう》』の出版を決める。六月一日、松陰が玄瑞にあてた手紙には「清狂吟稿二冊、上梓《じょうし》して天地間に留めたしと同志中決議候」とし、叙は津藩の儒者斎藤拙堂、跋《ばつ》は玄瑞に書いてもらいたいと希望する。周囲の者も、跋は玄瑞しか適任者がいないと考えていた。後日、玄瑞は漢文の跋を書くが、その中で月性のことを「深く洋虜の猖狂《しょうきょう》を憤る」と述べる。

つづいて同年六月十九日、同じく玄瑞あての手紙で松陰は、口羽徳祐のことを「識見ますます進み、詩眼大いに進む」と絶賛し、月性の遺稿に入れる作品の論定（取捨選択）を任せようと述べている。あるいは松浦松洞に月性の肖像画を描かせて巻首に掲げ、伝記を土屋矢之助に書かせて、江戸で塾を開く儒者の藤森弘庵《こうあん》からも序を貰いたいといった計画を述べている。さらに玄瑞には、「跋は兄早々御認め然るべく候」と督促する。斎藤拙堂や藤森弘庵といった全国的に名が知れた大学者も巻き込もうというのだから、相当な意気込みだったことがうかがえる。

松陰は官許を得、上方や江戸といった中央の書肆《しょし》から本格的な出版物として『清狂吟稿』を作りたかったようで、玄瑞や中谷正亮に周旋を依頼した。そこで中谷は梁川星巌・梅田雲浜・家里《いえさと》松嶹《しょうとう》にも相談してみたが、到底不可能であることが分かってくる。

このころ、中谷が松陰にあてた手紙には、「当節は忌諱《きい》に触れ候得ば少しにてもむつかしき由、況《いわ》んや清狂の詩、忌憚に触れ候所尤も長所」と、その理由が述べられている。月性の詩には当時の政局を批判した、生々しいものが多い。だから幕府が、出版など許可するはずがないと言うのだ。

つづいて玄瑞も同年七月二十四日、「活刷（木活字印刷）」による無許可の地方出版でなければできないだろうと、松陰に手紙で知らせた。あるいは中谷も「活字刷の方宜敷き程と存じ奉り候」とし、ならば萩でも活字を調達できるのではないかと、提案する。それでも松陰は、正規の出版物とすることをあきらめきれなかった。

ただ、この直後から条約締結の問題が大きくなり、松陰は出版どころではなくなってしまう。結局、松陰による『清狂吟稿』の出版は実現しなかった。

日米修好通商条約調印

老中堀田が江戸に帰って三日後の安政五年（一八五八）四月二十三日、将軍家定は彦根藩主井伊直弼《いいなおすけ》を大老に任じた。井伊は、眼前の案件を積極的に解決してゆく。まず、四月二十五日、諸大名に向かい、条約調印の可否を諮問した。三月二十一日、堀田に与えられた諸大名の意見をさらに求めよとの勅答に答えるもので、松陰も予測していた諮問である。

これに対し五月三日、江戸に在った長州藩政府の行相府は意見を出した。その内容は、たとえ外国と和議が成っても、国内が不和となってはよろしくないので、あくまで天皇の意を奉じて対外政策を決めるというものだった。

一方、萩の国相府は行相府と同じく調印に反対だが、本来は権限外である幕府への答申につき、行相府に意見を示す。調印を拒否して異変が起こっても、死力を尽くして防戦せよとの英断が出れば、人心は一変して軍備は強化されるなどと、さらに過激なことを主張している。この時の国相府は益田弾正を頂点に、周布政之助《すふまさのすけ》・前田孫右衛門《まえだまごえもん》ら村田清風の系統につながる者たちがその中心を占めていた。

井伊ら幕閣としては朝廷を説得するためにも、諸大名たちの意見を調印賛成で統一しておきたい。そのため、条約締結に反対する水戸や尾張に対しては、意見の修正を求めている。ところが、やはり反対する長州藩に対して、幕府はこうした働きかけを行っていない。幕府にとって長州藩は、まだ不安の対象ではなかったのだろう（高橋秀直『幕末維新の政治と天皇』）。

そして井伊政権のもと、六月十九日、勅許がないまま日米修好通商条約が結ばれた。その知らせは宿継飛脚によって、同月二十七日、京都に届けられる。憤慨した孝明天皇は有栖川宮への譲位を言い出し、周囲を慌てさせた。

つづいて井伊は、将軍継嗣問題を片付けてゆく。五月一日、将軍家定は井伊らを呼び、次期将軍を紀州の徳川慶福《よしとみ》(のち家茂《いえもち》)とする旨を伝えたという。これにより前水戸藩主徳川斉昭七男で、三卿のひとつ一橋家を継いでいた慶喜《よしのぶ》を推す、いわゆる一橋派が敗れた。一橋派は松平慶永・島津斉彬ら、幕府内部の改造を望む有志大名が多い。譜代の雄である井伊らは、急激に崩れかけた幕藩体制の秩序を立て直そうと懸命になった。慶喜が将軍になれば、有志大名の発言力が高まることは明らかだ。だから井伊は家定との血筋を重視し、慶福を推したのである。

この間、長州藩主は五月十二日に江戸を発ち、六月十五日、萩に帰着し、大がかりな人事異動を行った。先述のような過激な主張の持ち主と承知の上で、国相府の家老である益田弾正がより強い権限を持つ行相府の家老(当役)となり、周布政之助も行相府に転じて手元役になった。こうして行相府・国相府ともに、村田清風系の人脈が占めるようになる。

この人事を、益田・周布らを親しい同志と見る松陰は喜んだ。六月二十八日、玄瑞あての手紙で次のように知らせる。

「一昨日、益弾正、浦靭負入り代わり、今日益手元内藤万里助、浦手元前田孫右衛門なり。御在国中には余程万事墓《はかど》取り候機会これあり候」

さらに松陰は桂小五郎と赤川淡水（直次郎・のち佐久間佐兵衛）を江戸から「公命」で呼び返し、「人材鼓舞讜議諤々の手を下し」たいと期待する。赤川は天保四年（一八三三）生まれの大組士で、明倫館に学び、安政二年（一八五五）には藩命で水戸に遊学して会沢正《あいざわせい》志《し》斎《さい》に師事したこともあった。それから松陰は、玄瑞と松洞は江戸、中谷正亮は上方、北条源蔵は長崎に滞在して情報を集めて送れば、「天晴れ」なのだと言う。

3　政治運動の開始

無断での京都行き

沢宣嘉が描く赤川淡水こと佐久間佐兵衛（筆者蔵）

松陰は、玄瑞を江戸からさらに諸国へ遊歴させてやりたいと望んでいた。安政五年（一八五八）七月六日、江戸の玄瑞にあてた手紙の中に「兄諸国修行の事、昨夜周布へ申し入れ置き候。未だ答を承らず候」と知らせる。つづいて同月十日、玄瑞らに宛てた手紙で松陰は「赤川・久坂二君北地行は誠に愚論、周布なども左様申し候。御止まり然るべく候」とも述べているから、まだ黒竜江行きの話が進んでいると思っていたようだ。

だが、当の玄瑞は勅許なしの調印が行われたことで、「諸国」よりも「北地」よりも京都への思いを募らせていた。

「有志」「志士」として、政治運動に身を投じたくて仕方なかったようだ。そこで同藩の赤川淡水とともに梅田雲浜を頼って京都へ行き、朝廷のために働きたいと、江戸の藩政府へ願い出た。ところが、藩政府の長井雅楽《うた》はこの申し出を斥ける。すると安政五年七月七日、二人はひそかに江戸を発ち、京都へ走ってしまった。露見すればお家の一大事だと、藩吏たちはあわてる。藩吏は淡水の行方を羽倉簡堂の塾に、玄瑞の行方を芳野金陵の塾に尋ねたが、すでに二人揃って出発した後だった。なんとか穏便に処理して欲しいと、江戸の楢崎弥二兵衛は京都留守居の福原与三兵衛に手紙で依頼している。それは玄瑞のためではなく、自藩の安全のためである。

京都に入った玄瑞がまず驚いたのは、松陰の論説が活版印刷され、出回っていたことだった。七月二十四日、玄瑞は松陰に手紙を書き、何か良策がある時は梅田・梁川・頼あたりにひそかに送れば、青蓮院宮（粟田宮）や中山・近衛といった朝廷の有力者に届くので、用心するよう忠告する。これに対し後日松陰は、対策は玄瑞に見せるつもりで上方の同志に送ったものだったが、写され広まったのだろうと述べる。

同じ松陰あての手紙の中で玄瑞は、一昨夜、京都留守居役福原が玄瑞と淡水に早々に京都を去り、帰国せよと命じてきたと知らせる。玄瑞は福原とはさほど議論もせず、おとなしく藩邸を立ち去った。淡水はそのまま淀船に乗って萩へ帰ったが、玄瑞は京都を離れなかった。

二十三日朝、玄瑞は前回と同じく梅田雲浜のもとに転がり込む。そのころ梅田家に住み込み、身の回りの世話など焼いていたのが姪のとみ（登美子）であった（兄の娘）。とみは二十二歳の文久三年

（一八六三）十月、粟田宮旧臣で梅田門弟でもあった山田勘解由に嫁ぐことになる。後年回顧談「山田登美子一夕話」（『梅田雲浜遺稿並伝』）を残しているが、その中に玄瑞（久坂義助）の名が出てくる。

「叔父君諸藩の人々との交り、ようよう繁くなりてゆき、出で入る人、常に絶えざりければ、己れが身も、取次歓待にて、いとまなかりき。其の来れし人々の名、大かた忘れたけれど粟田宮に仕へまつれる山田勘解由・備前の花房厳雄・備中の三宅定太郎・長州の留守居役宍戸玄兵衛・福原与曾兵衛・目付役神代太郎、また大楽源太郎・久坂義助・月性法師などは、殊に屢々音なひたり。されば己は宍戸に招かれて、河原町の長州屋敷の稲荷祭にも詣でしことありき」

梅田は安政五年一月十六日、天皇の信任の篤い青蓮院宮に謁見し、意見書を呈して、条約締結は国威を損ない、国威を潰すものだから、勅許を与えてはならぬと説いていた。たとえアメリカが幕府と謀り、イギリスと結んで大阪湾に攻め寄せて朝廷を威嚇しても、「天下忠義の武士、草莽《そうもう》中の豪傑、一同に奮起し候て追掃ひ、皇国の御威光を海外え輝かし、永世の安全」が得られるのだと、述べている（『梅田雲浜遺稿並伝』）。

玄瑞の京都滞留を危険視した長州藩は七月二十八日、江戸へ戻るよう命じた。周布政之助から児玉準・北条瀬兵衛にあてた手紙に、次のようにある。

「久阪生は速やかに帰附つかまつり候よう、御教諭成されるべく候。何分この節の儀に付、京摂間にて疎暴の所行つかまつり候ては容易ざる御手数に相成り候間、書生の習態屹《きっ》と相慎み候よう、幾応も仰せ教えられ候ようと存じ候」

（『防長回天史・二』）

こうした督促に対し、玄瑞は八月四日、藩政府に一書を差し出した。それによると内々京都まで来たところが、江戸の藩政府から早々に帰国するよう命じられた。だが、未だ修業半ばであるし、京都で病気にかかったので、当分当地に滞留した後、再び江戸に戻りたいと述べている。こうして願い捨てのような形で、強引に京都滞在を認めさせてしまった。

かりにも玄瑞は久坂家の当主である。にもかかわらず罪を問われず、処罰された形跡も無いのは、藩上層部が穏便な解決を望んだこと、藩政府首班が益田だったことと無関係ではあるまい。玄瑞はそうした力関係を計算した上で、「暴挙」に及んだのかもしれない。

山県小輔ら六人京都へ

安政五年七月十三日、長州藩は御密用役の中村道太郎に、調印勅許問題で揺れる京都の形勢視察を命じた。京都に入った中村は梁川星巌・梅田雲浜・頼三樹三郎らに会った（『防長回天史・二』）。後日、中村は萩に帰り、松陰を訪ねて京都情勢を知らせている。松陰は「京都の御様子皆々、至尊（天皇）より出で候趣、青蓮王・転法輪・久我等の様子誠に感涙すべし」と九月八日、品川弥二郎に知らせ、天皇の政治的権威が高まっているのを喜ぶ。

松陰は七月五日、周布に意見書を出し、遊学生を各地に派遣、飛耳長目の必要を訴えている。こうして七月二十六日、伊藤利助（俊輔・春輔・博文）・杉山松助・伊藤伝之助・岡仙吉・山県小輔（小助・狂介・有朋）・総楽《そうらく》悦之助の六人が選ばれ、形勢視察の命を受けて京都に向かう。

出発にあたり松陰は、「六人者を送るの叙」を書き与えて激励した。その中に「今更に六人の耳を飛ばし、六人の目を長じ、また或いは京師に益あらんなり。京師は天下の中なり。近きは則ち五畿之《これ》を環《めぐ》り、遠きは則ち七道これを繞《めぐ》る。凡そその耳目の及ぶ所、人物形勢、皆識りて存すべし」とあり、情報収集に期待を寄せる。六人はいずれも中間などの下級武士で、山県・総楽以外の四名は松下村塾で親しく松陰の教えを受けた者たちだ。

松陰はまだ、玄瑞と淡水が江戸を脱走し、京都に入ったことを知らない。そこで六人に京都に在る旧知の福原・中村・中谷正亮・荻野・生田の五人に相談せよと指示する。もっとも六人は階級から見ても、中村らの手足となって働く雑役である。山県が後年回顧したところによると、かれらは京都で玄瑞や淡水、中村らと「仍て屢ば会合議論」し、「その要旨は到底幕府をして勅命を奉ぜしめ、天下を振起するの計を運らさざるべからずと云ふに帰著せり」（山県有朋『懐旧記事』）とある。

ある時、玄瑞が「今日は各人その志望を述べてみよう」と問うたさい、「席に在る豪傑連は各々懐く所の大志を述べて、各人の感慨火の如くであった」。だが、山県だけは「自分の志望は健体錬胆の四字にある、願はくばこれを以て君国に奉仕せん」と答えた。玄瑞は山県の志を可とし、二人の交情は一層親密の度を増したのだという（入江貫一『山県公のおもかげ　増補再版』）。

玄瑞は山県が帰国するにあたり、萩で吉田松陰に師事することを勧め、添状を書いてくれたという。

こうして山県は僅かな期間ではあるが、松下村塾で松陰の教えを受けることになる。

なかなか京都を離れようとしない玄瑞は、長州藩にとっていつ暴発するか知れない厄介な存在だった。

再び江戸遊学

そこで益田弾正などは、好条件を示して玄瑞を懐柔しようとする。安政五年八月七日、福原与三兵衛が内藤・周布に宛て、玄瑞に「江戸に於いて蕃書調所《ばんしょしらべじょ》え罷り出、洋書研究つかまつり候様仰せ付けられ」、しかも「稽古料」を出してやってほしいと依頼している。自費遊学の玄瑞を、官費遊学生と同じ扱いにするというのだ。

これを知った松陰は、玄瑞に洋学を修めても、翻訳家になるなと戒めた。さらに藩命ならば「原書」を読まねば仕方ないとしながらも、かつて師の佐久間象山から教えられたという、要領のよい洋書の読み方をアドバイスする。

「原書を読むにも一通り訳書を見て、弥々《いよいよ》原書を読まねばならぬと申す処へ心附き候上にて読むべしといへり。この説妙」

つづけて、翻訳家は「専精《せんせい》には候へども大抵固陋《ころう》なり」であると批判し、「国家の事も如何にか変動つかまつるべく候へば、江戸に居ても京に居ても原書を読みても訳書を読みても、いづれ暫時の事なり、事起これば事有る所へ行き、事を成すより外はなし」と、注意を与える。松陰に言わせれば、洋学も行動を起こすためのものでなければならない。これは「学者になってはいかぬ、人は実行が第一である。書物の如きは心掛けさへすれば、実務に服する間には、自然読み得るに至るものなりと」（「渡辺蒿蔵談話第一」）という、松陰の日ごろの教えに通じるものだ。

ちなみに、玄瑞が入学することになった幕府の蕃書調所は、天文方の蕃書和解御用という洋書翻訳部門を独立させた洋学所である。安政二年六月、蕃書翻訳御用掛を命ぜられた大目付筒井肥前守政憲らの建議に基づき、同年十二月、九段坂下の旗本屋敷を公収して設置されたのがはじまりだった。安政三年（一八五六）一月には洋学所から蕃書調所と改称して、飯田町に移転している。洋学者を養成するため、オランダ語講義には別に句読授業が設けられたりしていた。

八月二十一日、玄瑞に「蕃書調所罷り出、洋書研究つかまつり候様仰せ付け候事」「文武稽古人数同様、稽古料立ち下さるべくとの御事候条」といった沙汰が出る。それでも江戸に行かないので、益田は「玄瑞事は何国罷り越し候や。当節爰元《ここもと》（江戸）罷り居り申さずにつき、その沙汰致さず候由」と、江戸の留守居役宍戸播磨に知らせて苛立っている。

大原重徳に会う

京都にとどまる玄瑞は中谷正亮とともに安政五年九月五日、堂上公卿の大原重徳を訪ね、意見書を差し出した。これは、大原のもとに出入りしていた梅田雲浜の仲介があったのだろう。梅田の姪とみは「己れ彼の人たち（長州人）に頼まれて、度々大原卿へ参り、その書面の取次ぎし、又種々の事どもを聞え上げたり」と回顧している。

孝明天皇の信任もあつい大原は天保二年（一八三一）、従三位に叙され、同六年（一八三六）、正三位

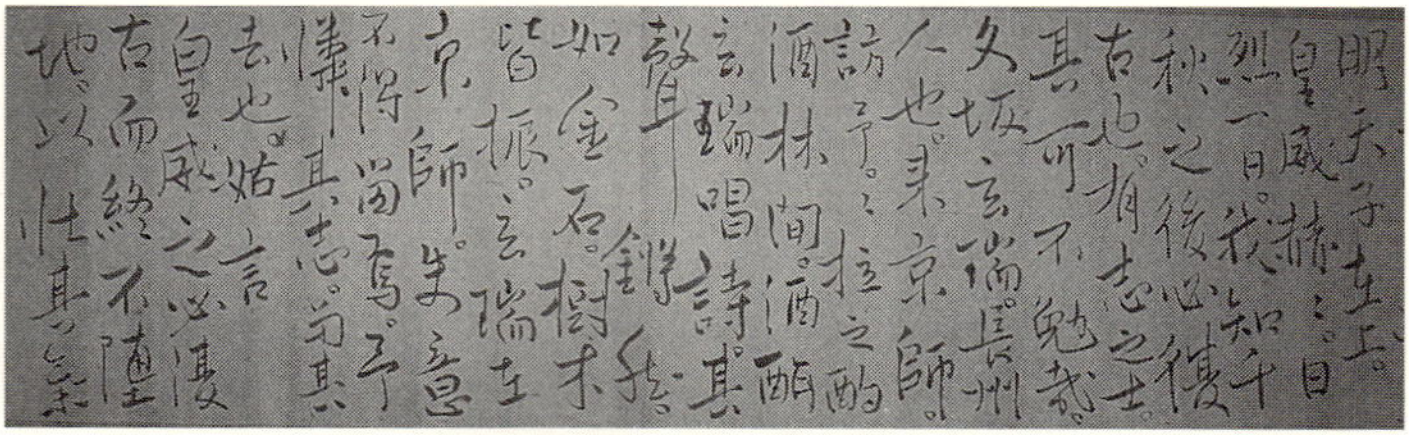

梅田が江戸へ向かう玄瑞に与えた送序（部分，梅田昌彦氏蔵）

に進んだ。条約調印勅許に反対する八十八卿参列に加わり、井伊政権に批判的な武家の者たちに、積極的に接近をこころみていた。五月七日にはひそかに大坂に下り、大坂城代土屋寅直の公用人大久保要に会い、江戸で徳川斉昭に面会したいと、その斡旋を依頼している。ただし大久保は諫止し、同志の池内大学から思いとどまるよう、大原を説得した。

これらの事例を挙げて、玄瑞は大原を慕い、期待する旨を述べている。そして有識の公卿は広く天下の人士に接し、時勢を知ってほしいと願う。朝廷と自分たちのパイプを築く提案だ。大原はこの時みずからの意見を語ったようで、それは玄瑞から手紙で松陰に伝えられた。

大原に会った直後、玄瑞は京都を離れ、江戸へ向かう。九月三日に福原与三兵衛から金子三両を借用した証文が残っているが、これは旅費だった。

玄瑞の旅立ちにあたり、梅田雲浜は送序を書き与えてくれた。その中で梅田は今の諸侯は童心無知で財もなく、武も緩み、朝廷の命を奉じて外寇を打ち払えないと憤る。つづいて京都を去らねばならない玄瑞の失意を慰め、皇威は必ず復古するとしめくくる。梅田は酒を酌み交わしながら聞いた玄瑞の詩吟を思い出し、「その声鏘然、金石の如し。樹木皆振るう」と絶賛する。これが、玄瑞と梅田の永遠の別れとなった。

村田蔵六に入門

安政五年（一八五八）九月二十日、江戸に戻った玄瑞は同月二十九日、藩政府に次のような申し出を行っている。

「私儀、蕃書調所え罷り出、洋書研究つかまつりたく存じ奉り候ところ、蕃書調所入り込み相成らず候由。かつ洋学未熟に候得ば、一先ず村田蔵六方入塾つかまつり、洋書研究つかまつりたく候間、何卒稽古料立ち下され候様宜しく相願い候。この段御沙汰下さるべく候」

長らく江戸に不在だった玄瑞は、蕃書調所には入れなかったようだ。そこで、まずは村田蔵六が主宰する鳩居堂《きゅうきょどう》に入りたいと願い出た。しかも、稽古料の支給はしっかり希望する。こうして十月七日、玄瑞は村田に入門した。

玄瑞が師事した村田蔵六とは、明治初年に兵部大輔などを務める大村益次郎である。文政七年（一八二四）、周防国吉敷郡鋳銭司《すぜんじ》村（現在の山口県山口市）の村医者の子として生まれ、咸宜園や適塾で学び、蘭学者として頭角を現す。嘉永六年（一八五三）九月には四国の宇和島藩に赴き、安政三年（一八五六）三月、藩主伊達宗城《むねなり》の参勤に随従して江戸に出て来た。同年十一月一日には麹町一番町に鳩居堂という私塾を開き、さらに幕府の蕃書調所教授手伝、講武所教授など要職を歴任している。安政五年三月十九日からは、長州藩の江戸上屋敷（桜田邸）において蘭書会読会を開いていた。また、帰省した安政六年（一八五九）二月には、同じく帰省中の桂小五郎を萩に訪ね、竹島開拓につき協議している（丹潔『大村益次郎』）。鳩居堂の授業料にかんする「大福帳の如き型の帳簿」には、次のように玄瑞に関する記述がある（同前）。

同（安政五年十月）七日入塾　長州藩

一、弐朱　　久坂玄瑞

ただし、丹潔『大村益次郎』には「蘭学の素養が足らざるため、同窓と共に蘭学を繙くことができなかったので、つひに帰萩したといはれている」とあるから、あまり熱心な塾生ではなかったのかも知れない。すでに玄瑞の興味は、政治運動の方にあったのだろう。

それでも玄瑞は十一月十八日、田布施村に住む祖父（父の実父）で医者の吉村祐庵に手紙を送り、長い間の音信不通を詫びた後、「この節西洋学所入り込みにて、洋学研究の積もりにござ候」と知らせる。

これに対し吉村は「洋学御研究成され候段、雀躍《じゃくやく》至極と存じ候」と喜び、玄瑞が気にかけていた「負債の儀」も「孰《いず》れ四、五年の内には皆済の積もりに候間、さのみ御心に掛けられ候まじく、随分御研究肝要」として、借金のことは気にせず、洋学に専念するよう孫を励ました。

戊午の密勅

井伊大老が進める開国政策に歯止めをかけようとした孝明天皇は安政五年八月八日、いわゆる「戊午《ぼご》の密勅」を水戸藩に、続いて十日、幕府に下した。御三家のひとつとは言え、水戸藩という一大名に幕府の頭上を飛び越えて勅が出るなど前代未聞である。幕府の面目は丸潰れだ。

勅書の内容は、このたびの条約締結を「勅答の御次第に相背きたる、軽率の取り計らい」であると非難し、「一同群議評定」（大名会議による合議制）で幕政を進めるよう求めたものだった。

水戸藩に届けられた勅には諸大名に伝達するようにとの別紙が添えられていた。勅の写しは薩摩・尾張・越前、そして長州藩など有力大名にも届けられる。驚いた幕府は圧力をかけ、勅の効力を封じ込めた。

長州藩の場合はまず八月二十一日、議奏中山忠能と正親町三条実愛《さねなる》の密旨を持った使者が、萩に来た。それは兵力を摂津に派遣し、急変あれば速やかにその兵で内裏を警護せよというものだった（のち、文久二年〔一八六二〕四月、玄瑞らはこの密旨を大義名分として、上方に兵を送り込む）。つづいて密勅自体も八月二十四日、関白鷹司家を通じて届いた。それを知った松陰は、益田弾正に上書を託している。

玄瑞は十月二十日、松陰にあてた手紙で「下勅の事も、諸侯が強く相成らずては行われ難く候」と、現実的な感想を述べる。事実この勅を盾にして幕府に乗り込み、改革を断行しようという大名はいなかった。長州藩の場合は九月中旬、周布政之助を兵庫御用の名目で出張させ、京都に入って朝廷に排他的な攘夷は不可能だと自重を説かせている。

高杉晋作は十月六日、松陰にあてた手紙で、玄瑞らと「戊午の密勅」につき話し合ったと知らせる。それによると「昨日私固屋に於いて江武修行に参り候者皆々集会つかまつり、議論紛々として甚だ不愉快」だったと言う。「この度水戸勅命を塵《ちり》の如く致し候故、必ず天下諸侯の中又々勅の降るは必然なり」と、幕府の勅に対する扱いを憤慨している。

これにつき玄瑞・桂・中谷は、もし勅が長州藩主に下れば、その権威を利用して将軍を京都まで連れて行き、天皇の前で条約破棄を誓わせるのだと主張した。だが、晋作は「私儀議論さに非ず」であり、勅が下りたら、長州藩主は江戸城に乗り込み、幕府からアメリカへ使者を送らせて、条約破棄を申し入れるべきだと述べた。アメリカが承知しなければ「すぐさま戦争に及んで可なり」とし、「私儀おもえらく、いずれ天下戦争一始まり致さずては外患去り申さず候」と、積極的に開戦を望む。

こうして、玄瑞らと晋作の意見は対立した。晋作は孤立して、面白くなかったようだ。もっともこの時点では書生たちが議論を闘わせているだけだから、藩の方針に大きな影響を及ぼすわけではない。晋作はこの後、藩邸を出て昌平黌《しょうへいこう》の寮に入ったため、論争相手を失った玄瑞は寂しかったらしい。十一月十四日、松陰にあてた手紙に「暢夫《ちょうふ》昌平黌に入る。屡《しばしば》談じ得ず、甚だ残念」と、もらす。

第四章　吉田松陰との別れ

1　松陰の老中暗殺計画

「安政の大獄」始まる

密勅降下に対し幕府の大老井伊直弼らは、自らの政策に反対する者たちを厳しく取り締まる、いわゆる「安政の大獄」を始めた。井伊の意を受けた老中間部《まなべ》詮勝《あきかつ》が、条約調印の弁明を名目に安政五年（一八五八）九月十七日、京都に上ると、弾圧に拍車がかかった。対象は青蓮院宮などの皇族から公卿、大名、藩士、浪人、在野の学者にまで及んだ。

井伊政権は在野の梅田雲浜《うんぴん》や梁川星巌《やながわせいがん》らを、朝廷に働きかけて条約勅許を妨害した「悪謀」の元凶とみなす。梁川は捕えられる直前の九月二日、七十歳で流行のコレラで病死したため、「死（詩）に上手」と揶揄された。梅田は同月七日、自宅で捕えられ、伏見奉行所の牢につながれて取り調べを受けた。

松下村塾生の赤禰武人《あかねたけと》は京都に出、梅田のもとで学んでいたが、梅田が捕えられるや、関係書類を処分し、帰国した（『防長回天史・二』）。松陰は赤禰を再上京させ、「大和の土民を協合、伏見の獄を毀《こぼ》たせ」ようと企てた。だが、赤禰は「才あれども気少し乏し」なので、松陰はあきらめざるを得ない（十月八日、肥後藩士某あて書簡）。

梅田は京都から罪人として江戸へ送られ、評定所で取調べ中、翌六年九月十四日、幽閉先の小倉藩邸で四十五歳で病死する。

玄瑞は、梅田の死を悼む詩を賦した。安政元年（一八五四）九月、ロシア使節プチャーチンが摂海（大阪湾）に来航したさい、梅田が妻子をかえりみず、十津川郷士を率いて駆けつけようとしたことを称え、最後に「則ち囹圄《れいご》（獄舎）に斃《たお》ると雖も、忠魂、皇基を護る」と締めくくる（「庚申草稿」『久坂玄瑞全集』）。この詩を口羽徳祐は「一字千金、傑作と謂《い》うべし」と絶賛している。

幕府からの嫌疑

長州藩としては玄瑞に、江戸でおとなしく洋学研究に励んでもらいたいと望んでいたのだろうが、何かにつけ藩政府の方針を批判した。安政五年十一月十四日、松陰あての手紙では、諸藩の中には少しは時世に目を開くところも出てきたものの、長州藩は「殊に迂遠」だとし、次のように非難する。

「銃陣等えも一向手に及び申さず、勤王とか攘夷とか云うは口ばかりにて、両手はよも動き申さず。舌頭にて攘夷が成るものか、空手にて勤王が成るものか。今迄の勢いにて、とても諸藩の右に出る事、決して六ケ敷くこれ有るべく、甚だ残念至極、狭腔裂く如くにござ候」

また、オランダ人から「銃陣稽古」を「直伝」してもらうため、幕府の長崎海軍伝習所に三十人ほど派遣するという藩の計画に対しても、玄瑞は「甚だ無益なり」と、手厳しい。

そのうち、玄瑞を帰国させようとの動きが、藩上層部で起こった。玄瑞は十二月一日、萩の土屋矢之助あて書簡中で、江戸の藩邸は「相替わらず俗論沸騰、黠吏《かつり》（ずる賢い役人）頻々書生を悪《にく》む」と、憤慨する。そのため「早々発足、御国本に早々帰れとの事。書生が居れば、幕府への御嫌疑これ有るの由。誠に以て腰抜けの俗論、笑うべし」と述べている。それでも帰国したら志が果たせないので、「正月下旬頃には又々遊歴、決して萩には久敷《ひさし》く居らず。いずれも帰国、政府へ論ずるつもりにござ候」と、その決意を示す。

老中暗殺計画

吉田松陰は幕府要人を暗殺すれば、局面が打破できると考えている。安政五年九月九日には、江戸にいる松浦松洞に長い手紙を書き送り、幕閣に強い影響力を持つ紀州藩附家老水野土佐守を暗殺するよう指示した（実現していない）。そのさい「一人の奸猾さえ仆し候えば天下の事は定まり申すべく候」と述べる。

十月終わりころ、尾張・水戸・越前・薩摩藩が連合し、大老井伊を暗殺する計画が起こり長州藩に応援を求めてきたとの噂が、松陰の耳に入った。これに刺激された松陰は、自分たち長州の有志は京都で「安政の大獄」の指揮を執る老中間部詮勝を暗殺し、「勤皇の一番槍」になろうとする。十一月初旬には松下村塾生を中心に佐世八十郎ら十七名の同志を募り、藩重役の前田孫右衛門に弾丸の用意や鉄砲の貸し下げを願い出た。さらには十一月二十四日付の手紙で、江戸にいる玄瑞ら門下生たちにも同意を求めてくる。

驚いた藩政府の周布政之助は十一月二十九日、藩主に請うて「学術不純にして人心を動揺す」を理由に、松陰に厳囚（自宅謹慎）の命を出させた。つづいて十二月五日、藩は松陰の父杉百合之助に借牢願いを出させ、野山獄に投じようとした。すると門下生の吉田栄太郎・作間忠三郎（寺島忠三郎）・入江杉蔵・佐世八十郎・岡部富太郎・福原又四郎・有吉熊次郎・品川弥二郎が、師の罪状を問うとして、夜中にもかかわらず周布・井上与四郎の屋敷に押しかけて面会を求めた。しかし二人とも拒否し、門下生八人は城下を騒がせた罪によって、それぞれ謹慎に処されてしまう。

このころ、松陰が一番気掛かりだったのは、父の杉百合之助が病の床にあったことだ。それでも父は松陰に、獄に下るよう勧めた。しばらくすると父の病状も落ち着いたため、強い不満を抱きながらも、十二月二十七日、獄に下る。

松陰を諌止する

松陰から老中暗殺計画への賛同を求められた玄瑞は、ただちに同志たちと協議した。そして安政五年（一八五八）十二月十一日、高杉晋作・飯田正伯・尾寺新之丞・中谷正亮と連署し、松陰を諌止する手紙を書く。署名の筆頭は晋作、玄瑞は二番目だが、これは階級の上下からだろう。本文の筆跡は玄瑞で、中心となり反対したのは玄瑞だった。

玄瑞らは松陰の言動を「正論」と認めながらも、情勢が大いに変わったと説く。諸藩は鉾《ほこ》を納めて

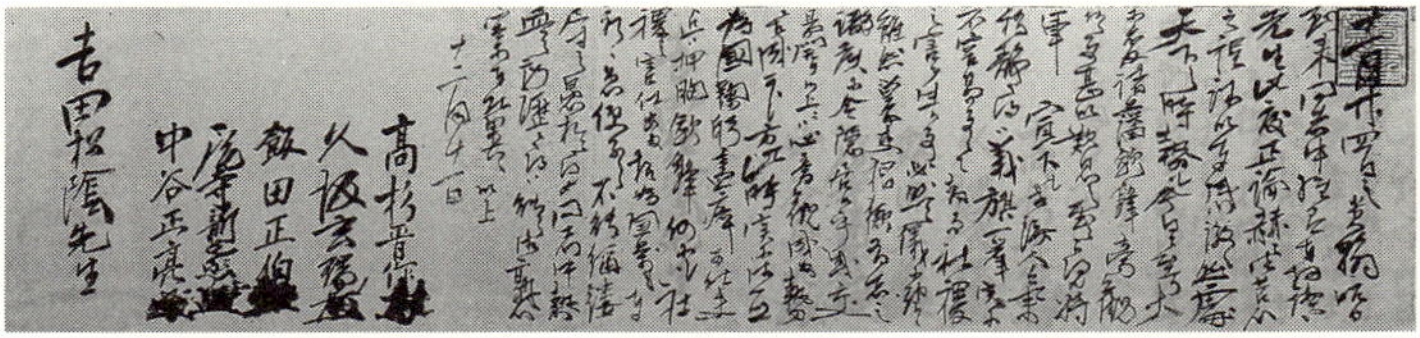
十二月十一日
高杉晋作
久坂玄瑞
飯田正伯
尾寺新之丞
中谷正亮
吉田松陰先生

松陰の暴走を諫止した玄瑞らの血判つき書簡（宮内庁書陵部蔵）

傍観し、将軍宣下《せんげ》も済み、一応世の中も静まっている時に行動を起こせば、かえって藩主に迷惑がかかると諭す。しかし幕府役人が増長し、有志や諸侯を罰したり、交易を開いたりすると世間も黙っていないだろうから、それまで自重するよう求める。最後に「同志中熱血の瀝《したた》る所に候えば、よくよく御熟察こいねがい奉り候」とし、各人署名の下に花押・血判を添える。

この血判つきの手紙を読んだ松陰は、安政六年（一八五九）一月十一日、某あての手紙で「江戸居の諸友久坂・中谷・高杉なども皆僕と所見違うなり。その分かれる所は僕は忠義をするつもり、諸友は功業をなすつもり」と憤慨する。同月十九日、門下生岡部富太郎にあてた手紙でも、玄瑞らへの失望を次のように述べる。

「中谷・高杉・久坂等より観望の論申し来り候。皆々僕が良友なるにその言かくの如し。殊に高杉は思慮ある男なるに、しかいうこと落着に及び申さず候。皆々ぬれ手で粟をつかむつもりか」

こうした中、十二月二十五日、ついに益田弾正は玄瑞に帰国を命じた。三年の遊学が一年で打ち切りになったので、玄瑞は不満である。沙汰には「御詮議の趣これ有り、御国差し下され候事」とある。

翌六年一月下旬、玄瑞はひとまず山口まで帰って、様子をうかがった。病に罹っていたともいう。それが松陰には面白くない。「中谷・久坂山口に流連すること豈《あに》国を憂うるの人と云うべけんや」（某あて）とか「中谷・久坂も山口まで帰り候由なれど、未だ帰萩せず。仮令《たとえ》帰萩したりとて喜ぶべき事もなし。人間の楽しみ尽きたり。死生の念忘れたり」（高杉晋作あて）といった愚痴を、手紙に書く。

玄瑞が萩に帰着したのは二月十五日のことだった。同月二十三日、松陰は入江杉蔵にあてた短い手紙の中で「士毅《しき》（小田村伊之助）・実甫《じっぽ》（玄瑞）咲《わら》ふべく」と、冷たく突き放す。玄瑞とともに、この時期の松陰の暴走を止めようと腐心した小田村は前年十一月より、明倫館助教を務めていた。

大原三位下向策と伏見要駕策の失敗

松陰は安政五年九月二十七日に著した『時勢論』の中で、数百年前の鎌倉幕府打倒に現在の情勢を重ねる。孝明天皇が後鳥羽・後醍醐両天皇を目標として覚悟を定めれば、楠木正成・新田義貞・児島高徳・菊池武重のような忠臣が出現すると言う。松陰は長州藩が先頭に立ち、天皇を抱え、西日本を中心に幕府に対抗できるだけの政治勢力を築こうと考えていた。

もちろん松陰も自身に、それ程の影響力があるとは思っていない。そこで玄瑞らも接触したことがある、公卿の大原重徳を皇室とのパイプ役として注目した。松陰は天皇に勅を出してもらい、大原とその世子実重を長州藩に迎えて挙兵しようと画策する。いわゆる「大原三位下向策《おおはらさんみげこうさく》」だが、計画は京都に送り込んだ数名の門下生から漏洩して、失敗に終わった。

その後、獄中で松陰は「伏見要駕策《ふしみようがのさく》」に熱中する。参勤する藩主毛利慶親の駕籠を脱藩した門下生十名が伏見で待ち受け、大原重徳を擁して京都に入り、勅を手に入れて幕府の失政を正そうというのだ。この「伏見要駕策」は一月半ばに来萩した播磨浪人大高又次郎・備中浪人平島武次郎の提案で、「大原三位下向策」が頓挫したさい、大原側から代案として示されたという経緯もあった。それだけに、松陰は期待する。

ところが門下生たちの多くは、動かない。玄瑞は二十三日、松陰に手紙を書き、門下生を代表して「伏見要駕策」に反対する。これに対し松陰は、「中谷・久坂其の外有志の輩観望持重にて僕を挫折する事、一言耳に入れば血肉忽ちに滅ず」と、某あての手紙で憤慨した。

結局、大原らは時期尚早として話に乗らず、松陰の計画はすべて頓挫した。最後まで松陰に従った入江杉蔵・野村和作兄弟は、城下の岩倉獄に投ぜられてしまう。松陰は四月九日(カ)、岡部富太郎にあてた手紙に「諸友かかる大機会を態と取外し、今公(藩主)の勤王をさせぬおれば、僕どうも何如に思うても胸がながぬではないか」とし、藩主が天皇と結び付き、国政に参加する好機を逃したと悔しがる。

獄中で孤立する松陰は「草莽崛起《そうもうくっき》」を唱えるようになった。「草莽」とは在野に埋もれているような、有志の人を指す。松陰の場合、普段は政治に直接参加できない下級武士のことであろう。松陰は草莽崛起の人の出現を待つと述べていたが、やがて自身が草莽崛起の人であると認識するようになる。そのため生きて獄を出、十年、あるいは十五年後に草莽崛起の人となって死んでみせると決意する。

野村にあてた手紙に「恐れながら天朝も幕府、吾が藩も入らぬ。只だ六尺の微軀《びく》が必要」とぶちまけたのも、このころだ。

2　帰萩した玄瑞

激しい玄瑞非難

萩に帰ってからの玄瑞は杉家に同居していたようだが安政六年（一八五九）二月二十八日、西洋学所に入るよう命じられた。江戸で洋学を熱心に修行し、漢学の実力もあると「師範役」が将来性を保証してくれたので、「賄生（給費生）」になった。西洋学所は藩の医学所好生館から一般洋学を分離し、安政二年（一八五五）、安政五年（一八五八）とも）に成立していた（武田勘治『久坂玄瑞』）。つまり玄瑞は医学ではなく、一般洋学（この場合、西洋兵学）へと進路を決めたのである。

だが、玄瑞は松下村塾のことが気掛かりでならない。在所である山口に引っ込んでしまった中谷正亮に三月三日、手紙を書いて、萩に出て来て指導して欲しいと頼んだりしている。塾の盛衰は藩の盛衰に関わるとし、「村塾を以て二州（防長）を維持」するのは「松陰子の志」で、小山田や久保も同心だと言う。

一方、松陰は玄瑞に向け、非難の矢を容赦なく放った（安政六年三月二十九日、玄瑞・小田村伊之助・久保清太郎あて松陰書簡）。玄瑞が松陰の老中暗殺計画などを「粗暴」と決めつけたことを「友義に於いて如何」とし、松陰の命で上京した野村和作を見捨てたと非難する。かつて松陰は玄瑞を「防長年少第一流の才気ある男」と評し、それはいまも変わらないのだが、一年間江戸遊学をしたら「気挫け、志消ゆ」になってしまったと、手厳しい。あるいは中谷と玄瑞が江戸から帰国する途中、京都に大原重徳を訪ねなかったことも「実に無情ではなきか」と責める。一年前、京都を去るさい大原を訪ねたのに、「実に長門人の浮薄を天下に暴《さら》すと云うべし」とまで非難する。たとえ「一策」が無くても大原に会い、「江戸の事情なりと」知らせておけば、後の計画の助けになるかも知れないと悔しがる。松陰が見るところ、玄瑞は「何分思慮浅近にて、深慮の策なし」なのである。

この手紙には、さすがに玄瑞も頭に来たらしい。書込みをして、松陰に突き返している。たとえば「和作を棄つる者」の部分には「このところ、僕甚だ落着に及び申さず候」とし、最後には次のように抗弁する。

「絶交の玄瑞復《ま》た何をか言わん。僕の如き因循怯儒、言うに足らざる者は絶交適当、然りと雖も男児は棺を蓋《おお》わずんば、謾《みだ》りに評すべからざるものあるか。噫《ああ》、復た何をか言わん」

絶交して貰うのは構わないが、勝手な評価を決めつけるなと怒っている。これに対し松陰は「この書寥々《りょうりょう》たる数評久坂なり、余り少ないではないか」と、言い返す言葉が少ないと嘲笑した。あるいは同じころ、松下村塾生の有吉熊次郎（子徳）から藩政府や同志を批判する手紙が届くや喜び、「玄

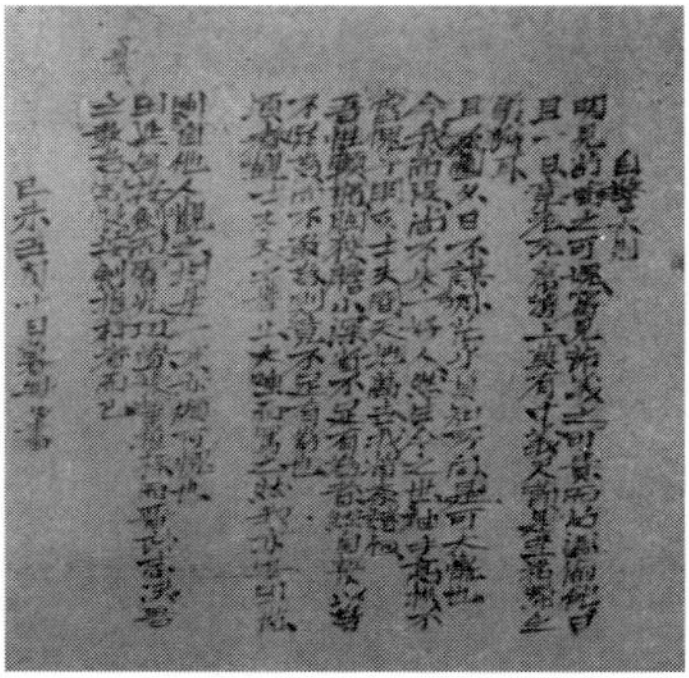

玄瑞の「自警六則」
（福本義亮『吉田松陰の殉国教育』）

瑞・松洞輩の見る所とは雲泥なり」と持ち上げたりする（某あて）。

松陰との関係修復

玄瑞は安政六年（一八五九）四月十日夜、野山獄の松陰を訪ね、関係修復を申し込んだ。翌十一日、獄中の松陰が玄瑞に久しぶりに宛てた手紙にはまず「昨夜は一晤、所謂雨に遇いて吉なるものか」とあり、群疑が晴れたとする。松陰もようやく、冷静さを取り戻しつつあった。しかし感情の起伏が激しい松陰は同月十四日、岩倉獄の野村和作あての手紙では「死は難し難し。小田村・久坂さえあの通りの空咲く風の如き事を云うておる」などと愚痴をこぼす。心中には、まだ燻るものがあったようだ。

江戸の高杉晋作は悩みながらも同月七日、松陰に手紙を書き送った。その書簡は管見の範囲には現存しないが、五月十三日、松陰から晋作にあてた返書が伝わる（ただし松陰東送の命が届いたため入江に託され、ただちには発送されなかったらしい）。それには、玄瑞との関係が復旧したことをうかがわせる一文がある。玄瑞は分別臭いことを言って反省していると、松陰に謝ったようだ。

つづいて四月二十八日、玄瑞は松陰に「二十一回先生に与うる書」を寄せた。これまでの不幸を嘆き、反省し、決意を新たにすると誓った文章である。玄瑞は生まれて二十年、いまだかつて大いに人を欺いたり、不良を為すこともなかったと顧みる。この部分、後日松陰が注を添えており、これも病であり、清水に魚は住まないなどとして、玄瑞の欠点であると指摘する。

以下玄瑞の反省の言葉がつづくが、それでも江戸遊歴に発つさい松陰から贈られた「当今の世、足らざるものは果断なり」の教えは、肝に銘じているのだと言う。さらに五月十日、「自警六則」を作り、自身の性格を「勇断乏し」「軟弱」などと反省し、自らを奮い立たせようとしている。

江戸へ送られる松陰

老中間部詮勝は安政六年三月十五日、江戸へ帰り、幕府は「安政の大獄」で捕えた者の審問を進めた。そして幕府は四月二十日、松陰を江戸に送るよう長州藩主に内命を出す。この命を伝えるため、藩士長井雅楽と小倉源右衛門が相次ぎ帰国した。萩に到着した長井は五月十四日、杉梅太郎を通じて獄中の松陰に江戸召還を知らされた。

松陰も周囲の者も、老中暗殺計画が発覚したと思った。だから松陰は、裁きの場で積極的に自らの「正義」と「至誠」に基づく所信を披瀝する機会にしたいと覚悟した。多くの門下生は驚き、獄に松陰を訪れて別れを告げた。松陰の『東行前日記』五月十五日の条には「夜、家兄・村士毅（小田村伊之助）・思父（品川弥二郎）・実甫（玄瑞）相続いで至る」とある。

いよいよ出発するにあたり松陰は入江あての書簡で、今後のことは久保清太郎・玄瑞と力を合わせて行うよう、また、そのうち高杉晋作や佐世八十郎も帰国するだろうから「同志一塊」となれば強いと励ます。

また、小田村の提案により、松陰の肖像画を松浦松洞が描くことになった。さらに小田村は、その上に松陰の賛を加えることも提案する（玄瑞も提案したという）。松陰は承諾し、自賛は八通書かれたとされるが、肖像の上に賛が加えられたものは現在六幅が残っている（玖村敏雄『吉田松陰』）。

玄瑞に与えられた一幅はのち、後裔の吉田家に伝えられ、昭和十九年（一九四四）一月二十一日、東京世田谷の松陰神社に奉納されて現存する。描かれた松陰は羽織を纏わず端座し、刀を左脇に置いて右手で書物をとり、左手を帯に差す姿だ。『東行前日記』によれば松陰はこの肖像に五月二十一日、賛を加えた。その日、玄瑞は獄吏福川犀《ふくかわさい》之助《のすけ》の配慮により、獄中の松陰に面会している。玄瑞は松洞が描いた月性肖像にも、松陰の賛を求めた。将来は月性・松陰・玄瑞の肖像画が並ぶ覚悟だとも述べた。

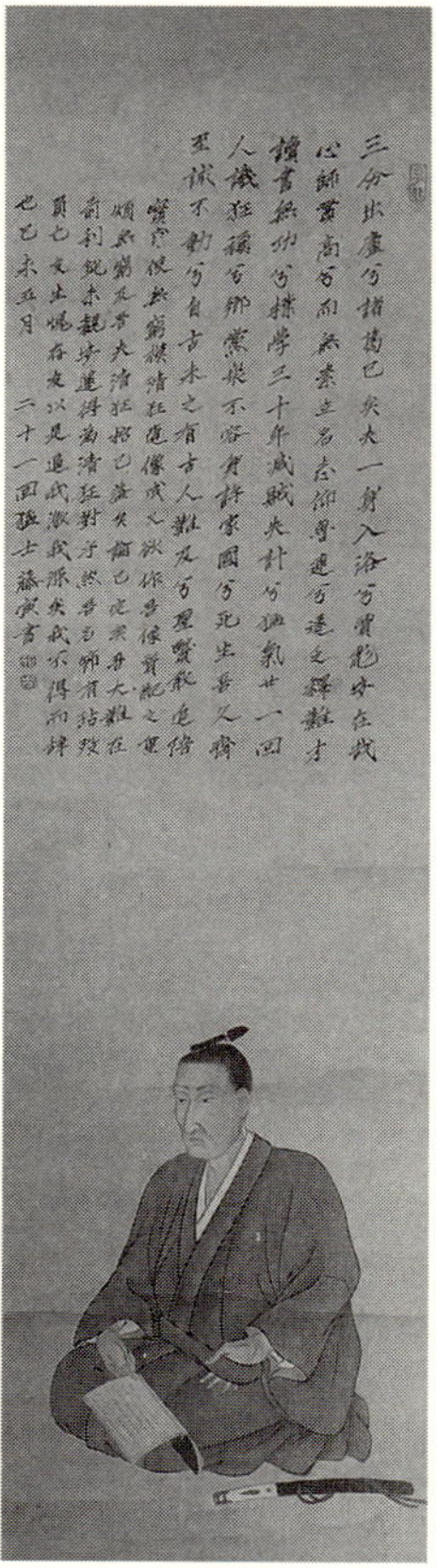

松浦松洞が描いた松陰肖像に松陰が賛を加え玄瑞に与えた（久坂家本・東京松陰神社蔵）

松陰は萩を発つ前日の五月二十四日夜、野山獄《のやまごく》から出され、ひと晩だけ松本村の杉家に帰って、家族との別れを惜しんだ。玄瑞が福川に手紙で交渉し、福川は処罰されるのを覚悟の上で、独断で許可したのである。玄瑞も同席しただろうし、品川弥二郎ら何人かの門下生もやって来た。

翌二十五日朝、雨が降る中、松陰は家族や門下生たちと別れの杯を交わし、罪人用の駕籠に乗り込んだ。護送役の番人は三十人という大がかりな行列である。これが松陰と玄瑞の永遠の別れとなった。

玄瑞は松陰が萩を発つ前日の二十四日、江戸にいる高杉晋作に漢文の手紙を書いている。獄中の松陰は痩せて骨張り、髪は乱れて顔を覆うほどだが、死生の間にあっても英気は衰えていないと知らせた。また、晋作・飯田正伯・尾寺新之丞の手紙が届いたことを喜んでいるとし、特に晋作に信頼を寄せているので、江戸に着いたら機を見て面晤するよう勧める。最後に玄瑞は、自分の議論が三変したとも言う。松陰の志を継ぎ、行動の人になると決意したのだ。

多忙な玄瑞

松陰を見送った後の玄瑞の動向を語るものとして、『九仭日記《きゅうじん》』と題された安政六年六月一日から九月六日までの玄瑞本人の日記が伝わる。簡潔な漢文で、ほぼ毎日記録している。玄瑞は松陰の影響から、日記をつけるようになっていた。

これを見ると玄瑞は明倫館の西洋学所に学びながら吉松塾と松下村塾、それに口羽徳祐の勉強会に通うといった多忙な日々を送っていたことが分かる。頼山陽『日本外史』を読んでいたことも、記されている。

西洋学所では海陸兵制書の講訳、文法書・究理書・砲術書などの会読が行われていた。日記でもオランダ語初学者が学ぶ『和蘭《オランダ》文典』の会読が七月二日から始まるため、玄瑞は繰り返し読んで予習に余念が無かった。会読が始まると七月三日は「軍艦運用会開かる」、六日は「艦砲会」、八日は「運転術、軍艦大略を模写、器械名目記す」などとあり、オランダ語習得の目的は、軍事を学ぶためだったことが分かる。さらには八月二十七日の条に「是の日、原書三兵太古知幾を読み始める」とあり、熱心にオランダ語修得に努めていたようだ。

そんな熱意が評価されたのか八月十三日（六月十七日・七月十七日とも）、藩は玄瑞を西洋学所の舎長役に任じる。舎全体を管轄する責任者で、手当も出る重要な仕事である。

吉松塾では主に二・九日に『孫子』の会読が行われ、玄瑞が主導した。そこには南亀太郎・山根文中、作間忠三郎・山県小輔など松下村塾生も参加している。そして七月十八日に「午後吉松会講、孫子卒業焉」とある。

六月十九日には長崎から帰って来た佐世八十郎から、彼の地の情勢を聞く。同月三日から外国相手の貿易が始まり、イギリス・オランダ・ロシア・アメリカの船が祝砲を発し、西洋人が跋扈していると嘆く。また、オランダ商館の中に牢獄が設けられ、その中には日本人の犯罪者もおり、オランダ側が裁くことになっていると知る。あるいは本牧《ほんもく》（現在の神奈川県横浜市）でアメリカ人が斬られたとの風説を聞くと、強い興味を示す。

江戸に送られた松陰のことも、忘れてはいない。七月十九日午後には松本村の品川弥二郎の家で佐世や作間忠三郎・松浦松洞ら数人と集まり、松陰著作『講孟箚記《こうもうさっき》』の会読を始めている。この会読は場所を松下村塾に移し、続けられた。同月二十六日には江戸に到着した松陰が、評定所での取り調べ後、投獄されたとの知らせが届く。同じ日には亡兄玄機の種痘や砲術、銃隊にかんする訳書を見る機会があり、涙を落としたりする。城下保福寺にある両親と兄の墓にたびたび参っているが、特に八月四日は母富子の七回忌のため僧侶に読経を頼んだ。

八月一日、口羽徳祐が「流行病」に罹っていると聞き、見舞いに行く。この夏はコレラが大流行していた。その後、快方に向かっているような話を聞き安心するが、十日の深夜になり、かなり危険な状態だと知らされ、驚愕して駆けつける。そして赤川淡水と徹夜で看護したが、翌朝、口羽は他界してしまった。享年二十六。死に際し口羽は「玄瑞、天下の事吾復《また》見ること能はず、願わくば子（玄瑞）其れ之に任ぜよ」と後事を託したという（天野御民「防長正気集」『久坂玄瑞全集』）。

玄瑞は自分は何と不幸なのだろうと、嘆く。十四で母、十五で父と兄を失い天涯孤独となった。その上、師として仰ぐ月性が亡くなり、松陰が囚われ、そしていま口羽が亡くなったのだ。

評定所での松陰

江戸に到着した吉田松陰は安政六年七月九日、幕府の評定所に呼び出され、大目付久貝因幡守らの取り調べを受ける。松陰にかけられていた嫌疑は、二点だった。ひとつは、先に捕えられていた梅田雲浜との関係を疑われたこと。いまひとつは御所内で見つかった、幕府を誹謗した落とし文が、松陰の筆跡ではないかということ。それらは松陰にとっては身に覚えのないことであり、嫌疑は晴れてしまう。

老中間部暗殺計画は、発覚していなかった。拍子抜けした松陰は、奉行らと話すうち、自分は死罪に相当する罪を二つ犯していると口を滑らせる。大原三位下向策と老中間部「襲撃」計画だが、奉行は特に後者に興味を示し、じっくりと追及してきた。その結果、松陰の国を思う誠意を認めながらも、「公儀を憚らぬ不敬の者」とし、その日のうちに伝馬町《てんまちょう》獄《ごく》の西奥揚屋入りを命じられてしまう。

当時、江戸遊学中の高杉晋作は、獄中の松陰に金銭（牢名主に贈るもの）や筆、紙、書籍などをひそかに差し入れた。獄中の松陰から晋作にあてた手紙が、『吉田松陰全集』に十五通収められている。その中には「死は好むべきにもあらず、また憎むべきにもあらず」云々という、晋作の死生観に影響を与えたとされる一節もある。

また、松陰は安政六年八月十三日、玄瑞・久保清太郎に手紙を書いた。評定所での取り調べがひと月もないことを知らせ、奉行が本腰を入れたら自分は「腹一杯天下の正気を振るうべし」との決意を示す。また、晋作らとの交流についても触れる。晋作も八月二十三日、玄瑞に手紙を書き、松陰のことは「僕在江戸中は決して御懸念成さるまじく候」とし、「度々書翰通し、猶議論をも仰せ下され、愉快にてござ候。しかしながら面会は成り難く、これのみ残念至極にござ候」と知らせる。

取り調べは九月五日、十月五日にも行われたが、奉行の態度は穏やかだった。そのため松陰は処分は死罪でも遠島でもなく、他家預けか、軽ければ国もとに送られ、元どおり塾を主宰できるのではないかと楽観視するようになる。帰国が決まった晋作にあてた十月六日の手紙では、これまでの親切に対して感謝の意を述べた後、自分が帰国したら「国（萩）にて拝面すべし」などと言う。また、手紙の末尾には「万一、首を取られ候はば、天下の好男児、また妙。清狂（月性）・口羽（徳祐）に向つて好死を語らんのみ。呵々」と述べているのを見ても、気持ちに余裕があったことがうかがえる。

ところが十月十六日の最後の審理で、奉行の態度が一転して厳しくなり、読み上げられた口書には「公儀に対して不敬の至り」などとあり、松陰は死を覚悟せざるを得なくなった。そこでまず、十月二十日、「諸友に語《つ》ぐる書」と題した門下生あての手紙を書く。つづいて十月二十五日から翌二十六日にかけ、『留魂録《りゅうこんろく》』と題した門下生あての遺書を執筆した。『留魂録』は念のため二冊作られ、牢名主の沼崎吉五郎に託された。沼崎から飯田正伯を経て萩にもたらされた一冊は、玄瑞ら門下生が熱心に回覧したようだが、いつの間にか失われた。もう一冊が明治半ばに見出され、萩市の松陰神社に現存する。その巻頭には、有名な次の辞世が記される。

身はたとひ武蔵の野辺に朽ぬとも留め置かまし大和魂

松陰が投ぜられた伝馬町獄跡
（東京都中央区・十思公園）

自分の肉体は関東の地で滅んでも、その志は門下生の中に残したいとの思いである。また、人間の一生を四季にたとえ、「若《も》し同志の士其の微衷を憐み継紹《けいしょう》の人あらば、乃ち従来の種子未だ絶えず」と、自分の志を継いでほしいとも訴えている。

他に『留魂録』には江戸での取り調べの内容、水戸の堀江克之助、鷹司家諸大夫の小林民部（良典）、高松の長谷川宗右衛門、越前の橋本左内など同囚の政治犯と話したことなどを知らせる。また、「清狂（月性）の護国論及び吟稿、口羽の詩稿、天下同志の士に寄示したし」と、出版計画を進めてほしいとも言い残す。最後に「小山田・中谷・久保・久坂・子遠兄弟等の事、鮎沢・堀江・長谷川・小林・勝野等へ告知し置きぬ」とあり、長州藩以外の同志との連携を望む。今後の政治運動の方向を示したとも読める一節である。

こうして十月二十七日正午近く（午前十時頃とも）、松陰は伝馬町獄の刑場で斬られた。その知らせが萩に届いたのは、十一月二十日である。『久保清太郎日記』同日の条に「飛脚来る、去月廿七日松陰先師死罪に処せられ候由」の記述が見える。

小塚原に埋葬

安政六年（一八五九）十一月十五日、在江戸の飯田正伯・尾寺新之丞は、萩の高杉晋作・久保清太郎・久坂玄瑞に松陰の遺骸を幕府側から取り戻し、埋葬するまでの顚末を手紙で知らせている。「なかなか遺骸を引き渡してもらえず、「この三ケ日間の苦心筆末に尽くし難く候。獄吏と応接問答の一件も事永ければ略す」と書くあたり、その間の事情が偲ばれる。

こうして二十九日、松陰の遺骸は小塚原回向院下屋敷常行庵の墓地に埋葬された。小塚原は江戸時代初期に設けられた重罪人の刑場で、二百年余りの間に埋葬された遺骸は二十万体以上と伝えられる。立ち会ったのは飯田・尾寺の他に、桂小五郎とその手子である伊藤利助だった。首は飯田自らが洗い清め、桂と尾寺が手酌で水を運んだ。「この時、四人の憤恨、遺憾推察下さるべく候」と、無念の思いを述べる。

さらに手紙は、役人への賄賂が二十両あまりもかかり、それを藩政府の周布政之助・北条瀬兵衛が公金から出してくれたこと、石塔を建てる段取りも済ませたことなどが述べられている。また、松陰が同囚の沼崎吉五郎に託した両親あての手紙や、『留魂録』を送るなどとある。後日門下生たちにより、墓地の中では最大級という高さ六尺（約一八〇センチ）あまりの自然石の墓碑が建てられたというが、これは現存していない。万延元年（一八六〇）一月十二日、来島又兵衛あての桂書簡に「松陰先生の事如何にも忘れ難し。幕より申し来候由にて、墓石を取り拂わせ申し候。姦権悪むべし」とあるから、建立後間もなく幕府の圧力により取り払われたらしい。

3　松陰の志を継ぐ

門下生たちの誓い

安政六年十一月二十八日、玄瑞が岩倉獄中の入江杉蔵にあてた手紙には「何も先師の非命を悲しむ事無益なり。先師の志を墜さぬ様肝要なり」と述べ、その志の継承を誓う一節がある。

萩に帰国した晋作は、江戸にいる周布政之助に手紙を書き「我が師松陰の首、ついに幕吏の手にかけ候の由」「仇を報い候らはでは安心仕らず候」などと、激しく憤る。あるいは佐世八十郎は「先師すでに忠義に死す。余門生たり。遺志を奉じて忠義に死せざれば、何の面目ありて地下に先師に見えん」との決意を示す。

松陰が処刑されたことで、累は家族にまで及んだ。国もと萩では取り締まり不行き届きとの理由で、父の杉百合之助と兄の杉梅太郎が免官、謹慎に処された。さらに百合之助は隠居を命じられ、万延元

百日祭後，団子岩に建てられた松陰の墓（山口県萩市）

年五月に杉梅太郎が家督を継ぐ。この時の藩からの命令書には、「吉田寅次郎事、廉々（節々）粗暴の所行これあり、容易ならざる御厄害に立ち至り」などと、松陰の言動を厳しく非難する言葉が並ぶ。

最後まで松陰に忠実に従った門下生の野村和作（靖）は後年、自分たちは周囲から「乱民」と呼ばれ、家族までが白眼視され、「惨憺たる月日を送」ったと述べている（『追懐録』）。

松陰の百日祭

玄瑞は祭祀を行うことで、自分たちこそが吉田松陰の志の継承者であると内外にアピールしてゆく。万延元年一月四日、玄瑞は藩への建言で、松陰処刑からすでに七十日が経つのに、何の申し渡しも無いと抗議する。また、「門人中申し談じ、爰元《ここもと》にて法事を営み、墳墓を築きたく積もりにござ候」といった計画があることを知らせる。

つづいて二十八日、岡部富太郎にあてた手紙には「先師百ケ日来月七日に相当り候につき、早々同志中墳塋《ふんえい》築きたく、明日村塾会談の上、取り掛かるつもりに候間、老兄御来塾相成らず候哉」などと相談する。日記によれば同日「石工某」に墓碑を注文し、三十日には「午牌《ごはい》村塾に到る。先師築墳の事を謀る」とある。

そして二月七日、杉家に遺族と玄瑞・晋作ら門下生たちが集い、松陰の百日祭を行った。同日、護国山中腹に位置する団子岩の杉家墓地に、江戸から届いた松陰の遺髪が埋められた。その上には同月十五日、「松陰二十一回猛士墓」と刻んだ自然石の墓碑が据えられた。二十一回猛士とは二十一回の猛挙を行うと決意した、松陰自らが付けた号である。

また、墓碑周囲には門下生たちにより石の水盤や花筒、灯籠などが設けられた。それらには「門人」として次の十七名の名が銘記されている。

久保久清（清太郎）・岡部利済（富太郎）・増野乾（徳民）・佐世一誠（前原一誠）・福原利実（又四郎）・品川日孔（弥二郎）・久坂誠（玄瑞）・松浦無窮（松洞）・伊藤知卿（伝之輔）・入江致（杉蔵）・野村旨緩（和作）・中谷実之（正亮）・高杉春風（晋作）・有吉良朋（熊次郎）・天野一貫（渡辺蒿蔵）・作間昌昭（忠三郎）・時山済（直八）

この時期「賊」の烙印が消えていない松陰に連なる者として名を公表したとするならば、かれらの決意が偲ばれる。

松下村塾の後継者　松陰は松下村塾の後継者として、妹寿の婿である小田村伊之助を考えていた。処刑されるひと月余り前の安政六年（一八五九）九月十一日、同じく伝馬町獄に投ぜられていた堀江克之助（水戸郷士、攘夷論者）にあてた手紙には、小田村が松下村塾の主である旨を次のように紹介する。

「小生住居は萩の東隅にて松本と申す所にて、同志の会所を松下村塾と申し候。小生実父杉百合之助宅なり。小生投獄後は妹婿小田村伊之助と申す儒官是れを主り居り候。久坂玄瑞と申すもの小生の妹婿なり。従弟久保清太郎と申すもの隣家なり。此の三人共村塾にて小生の志を継ぎ候なり」

松陰にとり松下村塾は、政治結社的な「同志の会所」だった。その中心に小田村を据え、玄瑞と久保が補佐する体制を築きたかった。ただし謹厳実直な能吏タイプの小田村に、政治結社のリーダーが勤まったかは疑問である。

しかも小田村には、そのような時間的余裕は無かった。同年九月には藩命により三田尻（現在の山口県防府市）の越氏《えっし》塾の監督を命じられ、赴任している。つづいて十二月には手廻組に加えられ、特に御側儒役を命ぜられた。藩主の諮問も受ける、重要なポジションである。小田村が万延元年（一八六〇）三月二十九日、尾寺新之丞にあてた手紙には「村塾も亭主これ無きゆえ、衰微の兆しに至り気の毒に存じ候」と、まるで他人事のように述べており、たとえ時間があっても継承していたかは怪しい。

このため、松下村塾を盛り上げようとしたのは玄瑞だった。万延元年元旦から三月晦日までの玄瑞の日記『江月斎日乗　庚申』が残っているが、それを見ると玄瑞が塾生たちをまとめ、リーダー格になってゆく様子がうかがえる。少し前から玄瑞は松陰の影響もあり日記をつけるようになり、獄中の入江杉蔵にも勧めていた。

日記によると元旦、玄瑞は博習堂（西洋学所あらため）の寮から出ずに『小隊教練』の学習用写本を作った。その後数日間は、山県小助と水戸藩の会沢正志斎『新論』国体篇などを読んだりして過ごす。写本もできたので六日夜には杉家に帰ったが、義兄の杉梅太郎は病で臥せっていた。

七日の条には「この日村塾開講」とあり、小田村伊之助や高杉晋作らが集まって来た。それから連日のように松下村塾に赴き、陽明学の『伝習録』を講じたり、孟子の会読を行ったり、『日本外史』の毛利氏の部分を読んだりしたことが記されている。

松陰の遺稿編纂

松陰は「七生滅賊」を誓って死んだ数百年前の楠木正成を崇拝しており、大人の志は肉体が滅んでも、後世に継承されるとの死生観を持っていた（『七生説』）。だから自身も死んだら著作を保存し、出版してほしいと望んでいた。自分の骨はどこに露されるか知れないが、文章が保存されれば道路で死んでも構わないとの旨を『東北遊日記』に記している。あるいは「遺著を公にして不朽ならしむるは、万行の仏事に優《すぐ》る」（「杉民治伝」『吉田松陰全集・十二』）と語ったともいう。

その遺志を継ぐべく、玄瑞はまず松陰の手紙の抄写に取りかかった。安政六年（一八五九）十二月十二日、入江杉蔵が玄瑞にあてた手紙には、松陰の「平常談話俗翰」の中にも捨て難いものが多いから、諸友が所蔵する分も写すよう勧めている。松下村塾が開講した万延元年一月七日の玄瑞日記には「先師遺書を集収す」などと見える。

年譜作成は、高杉晋作が担当した。前年十二月三日、松陰遺稿の整理に取りかかり『松陰先生年譜草稿』『松陰先生著書抜抄』と題した草稿などを作っている（『高杉晋作史料・二』）。晋作は将来的には、松陰全集を編纂しようと考えていた。

少し後のことになるが、玄瑞が六月二十六日、江戸から杉百合之助（松陰の実父、玄瑞の岳父）にあてた手紙に、「先師遺著紛失つかまつり候よし仰せ越され、誠にもって恐れ入り奉り候。大抵私も帳面に相記し置き候と相考え申し候処、右の次第、誠に以て気の毒千万に候」と述べるように、松陰遺著の目録化も行っていた。杉家史料（萩博物館蔵）には『松陰先生著述目次』と題された横長の帳面があり、玄瑞も『武教講録』『外蕃通略』『奉使抄』を借りたことが、記録されている。

しかし玄瑞・晋作ともこの後は多忙になったためか、松陰の遺稿収集、整理の事業は小田村や杉梅太郎が引き継ぐ。僅か三十年足らずの短い生涯だったにもかかわらず、多数の松陰遺稿が後世に伝わったのは、かれら関係者の努力によるところが大きい。

月性の詩集出版計画

編纂の次の段階である出版も、松陰は政治活動のひとつとして重視していた。盟友の月性が亡くなったさい、松陰がただちにその詩集を編み、出版する計画を立てたことは先に述べた。だが、野山獄に再び投ぜられた松陰は安政六年（一八五九）三月ころ、久保清太郎・杉梅太郎にあてた手紙に「今日恐らくは清狂の詩を梓《あずさ》（出版）にする時に非ざるなり。万事瓦解、諸友隔絶、為すべき者なし」と失望し、口羽徳祐はじめ七名から預かっていた出版費用を返したいと述べている。それでも遺書『留魂録《りゅうこんろく》』には「清狂の護国論及び吟稿、口羽の詩稿、天下同志の士に寄示したし」とあり、希望を捨てていない。

この出版事業も、玄瑞により継承される。日記を見ると、玄瑞は村塾備え付けの活字で月性の詩集を刷り始めた。「午後村塾に至り、清狂吟稿《せいきょうぎんこう》を活刷す」（二月十七日）、「午牌村塾に至り清狂吟稿を活刷す」（三月七日）などとある。ただし管見の限りで、この時刷られた実物は現存しない。

その後、江戸へ遊学した玄瑞は万延元年（一八六〇）七月五日、杉梅太郎にあてた手紙に「清狂遺稿甚だ掛念にござ候」とし、「活刷の事」は松下村塾の吉田栄太郎と作間忠三郎に託しておいたと知らせる。また、「時々印金（印刷費用）が入用なれば、僕の堪忍料にても御揮り出し下さるべく候」と頼み、口羽徳祐の遺稿の上梓はどうなっているかなどと尋ねている。

つづく八月十八日、玄瑞が梅太郎にあてた手紙になると、出版の話はもっと具体的になる。職人から出版費用の見積もりまでとったことを、次のように知らせる。

「月性詩稿活字版、如何相成り候哉。無逸（栄太郎）その外へ嘱し置き候得ども、今に成就には相成らずと存じ候。爰元活字板工者の人、心安き者これ有り候。活刷の事謀り見候ところ、美濃紙に一枚六、七文位にて摺りくれ候。これは見事に出来候由、随分三文にても出来候。表紙は百部十三、十四匁位に出来候。さすれば三、四両もあれば五、六十枚の立派の書物は百部余り上梓《じょうし》に相成り候」

さらに玄瑞は萩での出版が無理なら、早く江戸まで原稿を送るよう指示するが、できるなら萩で作ってほしいとも言う。また、口羽徳祐の『杷山遺稿』は江戸で活刷する必要はないとか、松陰の『討賊

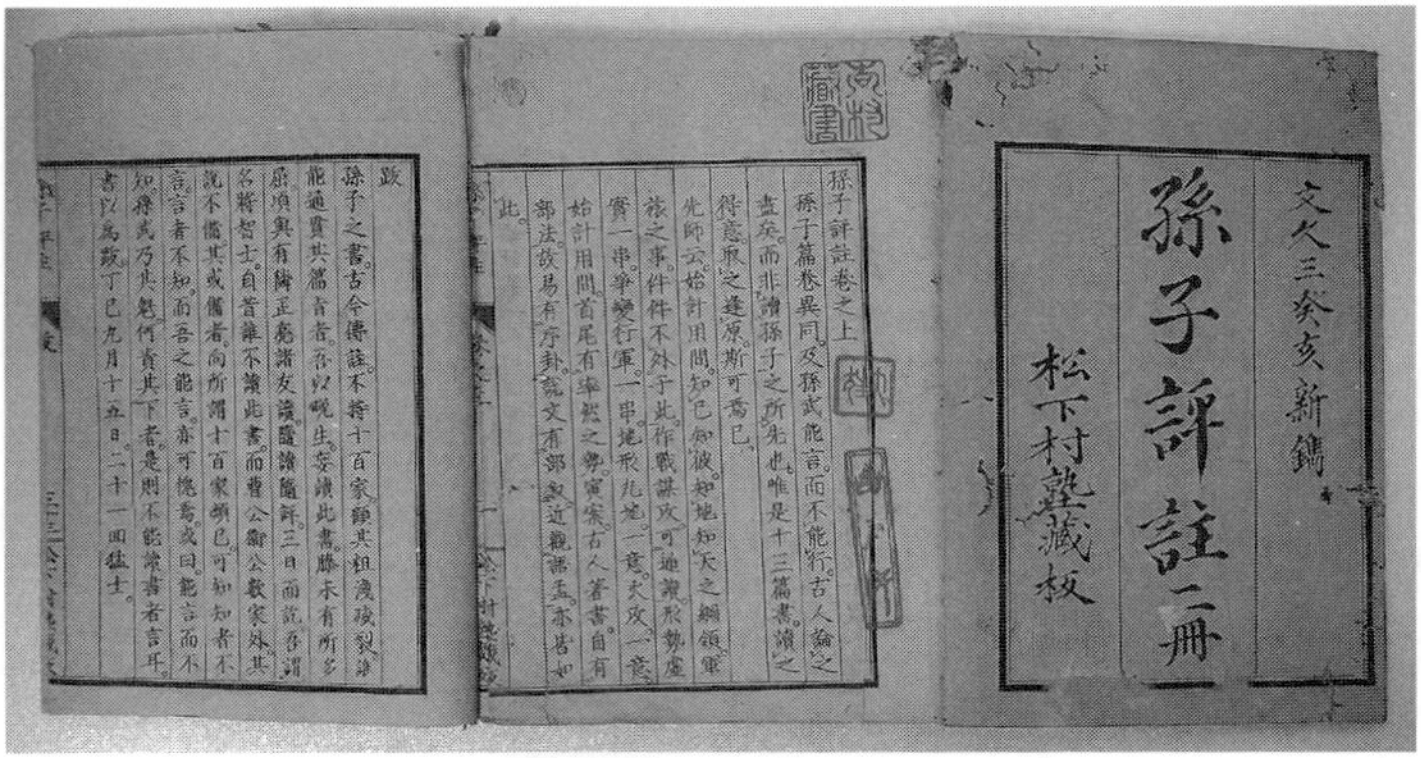

幕末に出版された松陰著作『孫子評註』（筆者蔵）

始末』は格別嫌疑も受けないだろうから、墓石のために送ってもらった五両を使い、匿名で活刷してはどうかなどと述べている。松陰の小塚原の墓碑は幕府が再建を認めないので、その費用が浮いたらしい。

亡兄玄機が翻訳した書については「大抵既に陳腐」になっており、上梓する価値なしとし、「翻訳ものは日新（日進）」だと冷静に分析する。また、実務を担当する作間・入江・吉田栄太郎には八月二十日付の手紙で「清狂遺稿の事、伯教（杉梅太郎）に申し遣わし候間、御謀《はか》り下さるべく候」と頼む。

ただしこの後、玄瑞による出版計画はほとんど進捗しない。費用面の問題もあったが、そもそも幕府健在のうちに行うのは無理だったのだ。月性・口羽の詩集が出版されたのは、ともに明治になってからである。

玄瑞の存命中に出版できたのは、松陰の著作『孫子評註』上下巻くらいだろう。同書は上巻の見返しに「文久三年新鐫」「松下村塾蔵板」とある。しかし広田精一

（宇都宮脱藩浪士）の元治元年（一八六四）四月二十八日付の宛名不明の手紙（渡辺為蔵編『維新志士正気集』）に「松陰先生孫子評註、近日開板あいなり候えども、私蔵の書ゆえ、いまだ御所持これ無くと存じ進呈候」とあるから、実際の出版は元治元年前半と見られる。「私蔵の書」とあり、やはり幕府には無許可の出版だったようだ。

4　急変する政局

博習堂で学ぶ

万延元年（一八六〇）一月十二日の玄瑞日記には、幕府の遣米使節団に長州藩から北条源蔵が加わったことが記されている。同月十八日に品川を出港する新見正興（外国奉行兼神奈川奉行）を正使とする、ワシントンで日米修好通商条約の批准書を交換する使節団とある。玄瑞は松陰の『宋元明鑑紀奉使抄』（中国の歴史書から外交に関する部分を抄録し、評を加えたもの）を読んでおり、国体を辱めずに折衝してもらいたいと願う。

つづいて、「この日、錬兵場始まり、西洋銃陣鼓色饕然、甚だ嘩」とある。深町馬場町で行われていた西洋銃陣の稽古が、明倫館内の錬兵場に移ってきたのだ。太鼓の音がやかましいと言う玄瑞は、兵制を立てるには「士気」を励ますことが最も大切であり、「士気」を励まさねば兵制の意は立たないなどと言う。

翌十三日は、玄瑞が学ぶ博習堂が開講した。ちなみに前年八月一日、医学所好生館は好生堂、西洋学所は博習堂と改称されている。博習堂は海防のため海陸兵制書、文法窮理書、砲術書その他の兵書を学ぶための西洋兵学校だった。開講式には恒例として家老や重臣たちが列席したが、かれらに対し玄瑞は「国相及び属吏輩蟻集《ぎしゅう》」と、冷ややかだ。それから玄瑞は文典の会読に参加したり、予習したりと、相変わらず忙しい。西洋兵学書の『白鹿屯学校《ベロトン・スクール》』を読んだりもする。

二十一日には同学の桂右衛門から、アメリカ人は朝卯《う》の間（午前四時から六時）に起床、亥（午後十時）、遅くても子（零時）には就寝すると聞く。日本には往々にして丑寅（午前二時から四時）ごろ寝て、辰午（午前八時から十二時）に起床という者がいるが、大いに戒めるべきだと考える。

二十三日には巳（午前十時）から運用術（航海術）の授業があり、「軍艦颱風に遭うの図」という「洋画」を見せられた。その絵画の迫力を玄瑞は、次のように描写する。

「狂瀾《きょうらん》山の如く、奔濤號《ほんとうごう》の如く、帆は裂け、檣《ほばしら》は傾く。水夫数十人、帆桁の上に於いて櫛列《しつれつ》して、組を結び、帆を巻き、桁が傾けば即ち魚腹（海に落ちる）」

そして、風が猛しく帆が裂ければ、ただちに水夫は組桁の上に登り、帆の代わりになって風を受けるのだと聞き、玄瑞は感銘を受けた。「近時、洋夷の艱に堪え、苦を忍ぶ」と、困難を克服する西洋人の精神力を高く評価し、日本の「懦夫《だふ》（気の弱い男）」は「愧死《きし》」すべきだとまで言う。

意外なのは、刀の素振りを連日行っていることだろうか。一月四日には百回だったのが、同月十四日には朝百五十回、夕百五十回となり、以後一日二百回くらいが普通になる。二月三日は三百回、しかも同日は同僚と角力をとったとあるから、特に気持ちが高揚していたと見える（同僚との角力は二月一日の条にも見える）。あるいは三月二十六、二十七日も各三百回とある。これは二月十六日の条に明倫館の武道場が「寂莫《せきばく》」であり、「撃剣闘槍者」が少なくなったと嘆くことと関係するのかもしれない。

入江杉蔵・野村和作の赦免

江戸に送られるさい、松陰は玄瑞と久保清太郎に、岩倉獄に投ぜられたままの入江杉蔵・野村和作兄弟のことを託した。入江・野村ともに地方組中間の入江嘉伝次の息子だ。嘉伝次はもと野村氏だったが、のち故あって入江家を継いだので、次男和作が野村家に入った。

兄弟が投獄されたころ、すでに父はなく、家には母と妹だけが残されていた。獄中の食費などは自弁なので、経済的にも逼迫していたようだ。母は内職に励み、息子たちは獄中で写本してわずかな筆耕料を得、糊口をしのいでいた。玄瑞も兄の翻訳書などを写す仕事を依頼して、協力している。

士分の者を収容する野山獄《のやまごく》に対し、「下籠《げろう》」の岩倉獄には庶民が収容された。岩倉獄は城下に約百六十七坪の敷地を占め、罪人の収容部屋は五室あった（『萩市史・一』）。武士階級の末端である中間の入江と野村は、庶民として扱われる。いずれの姓も、藩が公認したものではない。

玄瑞は安政六年九月十二日、藩政府重役の前田孫右衛門に長文の手紙を書き、「かの兄弟卑賤の身を顧みず、大いに国事を憂い候事など、実に感心千万」とし、その赦免を願っている。あるいは万延元年一月四日には藩政府へ建言して、兄弟には罪がないと訴えている。

このころ、玄瑞は獄中の入江とたびたび手紙のやり取りをした。入江からは安政六年六月一日、七月二十五日、九月二十三日、十月十五日、十二月十二日、万延元年三月十八日、閏三月六日、玄瑞からは安政六年九月二十一日、九月晦日、十一月七日、十一月月二十九日に出している。それらを読むと玄瑞は入江に書籍を差し入れ、読書のアドバイスなど熱心に行っていたことが分かる。玄瑞は「王陽明の伝習録を読み玉へ」（九月二十一日）と、陽明学を勧める。また、世界情勢を知る必要があるとし、次のように世界地誌などを勧めたりもする。

「今年の支那の沿革、万国の事勢に眼を著くべし。来春よりは王学に入りたまえ。僕も間を偸《ぬす》み伝習録黙読のつもりなり。坤輿図識《こんよずしき》・蕃史並航海地図差し起こる。これにて大略を得べし。魏源《ぎげん》の海国図志・聖武《しょうむ》記等心遣い送るべし」（九月晦日）

これは入江が安政四年から五年にかけての条約勅許問題など日本の政治情勢を記録した『伝信録』の執筆に取りかかっていたからだ。たとえば、大老井伊の家臣池田玄洞の書簡が手に入ったので『伝信録』に収めるとし、「都《すべ》て時事を記するには、正論の論は勿論詳らかにすれども、小人の論もまた後世へ通ずるようにこれ無くては宜しからず」などと述べる（安政六年十二月十二日、玄瑞あて入江書簡）。玄瑞は求めに応じ、『伝信録』の意義を説いた序文を寄せた。

桜田門外の変を知る

日記によれば玄瑞は万延元年三月十五日、瀬戸内の周防宮市町《みやいち》（現在の山口県防府市）に赴き、岡本三右衛門を訪ねている。岡本はこの後、玄瑞の活動を経済的に支援することになる商人だ。

岡本家は代々宮市町に住み、繰綿や木綿を扱っていた。天保五年（一八三四）からは町の大年寄を勤めていたが、安政元年ごろから家産が傾いたため、農民になったという。ただし玄瑞は「米屋」と書いているから、米屋を営んでいた可能性もある（『防府市史　通史Ⅱ近世』）。

岡本は文化六年（一八〇九）生まれで、この年数えの五十二。文政九年（一八二六）一月、近くの松崎神社（防府天満宮）神官鈴木直道に入門して、国学を修めた。玄瑞は岡本につき、佐藤真淵・本居宣長・平田篤胤ら国学の先賢を尊敬し、「天朝」を尊び、「幕吏の暴」に大変憤慨しているのだと述べる。

岡本三右衛門碑
（山口県防府市・芦樵寺《よししょうじ》）

岡本宅で玄瑞を待っていたのは、近くの台道村《だいどう》（現在の山口県防府市）に住む大楽源太郎《だいらくげんたろう》だった。玄瑞は同月十一日の日記に、大楽から手紙が来た旨を記すが、これが岡本宅への誘いだったのかもしれない。日記には、さらに今津太郎なる者も訪ねて来たとある。

大楽は萩城下平安古《ひやこ》中渡の山県家に、天保五年に生まれた。玄瑞よりは六つ年長である。のち、大楽家を継ぎ、台道村に移り住んだ。山県も大楽も、長州藩寄組の児玉家に仕えていた陪臣である。玄瑞とは吉松淳蔵の塾で学んだころからの付き合いだった。月性や日田の広瀬淡窓に学んだ大楽は、のち京都に出て梅田雲浜の門に入り、尊攘運動に奔走する。松陰は京都で名を売る大楽を、「伏見要駕策」に参加させようと考えたこともある。だが、「安政の大獄」のころ大老暗殺を企てたのが発覚し、帰国させられた（内田伸『大楽源太郎』）。

翌十六日、玄瑞は自ら持参した松陰自賛肖像画幅と、大楽が持参した梅田雲浜・頼三樹三郎の書幅を掛けて、酒を飲んで祭詞を唱え、慷慨悲憤している。午後から玄瑞らは近くの天神山に花見に出かけた。夕方岡本宅に帰ると、そこに「江戸、義士有り、彦根老奸を撃殺」との知らせが届く。同月三日朝、大老井伊が登城途中、桜田門外において水戸浪士らに暗殺されたのだ（桜田門外の変）。一同は快然を叫び、誤報ではないことを祈る。

十七日、岡本宅を後にした玄瑞は大楽とも別れ、途中、山口に小田村伊之助を訪ねたりして、十八日、萩に帰った。さっそく高杉晋作を訪ね、つづいて前田孫右衛門に藩主参勤につき、警衛の人を選ぶべきだなどと話している。同じころ江戸でも事件を目の当たりにした桂小五郎が、自らが監督する有備館（長州藩上屋敷の文武場で五、六十人が学んでいた）の諸生とともに、藩主が登城するさいの警衛役を申し出て、許されている。

そして十九日、玄瑞は杉家を訪ね、松陰の霊前に大老井伊が暗殺された旨を報告する。入江も歓喜し、十八日、獄中から玄瑞に手紙を寄越した。

「聞く、近日江戸報、僕実に筆投げて起舞す。天下皆震動すとはこの事なるべし。朝廷の為、神州の正気の未銷を賀すべし。神国の終に亡ばずる事もこれにて卜知るべしなり」

しかし一方で入江は「天下の忠義尽く水藩人にして取られ」たと、悔しがる。この事件の影響もあったようで、長州藩は閏三月二十日、松陰に連座して岩倉獄に投ぜられていた入江・野村兄弟と伊藤伝之輔を一度の取り調べも無いまま放免した。

動けない高杉晋作

日記によると松陰百日祭前後から、玄瑞が頻繁に会っているのが「暢夫《ちょうふ》」こと高杉晋作である。晋作は万延元年一月十八日、親の勧めに従い長州藩士井上平右衛門次女マサと、結婚式を挙げた。だが、玄瑞の日記に晋作の結婚に関する記述は見当たらない。式の翌日十九日、晋作は松下村塾に来て玄瑞らと『伝習録』の会読に加わっている。

晋作が前年八月二十三日、江戸から玄瑞にあてた手紙の中に、自身の進路について述べた次のような一節がある。

「時は大軍艦に乗り込み、五大州を互易するより外なし。それ故、僕も近日より志を変じ、軍艦の乗り方、天文地理の術を志し、早速軍艦製造所に入り込み候らわんと落着きつかまつり居り候」

日頃の希望が認められたのか二月二十五日、晋作は軍艦教授所で航海学を修めるよう藩から命じられた。長州藩では安政三年（一八五六）四月、萩の郊外小畑恵美須ケ鼻に軍艦製造所を設け、初の洋式軍艦である丙辰丸を製造していた。全長二十五メートル、三本帆、乗組員十七名という小さな木造帆船である。

ただ、親の束縛を受けることのない玄瑞と比べると、晋作は自由の身ではなかった。相変わらず父小忠太の理解は得られず、玄瑞らと共に政治運動に身を投じることは禁じられていた。晋作は玄瑞に「僕は親父戒言もござ候故、寅次郎（松陰）の為《ため》身を失う様な事は致さず候」と弁明すると、玄瑞は「御もっともの事なり。我、父なく兄なく実に処置すべきの身」と、理解を示した（万延元年（一八六〇）閏三月十五日、父小忠太あて晋作書簡）。この言からは、身近に肉親がいないという孤独な環境が、玄瑞の時に破天荒な言動の源流になっていたと推測できよう。

藩は閏三月七日、晋作に航海実習（海軍蒸気科修行）として江戸差遣の内命を出す。同月三十日、正式に沙汰が出、晋作は四月五日、恵比須ヶ鼻から実習船の丙辰丸に乗り組んだ。艦長は松島剛蔵、他に波多野藤兵衛・梅田虎次郎・長嶺豊之助・平岡兵部ら士分六名の実習生と舸子十五名という編成だった。風がなかなか起こらず、十三日になってようやく出帆した船は、北浦を進み下関から瀬戸内海に入る。次に太平洋へ出、江戸を目指した。

『辺陲《へんすい》史略』を著す

玄瑞は万延元年閏三月十八日より『辺陲史略』の執筆に取りかかっている。玄瑞の初めてのまとまった著作である。その内容は、諸書から外国船来日など対外記事を抄録し、編年体でまとめたものだ。松陰も『皇国雄略《こうこくゆうりゃく》』『宋元明鑑紀奉使抄《そうげんみんかんきほうししょう》』『外蕃通略《がいばんつうりゃく》』など、外交史にかんする著作を残しているので、その影響もあるのだろう。また、入江杉蔵が『伝信録』を編んだことに刺激されたのかも知れない。

内容は、ひと口に言えば戦国から江戸時代にかけての日本外交史である。所々に「江月斎曰く」として、玄瑞のコメントが付く。天文十一年（一五四二）のポルトガル船来日から始まり、弘化元年（一八四四）六月のオランダ船長崎来航で終わる。巻頭の言によれば当初は「戊午金川盟約（日米修好通商条約）」まで書くつもりだったようだ。『久坂玄瑞全集』には「所謂反故紙に散記乱書」されているという、いわゆるペリー来航、日米和親条約前後にかんする部分の草稿を付け、さらに九十点以上から成る引用書目の一覧も収める。

熱心に編纂に取り組んだようだが完成せず、出版もされなかった。写本などで普及した形跡も見られない。執筆の目的として亀田一邦は「一切の対外処理の不手際は、ひとえに幕府の失敗に起因すると考えている点」を指摘する。また「朝鮮、琉球使節の来朝記事を……名分論の観点から、徳川外交の朝廷への不遜・非礼を浮き彫りにする材料として併録」したとし、「史書の体裁を取りながらも、その実は幕府批判と尊王思想を抱き合わせ、政体刷新の必要性を広くアピールすること」だと結論付ける（『日本の思想家・50』）。

第五章　江戸での「横議横行」

1　英学修業のため江戸へ

英学修業を命じられる

江戸時代を通じ、日本における西洋語といえばオランダ語だったが、幕末に近づくと、世界の主流が英語になっていることが分かってくる。諸外国との条約が結ばれる中、儒者で蕃書調所《ばんしょしらべじょ》頭取の古賀謹一郎《こがきんいちろう》が、英語がさしあたり必要な学科であり、希望者には学ばせたい旨を上申したのが万延元年（一八六〇）五月のことだった。八月には蕃書調所の正科がオランダ語から英語へと変わる。

そのような時代の流れを読んだ長州藩は万延元年閏三月晦日、博習堂で学ぶ玄瑞・桂右衛門・石原荒吉の三人に「英学修業」のために江戸へ行き、幕府通詞の堀達之助に入門するよう命じた。玄瑞ら三人は四月七日に萩を発ち、山口を経て三田尻へ行き、そこから海路上方へと向かう。梅雨時期で、雨が多く困難な道中だった。富士川では、参勤を終えて帰国途中の藩主一行にすれ違った（藩主の萩着は六月十一日）。江戸到着は五月九日で、まず麻布の下屋敷に入った。

長州藩は玄瑞らを、明倫館の英学教員に育てようとした。稽古料は、明倫館からの給付である。江戸の次は箱館で、西洋人から直接習得させるという計画だった。同藩の野村弥吉（井上勝）がすでに江戸の堀のもとで英学を学んでいるので、玄瑞らも合流せよとの沙汰である。

ちなみに、野村と桂右衛門は当初の予定どおり、その後箱館に赴き英学を修めた。さらに桂は文久元年（一八六一）四月、幕吏に従い黒竜江方面を視察した。野村は文久三年（一八六三）五月、伊藤俊輔らとイギリス・ロンドンに密航留学する。

玄瑞も例えば「愛読書籍目録」（『久坂玄瑞全集』）の中に『インキリス、エンド、シネース、ジクシヨネリー一八四八』『グールド、ブルロン・インキリスゲレンメル（一八五〇、ニユヨロク）』という英語関係の辞書らしき書籍が挙がっていたり、自筆の『訳英機藜《インギリス》単語篇』が伝存しているとの情報もあるので（『日本の思想家・50』）、英学に熱心に取り組もうと考えた時期があったのは確かだろう。

ところが、江戸の空気を吸うや玄瑞の主な興味は政治問題に移ってゆく。五月十九日、萩の佐世八十郎・入江杉蔵にあてた長文の手紙には、井伊亡き後の幕府の実権を握る安藤信正が開国路線を進めるのを批判したり、井伊を暗殺した水戸浪士や大名の動向、開港場となった横浜の様子などを知らせている。国もとの同志の活動にも気を配り、大楽源太郎や岡本三右衛門と交流するよう勧める。松下村塾の「七の日の会必ず断たぬ様申すも疎かにござ候」と、その灯火が消えぬよう注意を促す。

堀達之助に入門

それでも玄瑞は藩命に従い、蕃書調所の対訳辞書編輯主任である堀達之助に入門した。はじめは麻布の下屋敷から神田明神下の御台所町にある蕃書調所に通ったが、間もなく寄宿したようだ。

文政六年（一八二三）、長崎のオランダ語通詞の家に生まれた堀は、嘉永元年（一八四八）にアメリカ捕鯨船員から英語を学んだ。ペリーが二度目に来航したさいはオランダ小通詞を任ぜられ、日米和親条約の和解にも携わっている。ところが安政二年（一八五五）九月、ドイツ通商要求書翰を独断で処分した罪で投獄された（冤罪説あり）。

堀は伝馬町獄に在ったさい、「安政の大獄」で投獄された吉田松陰と獄中で文通した。松陰が処刑される十日前、堀にあてた遺書には「拝面はつかまつらず候へども、度々御厚情に預り感謝し奉り候」と謝辞を述べる。

安政六年（一八五九）十月二十九日、古賀謹一郎の尽力により赦された堀は、蕃書調所に勤務した。文久二年（一八六二）には日本初とされる英和辞書『英和対訳袖珍辞書』を出すなど、日本における英学の第一人者となってゆく。

だが、玄瑞はあまり熱心な門下生ではなかったようだ。先に見た佐世・入江あての手紙では「英学は未開、字（辞）書も乏しく候えば、少々困難にござ候」と、苦手意識を隠さない。それでも、「このたび米利幹より帰る者の咄にも、外国大抵英文行われ候由ござ候。蛮書読みからしては、英学便利のよう考えられ候」と、国際社会の中における英語の優位は認めている。しかし、それだけに「今時最も慮うべきは英吉利なり」と、危険視する。イギリスはヴィクトリア女王のもと産業革命を進め、資本主義を確立し、世界各地に勢力を伸ばすといった絶頂期にあった。

玄瑞は七月四日、白井小助あての手紙に「蕃書調処内堀達之助方へ入塾つかまつり、ぼつぼつ英学修行罷りあり候間、憚りながら御放念下さるべく候」、翌五日の杉梅太郎あての手紙に「僕この節は堀達之助方入塾つかまつり候。来離鴃舌、随分面倒にござ候」、同じく五日、入江杉蔵あての手紙に「僕蕃書調処内堀達之助方入塾、他邦人諸先生の議論承り候えども、諸方風説談位にて、僕の懦気を鼓舞するに足らず」などと述べているのを見ても、英学修行への意気込みは乏しかったようだ。

また、文久元年(一八六一)一月から五月までの玄瑞日記『万延辛酉初春 文久 江月斎日乗』を見ても、堀のもとで熱心に励んでいる様子はうかがえない。まず、一月十日に以前から寄宿していた堀のもとを出て、藩の上屋敷に「退居」している。それから半年近くの間、一月二十二日の条に「堀達之助方へ参る」、三月五日の条に「堀塾に行」とあるだけだ。どうも、玄瑞は英学修業を投げ出したようである。

佐久間象山を訪ねた晋作

丙辰丸に乗り込んだ高杉晋作は万延元年六月に入り、ようやく江戸に到着した。つづいて晋作は、築地の幕府軍艦教授所で学ぶ予定になっていた。ところが航海学は不向きとの理由から、江戸で他の学問を修めると言い出す。玄瑞は七月五日、入江杉蔵あての手紙に、晋作とともに信濃松代《まつしろ》(現在の長野県長野市)に赴き、佐久間象山を訪ねて議論するつもりだと知らせる。

だが、晋作の希望は叶えられず、藩は帰国を命じた。玄瑞は八月二十日、国もとの作間忠三郎らにあてた手紙に、ひとまず信濃行きを見合わせるとしながらも、「僕都合次第にて、彼の地へも少々滞留の考えにござ候」と、現地で象山の教えを受けたいとの希望を述べる。一方、晋作は各地の道場で剣の腕を磨き、象山ら各地の学者を訪ねて帰国しようと考えた。柳生新陰流の遣い手でもあった晋作はこの旅を、「試撃行《しげきこう》」と名付けている（「試撃行日譜」『高杉晋作史料・二』）。

松陰が師と仰いだ象山は信濃松代藩の洋学者で、かつては江戸で西洋砲術の塾を開いていた。しかし安政元年（一八五四）三月、門下生の松陰が起こしたアメリカ密航未遂事件に連座し、松代に送り返され、以後蟄居の身となっていたのである。

八月二十八日、江戸から旅立つ晋作を、玄瑞は数人の友と一緒に千住《せんじゅ》（現在の東京都足立区）まで見送った。晋作はこの日の日記に「予を送る者、唐津藩大野又七郎、同藩桂小五郎・久坂玄瑞・楢崎弥八郎・南亀五郎・三浦音祐、皆予の平生の真の知己なり」と記す。それから北関東各地を巡った後、信濃の松代に到着した。そして九月二十二日深夜、念願だった佐久間象山に面会する。『試撃行日譜』には「夜九ツ前、ひそかに象山翁に謁す。暁六ツまで談ず」とあるのみで、何を話したのかは書かれていない。

現在の千住宿
（東京都足立区）

晋作は越後を経、越前福井城下に横井小楠を訪ねた後、大坂から海路帰国している。十一月十九日、萩から江戸にいる玄瑞にあてた手紙は、旅の報告を兼ねており「決してこの節は水道橋内（堀達之助の塾）にて英書御勉強と存じ奉り候」と、近況を尋ねている。つづいて自身のこととして「作間（佐久間）にては夜四ツ時過ぎより暁六ツ時迄豪談つかまつり候」とある。日記に書いたよりも面会時間が長くなっているのは、ライバルに対し虚勢を張っているのだろうか。さらに晋作は、松代で象山に面談する方法を次のようにアドバイスする。

「対面する道は至って易くござ候。淹留の儀はむづかしきかと存じ居り候。しかしながら、対面も手づるも往かねば至ってむつかしく候。来春必ず御尋ね成され候得ば、転書（紹介状）致さるべく候。僕は信州松代にて周旋してくれる人これ有り、大きに仕合わせ申し候」

玄瑞は松代に滞留して学びたいと希望していたが、それは難しいだろうと言う。また、晋作は「道中五十日余り程かけ申し候。色々様々の事に出合い愉快の事にござ候。遊歴は学文実着に相成り、益を得ること少なからず候」と実感し、三年門を閉じて読書がしたくなったと打ち明けている。

貿易開始により物価高騰

玄瑞が江戸入りしたころ、大きな社会問題になっていたのは、貿易開始による物価高騰だった。幕府は万延元年閏三月、いわゆる五品江戸廻送令を発して統制しようとしたが、期待したほどの成果はなかった。このような状況を玄瑞は佐世・入江あての五月十九日付の手紙で、次のように憤る。

「横浜夷人の巣窟と相成り、僕金川（神奈川）を過ぎると、胡虜横行、土人（地元住民）視慣れて怪しまず。この間沢山馬を買い候由。米は売らず候得共、蕎麦・小麦・粟・昆布・黒目等苟も食物なればことごとく買い込み、ここに於いて諸色価直騰貴、人民大困窮つかまつり居り候」

つづいて七月四日の白井小助あてには「横浜開港已来物価騰貴、この先の事甚だ掛念にござ候」、翌五日の杉梅太郎あてには「横浜開港以来物価騰貴、天下の窮、想見に堪えず候」、八月十八日の杉梅太郎あてには「爰許物価騰貴、下民日窮する勢いに相見え候。嘆息」などとある。貿易開始による輸出過多は庶民の台所を圧迫し、攘夷論の裾野が広がった。攘夷がイデオロギー的な問題から、一般国民の生活レベルの現実的な問題へと変わってゆく瞬間を、玄瑞は江戸で目撃している。

七月四日、イギリス弁理公使ハリスが江戸城に登り、将軍家茂に謁すると知った玄瑞は郷里への手紙に「今日犬羊登城、神州の大恥辱、申すも疎かにござ候」（七月四日、白井小助あて）、「昨日墨夷登城、大恥辱これに至り極まれり」（七月五日、杉梅太郎あて）、「昨日犬羊登城、神州の大恥辱、申すも疎かにござ候」（七月五日、入江杉蔵あて）などと過激な言葉を並べながら、知らせている。

こうした時勢にいかに対処するのか、長州藩の藩是が決まらぬことに苛立った玄瑞は七月三日、入江杉蔵あての手紙で「国是建たずては、器械も銃陣も一向無益にござ候。水藩などの士気羨ましき事ならず哉」などとの不満をぶちまけた。

2 横議横行のはじまり

外圧が大きな問題と化した幕末は、日本中であらゆる「海防論」が唱えられ、「百論沸騰」して、「処士横議」という状況が生まれた。いわゆる「横議」「横行」「横結」などだ。藤田省三『維新の精神』には「他のあらゆる場合と同じく、横への議論の展開は横への行動の行動を伴う。『横議』の発生は『横行』の発生をもたらした。藩の境界を踏み破って全国を『横行』するものが増大していった」と説明されている。「現世的地位《ステイタス》」によらず、同じ「志」を持つ者たちの政治的結束が、やがて幕府に対抗する大きな勢力へと成長してゆく。以後本書でも藩の枠を越えた関係による政治活動を、便宜上「横議横行」と呼ばせてもらう。

このような身分階級や藩の壁を超越した横の人間関係は、以前から学問や武術の場では行われていた。玄瑞たちの「横議横行」は、幕府内部の改革を望む「有志大名」の家臣たちが、結束を強めたことに始まる。まず、徳川斉昭と島津斉彬との付き合いが、水戸藩と薩摩藩の有志を結び付けた。かれらは大老井伊暗殺や東西の挙兵を画策し、それが「桜田門外の変」へとつながる（もっとも薩摩藩は藩主島津茂久の説諭により、大半が計画から脱落）。

横議横行

長州藩で「横議横行」を始めたのは、桂小五郎だった。桂はペリー来航半年余り前の嘉永五年（一八五二）十一月以来、江戸に出て斎藤弥九郎に入門し、剣術（神道無念流）修行に励んでいた。剣を通じての諸国の門人との付き合いは日常茶飯事で、それを政治活動に応用したようなところがある。当時桂の手子だった伊藤俊輔は、桂が同志間でどのような位置を占めていたかを、後年次のように語っている。

「江戸へ来る書生或は有志家などから多くは長者として始終、年齢の割合よりは尊敬されて居った人であった。頗る寛大で能く人を容れる誠実な人だものだから、有志者や何かは皆な兄分として仕へて居ったのである。高杉や久坂にした所が、まぁ長州の有志の頭株といふ所であった」

（小松緑編『伊藤公全集・三』）

桜田門外の変
（高瀬松吉『勤王実伝桜田血染書』）

桂は万延元年（一八六〇）四月三日、来原良蔵に代わり有備館舎長に就任して、長州藩の江戸における若手リーダーとなり、前後して軍制の改革、武備の充実などをたびたび藩政府に建言している。

「桜田門外の変」を目の当たりにして強い衝撃を受けた桂は、これが「神州の元気を引き起こす」突破口になると見た。三月二十日、佐世八十郎・岡部富太郎にあてた手紙（『木戸孝允文書・一』）で、井伊の死を機に全国の有能な大名を抜擢し、合議制で国政を行い、「旧弊を一洗つかまつり、大道を明らかに」すべきであると、幕政改革の必要を説く。もっとも幕府内は相変わらずで、事件を起こした者たちへの裁きも「余程無道」なのだと嘆く。そして、晋作や玄瑞らが「この度の一条不容易喜悦」せぬよう、つまり血気に逸らぬよう注意を促す。

桂が水戸藩に接近

桂小五郎の「横議横行」は、大老井伊暗殺を主導した水戸藩への接近から始まった。徳川御三家のひとつでありながら、皇室を敬う気風が格段に強く、尊王攘夷や国体論を盛んに論じ、政権に対してテロ攻撃も厭わない水戸藩に対する期待は、大きかった。玄瑞も万延元年五月十九日、国もとの佐世八十郎・入江杉蔵にあてた手紙で、次のように述べている。

「先日桂小五郎、武田修理（水戸藩士・耕雲斎《こううんさい》）を相訪い申し候ところ、随分対応も致し申し候由。かの藩事探索しえず候えども、士気勃興諸藩の及ぶ所に非ず。この内十七人義士（桜田門外で大老井伊を襲った水戸浪士）の事、ますます感心千万存じ候」

丙辰丸艦長松島剛蔵も、「当今の世、進んで事を成さんと欲すれば、先づ水戸藩に結ぶに如《し》かず」と、桂に勧めた（『防長回天史・三』）。こうして同年七月十二日から数回、桂・松島と水戸藩の西丸帯刀らはひそかに談合を重ねる。そして、水戸藩がまず条約破棄や攘夷実行で現状を打破し、つづいて長州藩が事態収拾に乗り出すといった基本路線が決まってゆく。二十二日には江戸湾に浮かぶ長州藩艦の中で西丸らの送別の宴が催されたので「丙辰丸盟約《へいしんまるめいやく》」「成破《せいは》の約」などとも呼ばれ、八月には議定書が交わされた。もっともこの盟約自体は大した成果を出すことなく、自然消滅のような形で終わっている。

ところが八月十五日、「安政の大獄」で永蟄居に処されていた水戸藩の前藩主で熱烈な尊攘論者だった徳川斉昭が、水戸城内において六十一歳で急逝すると、水戸藩はその勢いを失ってゆく。同月二十四日、玄瑞が入江杉蔵に斉昭の死去を知らせた手紙では「大嘆息の事これ有り候」「神州の大元帥を竟《つい》に失い申し候。嘆息、嘆息」などと、ひどく落胆している。

玄瑞は九月二十四日、藩主へ建白を出したが、その中で水戸藩のことを「忠孝節義を以て一藩を鼓舞せしによって、慷慨節義の士その門下に出るもの林の如くにござ候」「実に敢死の士森々輩出つかまつり候。中々諸藩の及ぶ所にあらずと云うは、天下の公論にござ候」と、その士気の高さを絶賛している。尊攘運動に邁進する水戸藩に対する玄瑞の憧憬の念は凄まじい。

文久元年（一八六一）四月八日、入江杉蔵《いりえすぎぞう》に宛てた手紙で玄瑞は水戸藩の片岡為之助らと交流していると知らせ、「水戸の事も委細承り候得ば、中々我が藩などの及ぶ所にあらず候。成程人才を養い育《いく》すると申すものは一日も欠れぬ事にござ候。此の節在府有志の士も沢山にこれ有り候」と、三十数名の水戸藩士の名を挙げる。あるいは前年の万延元年（一八六〇）八月、江戸に上り、薩摩藩邸を頼って攘夷の先鋒になろうとした水戸の「玉造勢《たまづくり》」三十八人の動静にも注目する。

その後、水戸藩は元治元年（一八六四）の天狗党挙兵、大量粛清をはじめとする内紛を繰り返し、多くの犠牲を出して国政の中心から遠ざかってゆく。だが、藩の壁を取り除いた水長盟約は長州藩における横議横行の先がけであり、以後の政治運動に新しいスタイルを提示した点で意義があると言えよう。

玄瑞の横議横行

玄瑞は、英学修行そっちのけで横議横行に熱中した。以前、江戸遊学のさいは主に同藩の高杉晋作らと藩邸の狭い固屋の中で議論を闘わせていたが、数年の間に政治運動の手法もずいぶん変わった。

次に『久坂玄瑞全集』より引用するのは文久元年一月から七月までの間に、玄瑞が江戸で交流した他国者三十一名の氏名と出身地を、月別にメモした『骨董録』だ（なお『久坂玄瑞全集』では万延元年のものとするが、誤りだろう）。

正月　村山介菴　北越。馬島瑞園　会津。
二月　大野謙介　水藩。朝川寿太郎　平戸。三島貞次郎　備中松山。樺山三円　薩摩。
三月　広沢富太郎（ママ）　会津。深川竜之助　肥前。鷹取尚敬　伊勢。橋口伝蔵、町田直五郎　薩摩。
四月　片岡為之允　水藩。酒泉彦太郎　水戸。山田官司　房州剣客。宇野東桜　播州処士。柴田東五郎　薩人。野口優哉　守山藩。松満新八郎　薩摩。
五月　桜井純蔵、恒川才八郎、滝沢省吾　信州上田。菅鉞太郎　松代。弘田恕助、大石弥太郎、根岸伴七　土州（ママ）。

六月　木原万五郎　肥前。池蔵太　土州。木藤市助　薩。玉蟲左太夫　仙台。石原甚十郎　越。
七月　中野方蔵　肥前。

出身地（あるいは所属藩）に分けて人数を見ると北越一人、会津二人、備中松山一人、肥前三人、水戸三人、平戸一人、薩摩六人、伊勢一人、房州一人、播州一人、守山一人、信州上田三人、松代一人、土佐四人、仙台一人、越一人（順不同）となる。

これに玄瑞の同年一月から五月までの日記を併せれば、横議横行の様子が具体的に見えてくる。この時期、最も頻繁に付き合っているのは水戸藩、そして薩摩藩、次が土佐藩であった。

薩摩藩は有志大名の代表格だった島津斉彬が安政四年（一八五七）七月十六日、五十二歳で急逝後、異母弟久光の長男茂久《もちひさ》（のち忠義）が十九歳で藩主となった。実は大老井伊の暗殺計画は当初、斉彬の遺志を継ぐと自負する薩摩藩急進派の誠忠組が水戸藩の急進派と提携して進めていた。薩摩藩は水戸藩の行動に呼応し、京都守衛のため出兵するはずだった。ところが安政六年九月、藩主茂久は突出（脱藩）を企てる誠忠組に諭書を下し、斉彬の遺志を継ぐことを約束する。遺志とは「天朝に忠勤、事変の際挙兵上京」であり、これを万延元年二月二十六日、藩庁が決定したため、藩是となった（佐々木克『幕末政治と薩摩藩』）。そのため、誠忠組は大老井伊暗殺計画から外れてゆく。

『骨董録』や日記の中に、玄瑞と親交を結ぶ最初の薩摩藩士として、樺山三円（資之）の名が頻出する。樺山は嘉永五年ごろ、斉彬の側近として機密の用を果たした人物とされ、西郷隆盛と水戸藩の藤田東湖を引き合わせたりもした。誠忠組の盟約に参加し、江戸で大老井伊の暗殺計画を水戸藩と共に進めたが、決行前に帰国している。

玄瑞と会ったころは、誠忠組の江戸における代表として横議横行に加わっていたが、藩内でのポジションがよく分からない。そのため、「史家によると、樺山三円の名を藉《か》りた誰かが薩摩の急進派の中にいたのではないかと見ている」（町田敬二『国士有馬新七』）とも言われる。維新後の消息がほとんど不明である点なども、謎が多い人物である。

「樺山資之日記」（『鹿児島県史料　忠義公史料・一』）によると、二月十九日、長州藩邸を訪ねた樺山に、まず桂小五郎が会った。つづいて二十五日、玄瑞と入江杉蔵が樺山を訪ねた。樺山と玄瑞は、よほど意気投合したようで、以後連日のように往来する。さらに玄瑞は樺山を介し、薩摩藩の町田直五郎などとも知り合う。のち、討幕の中心勢力となる、薩長有志の出会いである。

栄太郎が幕府方に潜入

薩摩藩と長州藩の接近は藩主同士ではなく、玄瑞と樺山三円といった藩政に直接強い影響力を持たない有志の横議横行から始まった。かれらがまず行ったのは、諜報活動である。

玄瑞日記の文久元年（一八六一）四月八日の条に、樺山の添状を持ち、江戸大塚に住む柴田東五郎を訪ねたとある。柴田は薩摩藩領日向都城《ひゅうがみやこのじょう》の商家に生まれたが、十八歳の時出奔して江戸で文武の修行に励み、やがて認められて柴田家の養子になって同家を継いだ。柴田家は幕府旗本田中市郎右衛門（御小姓組・知行一千石余）の用人を務めていたから、柴田も幕府内情に詳しくなり、薩摩・水戸藩士などに便宜をはかったり、情報を流したりしていたという。

玄瑞は柴田に、諜報活動のため同志の吉田栄太郎を幕府方に潜入させてほしいと頼む。晋作・玄瑞と並び松門三秀のひとりと称された栄太郎は万延元年十月、出張中の兵庫陣営から出奔し、文久元年三月十九日、江戸に到着していた。

こうして四月十四日（十五日とも）、栄太郎はひとまず柴田家に身を寄せることになった。玄瑞は乙葉大輔（水戸藩士勝野豊作の子）あての手紙に、「無逸（栄太郎）事、柴田東五郎方へ暫時潜伏さする約束にてござ候」と知らせている。この計画には桂小五郎も一枚噛んでいたらしい。玄瑞は別の手紙（某あて）で、栄太郎の滞在費として同志中から「一円（一両）余りの国産物」を柴田に贈ろうと言う。時山直八からは四斗樽の味噌はどうかとの提案があったとか、桂と相談して欲しいなどと述べている。

つづいて栄太郎は八月ごろ、柴田の紹介で大塚に屋敷を構える旗本妻木田宮（石高五百石・向休）の家臣となった。妻木家で栄太郎は素性を隠していたようだが、大変重用され、納戸役となり、紋付を新調してもらい、「勇」という名まで与えられた。そのうち岡山藩から仕官の話が舞い込み、一方、妻木からは将来旗本になってはどうかと誘われる。

感激した栄太郎は十一月二十五日、玄瑞あての手紙で、幕臣になろうと真剣に考えていると打ち明け、次の和歌を添える。


わけのぼる麓の道の多けれど　同じ高根の月をこそ見れ

志は同じだが、手法が違うと言いたいのだろう。しかし、栄太郎が幕臣になることはなく、文久二年（一八六二）五月二十日、妻木家を辞して八月には正式に帰藩している。そのさい、栄太郎は妻木に正体を明かし、幕府に攘夷を実行するよう説いたという。お咎め無しのまま長州藩に復帰しているのを見ても、上層部が黙認した諜報活動だったと思われる。

会津藩士との横行

玄瑞の『骨董録』によると文久元年一月に「馬島瑞園《まじまずいえん》」、三月に「広沢富太郎」という会津藩士に会っている（富太郎は富次郎か富二郎の誤記か誤植だろう）。

周知のとおり数年後、長州藩と会津藩は官賊に分かれて対立を繰り返し、干戈を交えることになった。そのため長州の玄瑞にとって会津藩士は、宿敵のようなイメージがある。だが、同年一月から五月までの玄瑞の日記には、江戸における会津藩士との交流が次のように記されている。

時に会津藩柿沢勇吉・秋月悌次郎《あきづきていじろう》来訪、飯田街万年楼に飲む（一月二十二日）
会津馬島瑞園相続き来訪候事（一月二十九日）
会津馬島瑞園来訪（二月六日）
秋月悌次郎等を尋ね（二月十四日）
会邸・肥邸へ行（三月七日）
聖堂（昌平黌）に到り広沢富二郎を尋ね、名臣奏議の事を話す（三月九日）
午後聖堂書生寮に行、広沢富二郎を訪ひ（三月十三日）

午後、広沢富二郎と上野で飲す（三月十八日）
会津馬島生来る（三月二十五日）
午時聖堂書生寮に到り広沢富二郎同行にて神田明神下に談ず（三月二十九日）
広沢富次郎より書来り聞扱吟味相済を報ず（四月八日）
城下（信濃小諸）を去り行く二里の所、友人広沢富二郎と邂逅す。すなわち茶店にて小酌して別る。
広沢は会津人（五月九日）
会津秋月悌二郎来話す（五月二十九日）

玄瑞が頻繁に会っている広沢富次郎（安任《やすとう》）は当時、昌平黌《しょうへいこう》の舎長を務めていた。天保元年（一八三〇）、会津藩士の家の次男に生まれた広沢は安政元年に江戸詰となり、水戸にも遊学して藤田東湖に師事し、尊攘論に傾倒していたから、玄瑞とも意気投合したのだろう。のち藩主松平容保《かたもり》が京都守護職となるや公用人として活躍し、維新後は下北半島の斗南《となみ》の原野を開拓して牧場を開き、明治二十四年（一八九一）、六十二歳で他界した。

また、この日記には二度しか名が出て来ないが、秋月悌次郎も江戸で玄瑞ら長州人と交流した一人である。時山直八は万延元年八月から藩命により江戸で勤務し、玄瑞と共に横議横行に参加していたが、学識豊かな秋月にすっかり魅せられてしまったらしい。時山は文久元年八月十四日付、萩の竹馬の友である山県小助あての手紙で、「この悌二郎は当時会津邸の文学教諭方を勤め候仁なり。かの邸にては人物にてござ候。先年御国元（萩）へ来たり候人なり」と絶賛する（徳富蘇峰『公爵山県有朋伝・上』）。

会津藩校日新館で早くから秀才として知られた秋月は十九歳から昌平黌で十一年も学び、舎長にも挙げられた。藩命により西日本各地を遊歴し、安政六年（一八五九）八月終わりごろには同藩の土屋鉄之助と、萩にも立ち寄って、玄瑞に会っている（『九仭日記』）。

徳川一門である会津藩は、ペリー来航の「安政の改革」までは幕政（国政）に参加できなかった（初代藩主の保科政之は特例）。この点、外様の長州藩・薩摩藩などと共通点もあり、「横議横行」の同志でもあった。樺山三円の日記五月二十五日の条には、玄瑞のもとを訪ねて来た秋月に、樺山も会ったことが記されている。あるいは同日記の六月十一日の条には長州藩下屋敷を訪ねた樺山が、会津藩の広沢と初めて会ったとの記述もある。

ただ、会津藩は徳川宗家《そうけ》に対する絶対的な忠誠を誓った家訓《かきん》を堅持する。会津藩主松平容保は文久二年八月、幕府より京都守護職を任ぜられ、同年暮に京都に乗り込んだ。広沢も秋月も容保の側近として活躍することになる。そのため天皇の権威を背景に、反幕府的な尊攘運動を行う長州藩との関係は、一変してゆく。

3　松陰を精神的支柱とする

松陰改葬許可を求めて

玄瑞が横議横行の中で実現したもののひとつが、吉田松陰の改葬である。師の遺骸が人殺しや泥棒の遺骸と共に小塚原に埋められていることは、門下生たちにとって堪え難いほどの屈辱だった。

玄瑞は、どこか他の場所に松陰の遺骸を移そうとする。だが、それには幕府の許可が必要だ。そこで玄瑞は、江戸で知り合った備中松山藩の山田方谷《ほうこく》（安五郎）を頼った。方谷は節約を断行し、産業を興すなどして備中松山藩の財政を建て直したことで名声を得ていた儒学者である。また、西洋銃陣の採用なども進めていた。玄瑞日記の文久元年（一八六一）二月二十四日の条には、江戸でのこととして次のような記述がある。

「松山山田安五郎（方谷）を訪う。談ずる数刻（中略）この日、山田の所、三島貞次郎・長岡河井継《つぎ》之助《のすけ》に会す」

三島は中洲の号で知られる松山藩儒で、明治十年（一八七七）に東京に二松学舎を創設した。河井はのち長岡藩の家老となり、戊辰戦争では新政府軍に激しく抵抗、戦死することになる。いずれも山田門下であった。

他に二月十六日、三月二十三日、三月二十五日の条などにも山田を訪ねた旨が記されている。備中松山藩主の板倉勝静《かつきよ》は当時幕府老中を務めており、方谷はその顧問だった。板倉は安政の大獄の処分方針に批判的で、大老井伊に睨まれ、安政六年（一八五九）二月、寺社奉行を免ぜられている。井伊没後の文久元年（一八六一）、再び寺社奉行となり老中に進んだのだった。

三月二十三日、入江杉蔵にあてた手紙で玄瑞は「板倉の山田安五郎へ、回向院有志士改葬の事議論置き候ところ、防州侯（板倉）迄は申し達し候よし。併急には相捌け申すまじくと存じ奉り候」と知らせる。

松陰の供養が行われた閻魔堂こと宝珠院
（東京都港区・芝公園）

また、五月一日、玄瑞が方谷に送った手紙には「志士を盗賊・弑逆の徒と混淆つかまつらせ候事は不本意にこれ有り候えば、何卒御諒察願い上げ奉り候」と、松陰改葬の一日も早い実現を切々と訴えている。このような玄瑞の嘆願に対し、板倉がどう対応したのかは不詳だが、ともかくこの時許可は下りなかった。板倉にしても、慎重にならざるを得ないであろう。

ただ、玄瑞らにとり救いだったのは、藩主らの松陰に対する思いが変わらなかったことだ。七月二十一日、玄瑞が江戸から杉梅太郎にあてた手紙には「御前様（藩主正室都美姫のことか）、深く先師（松陰）の御感心遊ばされ候事にて、毎々芝の閻魔堂《えんまどう》にて回向これ有り候。本日二十五（日）にも大施餓鬼《おおせがき》これ有り申し候」と感激している。また、「御前様」が松陰の和歌を見たいと言うので、玄瑞は近日のうちに差し出すつもりだとも、知らせている。

ひそかに松陰の供養がつづけられた閻魔堂とは現在の三縁山宝珠院《ほうしゅいん》（浄土宗。東京都港区芝公園）のことで、場所は百メートルほど北に移っている。

横議横行にかかる費用

この時期、玄瑞の江戸における横議横行は長州藩の正式な方針に従ったものではない。公費が使える立場でもないから、費用は自弁である。だが、玄瑞は役職にも就いていないから収入などはほとんどなかったはずだ。その上、父や兄が残した借金が少なからず残っていたようである。

そのような玄瑞の活動を経済的に支援したのは、妻文の実家である杉家だった。文の父杉百合之助は天保十四年（一八四三）九月以来、百人中間頭兼盗賊改方という、現在で言う警察署長の役職に長く在ったし、梅太郎も郡奉行所加勢暫役などを務めていたから、このころは、それなりの収入や蓄えもあったようだ。

たとえば万延元年（一八六〇）十二月二十三日、玄瑞が義兄の梅太郎にあてた手紙では、次のように無心する。

「陳れば御面倒申し兼ね候えども、金子五両、替せ（為替）になりとも成され、早々御送り下さるべく候。実はこのたび、藤原広綱と申す鍛冶工に託し、弐尺三寸の刀を打たせ申し候。代金四両、この磨《みが》き賃并びに両面樋につかまつり候手間代共にござ候」

以下も細々と使い道など知らせているが、刀のために「五両だけ早々御送り下さるべく候」と急がせている。つづいて自分がなぜ無心するのかを、次のように弁明する。

「僕は他游学生に比すれば謾に黄金を散する様なれども、他人を甦し他人の徳心を受くる事、何にも嫌なれば所詮費用過多に相成り申し候」

さらに「長州家中」と称している以上、他藩人と「交友」する時は「我より、我より」と率先して、金銭を支払わねばならないと言う。そうしたプライドの高さは自覚していたようで、「これは実に僕の性質、致し方もこれ無く、他游学生、金を費やさぬ事を以て、僕の費用過多を責め給うな」と言い訳している。

それから二カ月ほど後の文久元年（一八六一）二月二十六日、玄瑞が梅太郎にあてた手紙では、前年暮れに母の実家大谷家から五両送られて来るはずだったが、いまだ届かないので困っていると訴える。実は刀を新調するのに七両かかり、支払いができないので「大困窮」していると言う。少し前に五両送らせたので、再び送ってもらうのは「甚だ気の毒なれども」と言いながらも、またも無心している。玄瑞には刀剣趣味があったのだ。杉家もまた、できるだけ援助してやったようである。

だが、玄瑞も度重なる無心をして、さすがに気まずく思うようになった。四月三日には妻文にも弁明の手紙を書いたが、そこには次のようにある。

「梅兄（梅太郎）へ御めんどう申し上げ、おそれ入り候へども、これもいたし方これ無き事とぞんじまいらせ候。金ぐらいにて上様の名折れと武士の面目をけがし候様に相成り候てはあいすまず、人にすくひを頼まれては人を助けずてはならぬ、やしな（養）はずとはすまぬ事もあり候ゆへ、金も人並みよりは沢山に入（要）り申し候。これは兄様へもよろしくおんことわりなさるべく候」

金払いが悪いと、藩主の名誉にかかわるなどと言っている。着飾って、良い刀を差して酒楼に出入りした玄瑞は、粋な遊び人として知られていた。他国の者と交流する「横議横行」の中で、長州代表として虚勢を張っていたらしい。

同志を養っているとあるが、これは河本杜太郎（正安）のことだろう。越後魚沼郡十日町の医家に生まれた河本は江戸へ出て、芳野塾で玄瑞と知り合った。だが、河本は生活に窮しており、玄瑞は長州藩邸内の自分の固屋に連れ帰って面倒を見ていた。この年三月から西国へ情勢視察の旅に出ており、各地で得た風聞を玄瑞に手紙で知らせている。

玄瑞はさらに尊王攘夷の「殉難者」である吉田松陰を、横議横行の精神的支柱に祭り上げようとした。松陰は「安政の大獄」で刑死したとはいえ、将軍家のお家騒動にも、戊午《ぼご》の密勅事件にも直接係わっていない。長州藩を「勤王の一番槍」にしたくて、老中暗殺を企てて死んだのだ。どこかの政治勢力に属していたわけではないから、都合が良かったのだろう。

玄瑞が、同志に松陰をどのように紹介したかは分からない。ただ、今日よく言われるような松下村塾を主宰した教育者という評価が定着するのは、昭和に入ってからの話である。明治初年に書かれた大半の人物列伝の松陰の項には、「松下村塾」の名称すら出てこない。この頃の松陰は憂国の志からアメリカ密航未遂事件を起こし、老中暗殺計画を進めようとした「志士」「壮士」「有志」として評価されていた。

松陰らの遺墨

まず、玄瑞は松陰はじめ村田清風・月性・口羽徳祐ら同郷の諸先輩の遺墨を故郷から取り寄せた。そして諸国から江戸に集まって来た同志たちに見せたり、進呈したりする。そうすることで「長州」や「松陰」への理解を深めてもらおうと考えたのであろう。

こうした「遺墨」に対する関心が高まっていたのは、たとえば天保十三年（一八四二）二月七日、水戸藩において、勤王家の遺墨遺品を集めた会が催されていることからも、うかがえる。これは彰考館総裁・弘道館教授を務めた杉山復堂が、「寛政の三奇人」のひとりで勤王家として知られた高山彦九郎の日記・随筆など十三冊を入手したのを機に、同藩の会沢正志斎・藤田東湖らを集め、各人所蔵の遺墨を持ち寄って開催したものだった（勝又基『孝子を訪ねる旅』）。

文久元年一月二十二日、玄瑞が杉梅太郎にあてた手紙には、「先師（松陰）・月性肖像、杷山（口羽）遺稿、小柄を慥《たし》かに落手つかまつり候」と知らせている。同年二月二十六日、梅太郎に宛てた手紙には「外藩、上人（月性）の遺墨を欲する者続々絶えず候間、何卒老兄或いは先師（松陰）との往復書（往復書簡）もこれ有り候間、御送りこれ有るべく候」とも言う。松陰の遺墨については「書翰にても苦しからず。関係なきもの御送り下さるべく候」と頼む。同年五月（原翰は四月となっているが、内容から見て誤記だろう）二十一日の梅太郎宛ての手紙には頼んでいた遺墨が届いたと知らせながらも、「忽ち諸友に奪い去られ申し候。なお又、別に御不用の遺墨もこれ有り候得ば、追々御送り下さるべく候。片簡断牘（手紙の切れ端）も人事珍蔵する勢いにこれあり候」と述べる。松陰の遺墨が、他藩士たちとのコミュニケーションツールになっていたことが分かる。

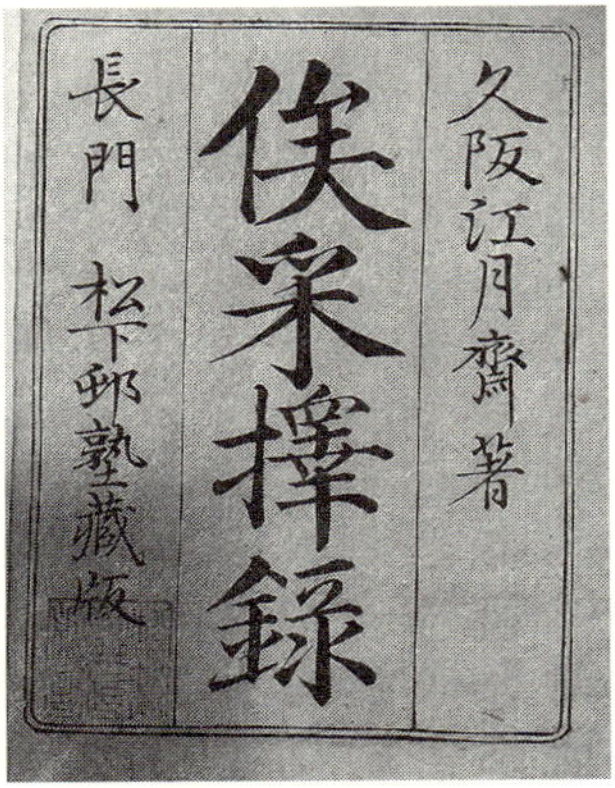

明治2年（1869）に出版された『俟采択録』（筆者蔵）

こうした江戸における松陰人気は、遺墨を通じて大名クラスにまで波及してゆく。玄瑞の日記三月二十一日の条には芳野金陵を通じ、越前前藩主松平春嶽が松陰肖像画を十日ほど借用したいと申し入れて来たことが記されている。玄瑞は「寔に有難き事と存じ奉り候」と感激している。

『俟采択録』を著す

玄瑞の二作目の著作である『俟采択《しさいたく》録《ろく》』も、「横議横行」の成果のひとつと言えよう。表紙裏には、文久元年三月十五日に完成した旨が書き付けられている。主な内容は「志士」の小伝・逸話集であり、諸国の同志から資料や情報を得、書き進めたと思われる。紹介されている人物は五十余名で、大半は故人であるが、これは今存生の者だと評価を定めるのが難しいからだという。

最多は長州藩関係で毛利慶親《よしちか》以下、黒杭《くろくい》佐一郎・山田原欽《げんきん》・毛利隠岐・僧月性・白井九郎衛門・阿霜・伊三郎・阿石・村田清風・久坂玄機の十一名が採用されている。つづいて多いのが水戸藩関係で朱舜水・徳川斉昭・高橋多一郎・宮田瀬兵衛・茅根伊予之助の母・宮本庄一郎の六名。その他の人物は亀田一邦の分類によると、次のようになる（『日本の思想家・50』）。

（復古尊王）後光明帝・蒲生君平・高山彦九郎・頼三樹三郎・梁川星巌・梅田雲浜・山県大弐・小林良典・橋本左内
（外交海防）肥田頼常・松平康英・堀織部正・坂本天山・林子平・間宮林蔵・僧真海
（節　義）持永外記・潮見又左衛門・相馬大作・江幡春庵・村上守太郎・竹村悔蔵・川西確輔・安元杜預蔵・山岡八十郎・志賀金八郎・渥美定之助・松田藤（東）吉郎
（孝順朴直）河本氏女・栄吉・伊久波・渡辺崋山・松本来蔵

執筆したころの玄瑞の日記『江月斎日乗』を見ると「この日、相馬大作伝を写す」（文久元年三月四日)、「午後河本同行、谷中臨江寺に行き蒲生君平先生の墓を拝す」(同三月五日)、「この日駒籠(込)吉祥寺に詣で、鳥山義所の墓に謁す」(同三月十日)、「午後深川霊岸寺域内松林寺に参り、越前松田東吉郎の墓に過る」(同三月十六日)、「思甫(品川弥二郎)同行にて廻香(千住回向院)に参詣、諸有志の墓を掃除」(同三月二十七日)などと見える。『俟采択録』の取材も兼ねていたのだろう。

高橋・高山・堀・山岡・松田などは、何らかの節義を護るために自決した者たちだ。頼・梁川・梅田・小林・橋本などは「安政の大獄」で刑死や獄死した者たちである。玄瑞はそのような人物に対し、あつい敬意を抱いていた。松陰が入っていないのは、別にまとまった伝記を編む話が、門下生たちの間で起こっていたからだろう。玄瑞と親交があつかった薩摩関係が入っていない理由は、よく分からない。

なお、『俟采択録』は明治二年(一八六九)、京都の田中屋治兵衛(文求堂)より「松下村塾蔵板」として和本で出版され、流布することになる。

日下部伊三次とその妻

この頃、薩摩で尊王攘夷の「殉難者」として崇められていたのが、日下部伊三次《くさかべいさうじ》である。「戊午の密勅」降下に関与して「安政の大獄」に連座、凄まじい拷問のすえ安政五年(一八五八)十二月十七日、伝馬町獄で四十五歳で獄死した。息子の裕之進も翌六年閏三月三日、二十五歳で獄死している。

日下部の父海江田連はかつて薩摩を脱藩し、水戸藩に雇われて学者として活躍した。だから日下部も生まれは、水戸藩である。ところが父没後、安政二年に水戸藩前藩主徳川斉昭の推挙により薩摩藩に復帰し、江戸で尊攘運動に奔走した。
日下部の没後、妻の静子は「桜田門外の変」前に水戸浪士を匿ったり、自宅を有志の謀議の場として提供するなど、尊攘運動に協力的だった。このため後日、幕府から睨まれ、薩摩藩から帰国を命じられることになる。彼女はのち海江田に戻り、薩摩藩士有村俊斎（桜田門外の変に薩摩から唯一参加した有村治左衛門の実兄）を養子にして、娘の松子と夫婦にさせた。俊斎は海江田武次（信義）と名を改める。

江戸に出て来て以来、玄瑞はたびたび日下部家を訪ねたり、日下部の墓に参ったりしていたことが日記からうかがえる。たとえば文久元年（一八六一）四月は日記を見る限りでも九・十七日の二回墓参している。特に十七日の方には「古河西福寺に到り日下部翁の墓を弔す。香花の盛んに在るを見て思い当たり候。この日は翁の忌日にて候。奇遇なり。感慨に堪えず」とある。あるいは入江あての手紙では「日下部の婦人に就いては、真に真に敬服のことこれ有り候」云々として絶賛する。

4　長州藩の公武周旋

参勤出府に反対する

長州藩主毛利慶親は文久元年春、参勤出府の期に当たっていたが、海防の充実を理由に、秋に延期することを幕府に認めさせた。だが、玄瑞は四月六日、萩の行相府当役の益田弾正に意見書を出し、秋に予定されている参勤を中止するよう訴える。このままでは天下の名

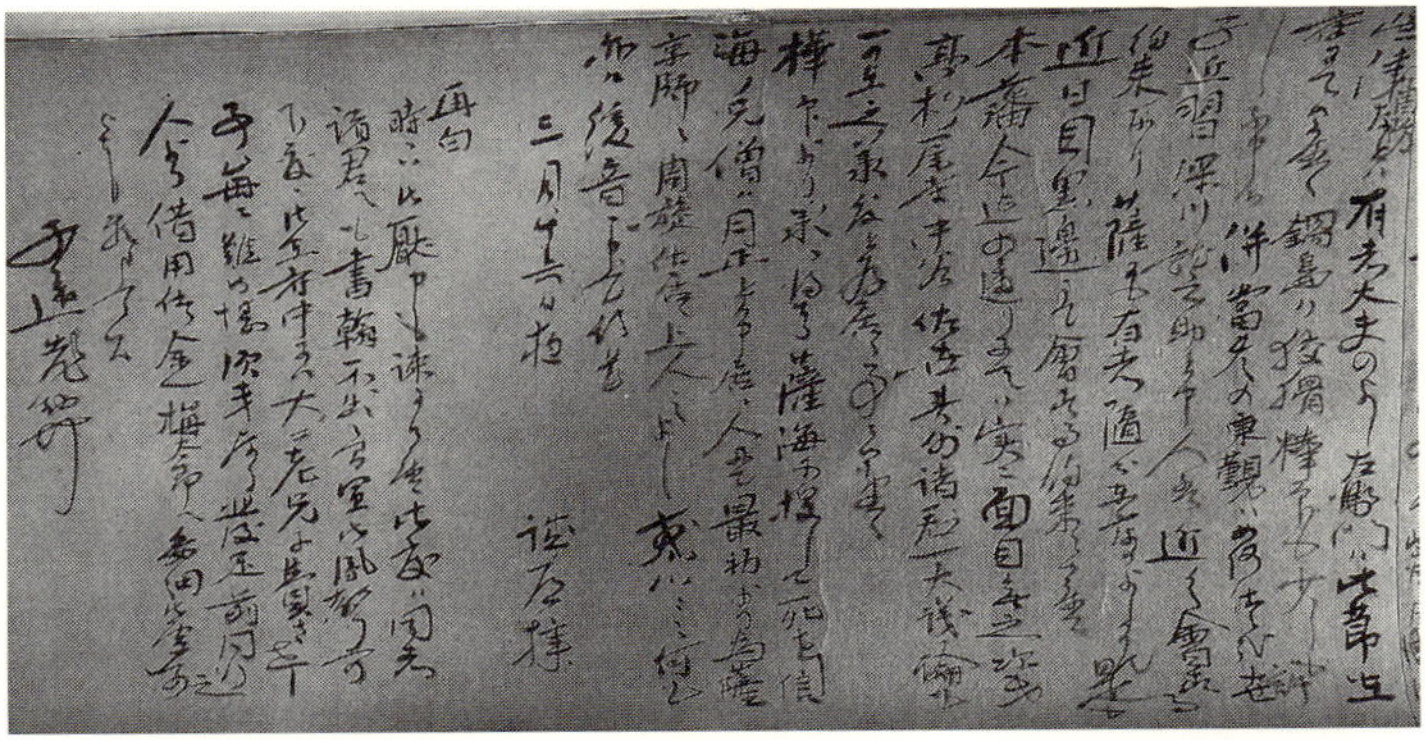

文久元年（1861）3月16日，玄瑞が入江杉蔵（子遠）にあてた手紙（部分）
松寿院再婚に反対し参勤中止を訴え，「誠道」と署名する（筆者蔵）。

望を失うし、「防長百里の海岸」の防備充実の方が、先だとも言う。さらに「当江戸は幕府奸吏の巣窟」であるとし、危険視する。

あるいは三月十六日、入江杉蔵にあてた手紙では「樺も我が藩御参府を甚だ懸念いたし居り候」とあり、薩長揃って参勤を中止させたかったようだ。つづく四月八日の入江あて書簡でも、参勤中止は難しいだろうとしながらも、水戸や薩摩の同志から頼まれているのだと言う。

ちなみに薩摩藩は前年、参勤出府の途中で引き返して以後動こうとせず、ついには幕府から今回の参勤免除を引き出した。さらには次回の文久二年（一八六二）の参勤も後述する理由から免ぜられたため、島津茂久《もちひさ》はついに一度も参勤をせぬまま維新を迎えた。

このころ、他に玄瑞が強い関心を抱いていたのは、先代藩主毛利斉広《なりひろ》の妹松寿院《しょうじゅいん》の再婚問題である。松寿院ははじめ、沼津藩主水野《みずの》忠武《ただたけ》に嫁した。しかし忠武没後、支藩の清末藩主毛利元純《もとずみ》のもとに再婚するとの話が起こっていた。二月二十日、同志の楢崎弥八郎が玄瑞にあてた手紙には「松寿院殿一件其の後如何候哉、随分御周旋成さるべく候。御血脈の断続よりは、倫理上肝要と幾回も存じ奉り候」とある。玄瑞も同月二十二日、藩政府に建白を呈し、「妻一たび夫に見へては再醮を慚る習」であるとし、再婚は道義的によろしくないと猛反対している。しかし同年十二月、松寿院は毛利元純と再婚した。

また四月十九日、玄瑞は上屋敷にいた桂小五郎に手紙を書き、幕府よりも朝廷との関係強化に力を注ぐべきだとし、玄瑞らに理解のある藩政府の前田孫右衛門を京都の留守居役に任ぜられないかと訴える。京都留守居といえば「御隠居役のよう」だが、「実に人才を撰ばずては」ならない役職だと言う。

長井雅楽の公武周旋

文久元年三月二十八日、長州藩主毛利慶親は藩士長井雅楽《うた》の建議による「航海遠略策を以て公武間を周旋すべし」を、藩是とした。長井は当年四十三。藩主世子定広の教育掛を任ぜられるなど、日頃から藩主父子の信頼もあつい。安政五年十月からは直目付を勤め、藩政の中枢に関わっていた。

「航海遠略策」は開鎖いずれにせよ武備強化が急務なのは明らかなのに、国内が分裂しているため方針が定まらず、遅れていることを問題視する。そのため長州藩が朝廷に向かっては鎖国攘夷が不可能であると入説し、幕府に対しては朝旨遵奉を強調するのだ。そして公武合体、国内を統一して富国強兵を行い、皇威を海外に振るうのだと言う。ただし、幕府が行った開国は外圧に屈した結果とながらも、既成事実として認めざるを得ない。

命を受けた長井は四月二十九日、湯田（現在の山口県山口市）を発つ。藩主が出府し、正式に公武間を周旋するための下準備である。当初の予定では先に幕府、つづいて朝廷を説くはずだった。ところが五月十二日、長井は京都に立ち寄り、議奏の正親町《おおぎまち》三条実愛《さねなる》に会って、朝廷から先に説得を始める。正親町三条は長井に書かせた建議の要旨を孝明天皇に伝えた。それは天皇の気持ちをつかんだようで、

　国の風ふきおこしてもあまつ日をもとの光にかえすをぞ待つ

の御製と、天皇が使用した食器や扇子が長州藩主に下賜された。これにより、天皇の真意は開国論にあると確信した長井は、江戸へ向かった。

蟄居中の象山が愛用した高義亭
（長野県長野市・象山神社）

佐久間象山を訪ねる

江戸での政治活動の合間を縫うように、玄瑞は信濃松代に佐久間象山《しょうざん》を訪ねた。出発にあたり詠じた「信州行」では「象山を望みて吾が気を壮せんと欲す」と意気込む。

日記によれば文久元年五月五日午後、雨の中、下屋敷を発っ

た玄瑞は浦和、深谷、杉井田、小諸、下戸倉などを経て十日、松代城下に入った。つづいて斎藤新蔵・菅鉞太郎を訪ねたのは、象山への面会斡旋を依頼したらしい。かんじんの象山については、十二日の条に「夜、平先生（象山）を訪れ、鶏語《けいご》（夜明け）に至り去る」とあるのみで、一晩中何を話したのかは記述が無い。ただ、玄瑞は「信州松代に佐久間象山を訪う」と題した七言絶句を二篇作っている。それによると象山は玄瑞に時世を熱く語り、意見を求めたという。また、「信州客中の作」という長詩には幕府への非難や攘夷の思いを述べた後、長年慕ってきた象山に会えた感激を綴り、「先師（松陰）、先生（象山）と謂えり、尊皇、かつ憤夷」とする。

玄瑞は翌十三日に斎藤・菅に挨拶して松代を去り、川中島古戦場や善光寺を見、夕方、屋代（現在の長野県千曲市）に至り投宿した。「是処松代を去る二里なれば、象山翁を懐《おも》ひて再度松代に游ぶこころ生ぜり」とあるから、まだまだ話し足りなかったようだ。

それから上田城下（現在の長野県上田市）を訪れ、十五日まで滞在した。上田藩士の恒川才八郎・桜井純蔵には十三、十四日とつづけて会い、談じている。いずれも象山門下で、かつて松陰は二人を通じて玄瑞を象山に従学させようと考えていた（安政五年二月十九日、桂小五郎あて松陰書簡）。

上田城下を発った玄瑞は坂本、本庄を経て文久元年五月十七日、冑山《かぶとやま》（甲山）村（現在の埼玉県熊谷市）に至り、当地の豪農で名主の根岸家を訪ね、一泊した。

根岸家に寄る

当主の武香《たけか》は天保十年（一八三九）生まれで、玄瑞よりもひとつ年長。万延元年（一八六〇）三月二十九日、江戸の長州藩上屋敷に父の友山《ゆうざん》（仁助）とともに呼び出された武香は、産物御用取扱を任ぜ

玄瑞が訪れた根岸家長屋門（埼玉県熊谷市）

られていた（根岸友憲監修『根岸友山・武香の軌跡』）。これにより長州藩は塩・蠟燭・和紙などを、根岸家は木炭・真綿・絹などを売るという、交易が始まる。もっとも、長州藩側の狙いは根岸家を江戸で異変が起こったさいの、藩主家族の避難中継地点とすることだった。さらに大乱となれば、根岸家から中山道経由で帰国させるつもりである。

この秘密工作は周布政之助が中心になって進められた。玄瑞が「青山は大里郡にて熊谷宿より二里半許りという。鴻巣へ三里、川越へ五里」と里程を日記に記すのも、非常時を想定したからだろう。

友山は文化六年（一八〇九）の生まれで、学問を山本北山《ほくざん》・寺門静軒《せいけん》、剣術を千葉周作に師事した。屋敷内に振武場を設けて武術を教え、三余堂を建てて寺門ら学者を招いて郷党の勉学に資していた。文久三年（一八六三）には将軍家茂警護のための浪士組に参加したが、のちに帰郷して明治二十三年（一八九〇）、八十二歳で没している。

桶川（現在の埼玉県桶川市）を経て十九日、江戸の下屋敷に帰った玄瑞は二十五日、根岸伴七《ばんしち》（友山のこと。根岸家当主は代々「伴七」を名乗った）に礼状を書いた。そこに「国産一件早速有司へ通じ候ところ塩・木綿類差贈ると申す事に候。セメンシイナ草（薬草）わざわざ御贈り有難く存じ奉り候」とあり、玄瑞が根岸家から塩と木綿の注文を受けてきたことが分かる。また、同じ手紙には「うら向き一条、これも役人迄申し置き候」ともある。

のち、玄瑞は某あての手紙で、江戸で「天下一乱」が起こったさい、藩主は「品川より船にて御引き取りか、又は根岸伴七殿え御引き取」ると考える者がいるが、「危策」だとも述べている。『根岸友山・武香の軌跡』によれば長州藩と根岸家の交流は、参勤交代制の緩和などで、文久二年末から三年初めころに自然消滅したという。

対馬事件を好機に

江戸に帰った玄瑞は、日本領土の対馬（現在の長崎県対馬市）にロシア人が乱入した、いわゆる「対馬事件」が起こったと知る。玄瑞は日記文久元年（一八六一）五月十九日の条に、これを聞き「奮起」したと記す。

この年二月三日、ロシア軍艦ポリシニカが対馬の尾崎浦に錨を投じたのが、事件の発端である。四月十二日には多数のロシア人が上陸し、抗議した小者の安五郎を射殺した。翌十三日も上陸したロシア人は村中を荒らし回り、武器や食料、牛七頭などを奪い去る。ロシア側が退却勧告に応じなかったため、対馬藩主の宗対馬守は急使を立てて幕府に報告して助けを求めた。

毛利家と宗家（五万二千石）は縁戚関係にあたる（十代長州藩主毛利斉熙の三女万寿姫が天保六年〔一八三五〕、対馬藩主宗義章に嫁いだ）。地理的にも近い。このため長州藩にも緊張感が漲った。

玄瑞はさっそく五月二十日早朝、上屋敷に行き、桂小五郎・宍戸九郎兵衛と事件について語り合う。同日、玄瑞は松代で世話になった菅鉞太郎に礼状を書いたが、その中で事件を「千載の大機会」「いかにしてもこの機を失わぬ」と述べる。また二十一日、杉梅太郎あての手紙で「外国奉行小栗豊後守・目附溝口八十五郎、去る十三日対馬島へ趨く。外国奉行竹本図書頭十六日より大坂へ往く。夷狄日に凌轢つかまつり候。時勢浩嘆なり」と知らせる（原簡は「四月念二」とあるが、誤りであろう）。さらに二十五日の根岸伴七あての手紙には「彼より争端を開分にて曲直分明、この好機会を失わず候事にござ候」「何れ有志士の勇決なくては、恐らくはこの機去り申すべくと憂慮つかまつり候事なり」と言う。玄瑞は武備強化を、戦争を起こして衝撃を与えることにより進めようとする。だから対馬事件が好機であると、繰り返し述べている。

対馬事件の結末

玄瑞は文久元年五月二十二日、樺山三円《かばやまさんえん》と共に対馬藩邸を訪れた。事件を一藩の問題では無く、皇国の大事と捉えたい玄瑞だったが、対馬藩邸の者たちは「奮発」しているものの、「幕の指揮を伺」っていると知り、失望する（前述根岸伴七あて玄瑞書簡）。

二十七日の日記に玄瑞は「対州の事につき、ほぼ決心する事あり」と記し、その日再び益田弾正あてに建言書を書く。参勤反対が主旨だが、情勢は以前とは大きく変わっていた。長州藩は対馬藩の応援に行かねばならないかも知れず、下関には外国艦が来泊しているのだから、いつ異変が起こるかも知れない、とても参勤など行っている場合ではないのだと言う。また、「逐々物価騰貴、夷狄跋扈《いてきばっこ》の時節」なので、あるいは水戸あたりが横浜居留地をいつ焼き討ちするかも知れない。現にこの前日には高輪東禅寺のイギリス公使館が、水戸浪士らに襲撃されている。ただでさえ世子や藩主夫人が物騒な江戸で生活するのは心配なのに、その上、藩主までも「この不測の地に御参府」させるのは危険だと訴えている。

「対馬事件」につき、幕府は長崎奉行にロシア艦長に書を送らせたり、玄瑞の手紙にもあったように外国奉行小栗上野介（豊後守）らの一行を対馬に派遣して交渉させたが、要領を得なかった。六月二十七日、小栗らは交渉を打ち切り、帰途に就く。

六月二十二日、入江杉蔵にあてた手紙で玄瑞は「対邸も最初は噴起の様相見へ、水・薩よりも有志の士、毎に議論に出掛け、我々も彼の邸へ参見候ところ、竟に門を鎖し人を拒む様に相成り申し候」と知らせ、幕府に頼ったあげく、「横議横行」を拒むようになった対馬藩を批判する。また、水戸は「四百里外へ走る様にも相成らず」、薩摩は「後の見込みこれ無きと申す事にて」、すべて機会を失ったのだと言う。さらに幕府の小栗らも「一言も彼（ロシア）の跋扈を詰る事得ならぬ様子」であると失望し、「神州の大恥辱」とする。

結局、八月二十六日、対馬に来航したイギリス海軍が実力を背景に抗議したため、ロシアは退却して七カ月に及ぶ「対馬事件」は一応終わった。対馬藩を助けることができなかった幕府の信用は、ガタ落ちとなる。横暴な外国に対する嫌悪感は高まり、急進的な攘夷論はますます盛んになった。そんな中に、開国を是とする「航海遠略策」が登場する。

長井雅楽と会う

玄瑞は先に見た益田弾正あて建言書の最後の部分に、藩主の出府参勤に賛意を示し、公武合体の取りさばきを唱える者がいると非難している。名こそ出していないが、長井雅楽のことである。

長井が幕府に航海遠略を入説するため江戸へやって来るとの知らせが届くや、玄瑞や桂小五郎らは激しく反発した。桂は文久元年（一八六二）六月十一日、東上途中の手元役周布政之助に手紙を書き送り、長井の周旋は攘夷の勅に逆らうものであり、長州藩の信用を失いかねないとして激しく非難する。

六月二日、長井は京都を発ち、十四日夜、江戸に到着した。日記によると玄瑞は十七、十九、二十九日に長井と会った。玄瑞が長井の説に反対する理由は六月二十二日、入江杉蔵あての手紙に述べられている。要するに玄瑞は、「公武合体」は「天勅を遵奉」するべきであるのに、長井の説は「幕を助け天朝を抑え」るものと見ていた。日本の武威を示さぬまま、ただ戦争を恐れるあまり西洋列強に頭を垂れ、尾を揺らして服従することはよろしくないとも言う。

長井雅楽（『近世遺勲高名像伝』）

そもそも航海遠略は、先師松陰の考えだったとし、「何《いず》れの処は航海の道開け、鯨濤《げいとう》万里《ばんり》の外へ乗り出す策にてこれ無くては相済まず候得共」と、将来的な開国は認めざるを得ないと見ていた。しかし、「対馬事件」などを経たことで、玄瑞は認識を変えざるを得なくなる。その罪を正さぬまま、航海遠略を進めるべきではないのだ。つまり戦争である。また、ロシアが対馬を「己が要害」と考えたように「神州も台湾・呂宋《ルソン》などを我が要害」とした上で、開国すべきだと言う。

周布政之助を説得

前年より江戸に来ていた藩主世子毛利定広の尽力もあり、長井雅楽は老中久世広周《くぜひろちか》や安藤信正に謁見して、幕府方に入説した。そのさい、幕府は長州藩に朝廷への周旋を依頼する。しかし長井は、幕府の朝廷へのより一層の尊崇を求めて、これをただちに受けなかった。いずれにせよ、幕府自ら外様大名の国政への介入を望んだのだから、長井は十分な手応えを感じる。

文久元年八月九日、長井は江戸から帰国の途に就く。途中京都に立ち寄り、正親町三条実愛に江戸での周旋の結果を報告し、八月二十九日、萩に帰着した。長井からの報告を受けた藩主毛利慶親は九月十一日に萩を発ち、出府の途に就くと発表する（のちに諸事情から九月十六日発駕となる）。

周布は七月二十一日、長井の周旋を補佐するため、江戸にやって来た。もともと周布の考えは航海遠略であり、長井の建議も理解している。だが、玄瑞は周布に会い、反対意見を述べた。やがて周布は長井の公武周旋が、結局は幕府権威の回復に利用されるだけではないかと、疑問を持つようになってゆく。

つづいて玄瑞は「横議横行」に周布を参加させる。有志たちの横の関係を、藩の官僚に結び付けるためである。樺山三円の日記八月二十二日の条には、玄瑞の紹介で「要路の人」周布に会った感想を「終日緩々深談、詩など贈られ候。さすが面白、かつ頼もしき事ともに候」と記す。「頼もしき事」というのは、藩権力と接触したことである。その後、九月二日にも樺山は周布に会っている。

郵便はがき

料金受取人払郵便

山科局承認

1859

差出有効期間
2020年9月
20日まで

607-8790

(受取人)
京都市山科区
日ノ岡堤谷町1番地

㈱ミネルヴァ書房
ミネルヴァ日本評伝選編集部 行

◆以下のアンケートにお答え下さい。

＊ お求めの書店名

________市区町村________ 書店

＊ この本をどのようにしてお知りになりましたか？ 以下の中から選び、3つまで○をお付け下さい。

A.広告(　　　　)を見て　B.店頭で見て　C.知人・友人の薦め
D.図書館で借りて　E.ミネルヴァ書房図書目録　F.ミネルヴァ通信
G.書評(　　　　)を見て　H.講演会など　I.テレビ・ラジオ
J.出版ダイジェスト　K.これから出る本　L.他の本を読んで
M.DM　N.ホームページ(　　　　)を見て
O.書店の案内で　P.その他(　　　　)

＊新刊案内（DM）不要の方は×をつけて下さい。 □

ミネルヴァ日本評伝選愛読者カード

書　名　お買上の本のタイトルをご記入下さい。

◆上記の本に関するご感想、またはご意見・ご希望などをお書き下さい。
「ミネルヴァ通信」での採用分には図書券を贈呈いたします。

◆あなたがこの本を購入された理由に○をお付け下さい。（いくつでも可）
A.人物に興味・関心がある　B.著者のファン　C.時代に興味・関心がある
D.分野(ex. 芸術、政治)に興味・関心がある　E.評伝に興味・関心がある
F.その他（　　　　　　　　　　　　　　　　　　　　　　　）

◆今後、とりあげてほしい人物・執筆してほしい著者(できればその理由も)

〒 ご住所	Tel　（　　　　）	
お名前《ふりがな》	年齢 歳	性別 男・女
ご職業・学校名 （所属・専門）		
Eメール		

和宮降嫁阻止

老中安藤信正は「御公儀」再生のため、孝明天皇の妹和宮を将軍徳川家茂へ降嫁させようとした。その条件として幕府は七、八年ないし十年のうちに必ず西洋列強との条約を破棄するか、または干戈を執って撃退すると約束したため、万延元年八月、和宮降嫁が勅許された。

その後紆余曲折を経て、和宮の東下は文久元年（一八六一）十月ごろと決まる。これを知った玄瑞は八月十六日、入江杉蔵あてた手紙に「和宮様御下向も、十月頃まではいよいよこれ有るべしとのよし」とし、「天下有志」の力を集めて阻止しようと述べている。

だが、「横議横行」で結び付いた水戸は東禅寺のイギリス公使館襲撃事件を起こして以来、諸問題を抱えており、動くのが難しい。薩摩は「因循」で動かないだろうと玄瑞は見る。では、長州が引き受けて尽力しようと思っても、人数も集まらず難しいと嘆く。だから、とりあえず参勤中止に「死力」を尽くすと言っている。

周布政之助は八月十七日、藩政府にあてた書に、不慮の事態が起こりかねない情勢であるとし、和宮降嫁が実現すれば幕府は詐術を一段と逞しくするだろうから、長州藩の建白などは烏有に帰しかねないと述べる。周布は江戸へ出て来て以来、玄瑞らの影響もあり、幕府という政権に対する不信感を募らせ、周旋反対の立場に転じた。

帰国命令に背く

長州藩政府の中では、英学修業そっちのけで政治活動に没頭する玄瑞に対し、非難の声が起こっていた。「航海遠略策」を藩是と定めた以上、玄瑞のような反対派は危険分子である。

文久二年六月二十二日、入江杉蔵あて書簡で玄瑞は「僕の帰国論申し来たり候よし」とし、「洋学修業に来候もの、なかなか半点も読書は致さず、毎日会話のみつかまつり候事ゆえ、無頼書生には相違これ無く候」などと述べ、これ以上の江戸滞在は難しいかも知れないと憂慮する。

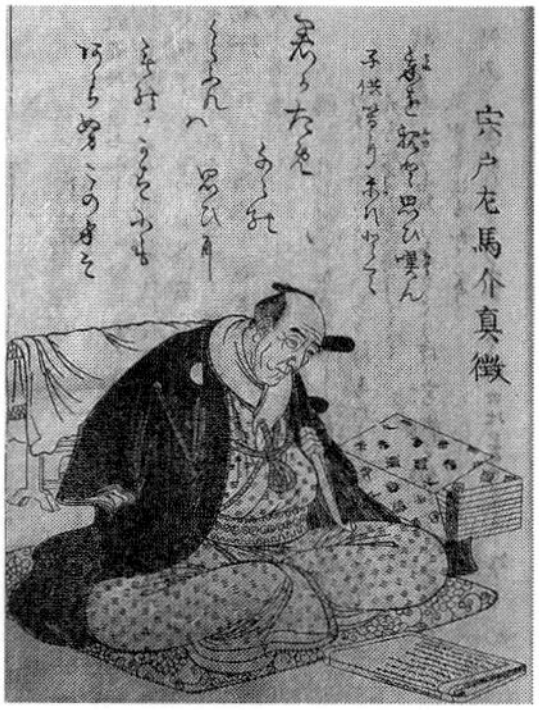

宍戸九郎兵衛
（『近世正義人名像伝』）

しかし、「航海遠略策」や長井雅楽の周旋に反対する藩政府の官僚たちは、玄瑞を支援した。特に、江戸在勤の御留守居方であった宍戸九郎兵衛が玄瑞の活動に理解を示したことが、大きな意味を持つようになる。文化元年（一八〇四）生まれの宍戸は玄瑞より三十六も年長で、大津郡代官など要職を経て安政三年（一八五六）七月には京都藩邸の都合人も務めた、藩政府の重鎮であった。京都時代は朝廷と接触する機会も多く、長州藩との産物交易を企画した梅田雲浜らに、便宜をはかったこともある。

江戸に出て来た玄瑞もまた、しばしば宍戸を訪ね、議論していたことが日記などからうかがえる。宍戸はその職権を利用し、国もとから届く玄瑞への帰国命令を本人にわざと伝えなかった。宍戸は玄瑞を庇い「元来気節の士にて候ゆえ、自然当路え相触り候儀これ有るべく候えども、何卒擁救つかまつりたき」と、国もとの要人に説明している。こうして有志であった玄瑞が、強い実権を持つ官僚と結び付き、藩政府に影響を及ぼすことになってゆく。玄瑞は四月二十二日、入江あての手紙で「我藩にては邸内有志の役人誰ぞと尋ねられければ、漸く宍翁《ししおう》一人を以て答え候位、是も覚束《おぼつか》無き事なり」（四月八日）、「宍戸《しど》太夫思いの外美質のよし」（四月二十二日）などと知らせている。

八月五日、宍戸は西上の途に就き、玄瑞は鮫洲《さめす》（現在の東京都品川区）まで見送った（宍戸は九月七日より大坂頭人に任ぜられた）。そして玄瑞の庇護役は、やはり藩政府官僚の周布が引き継ぐ。長井は玄瑞につき「気節は称すべき事にもこれ有るべく候えども、君意に背き候て、自己の存意を押し立て候」とし、それを庇う周布も「やはり私意」だと非難した（藩政府員あて周布政之助書簡）。「航海遠略策」が藩是となった以上、長井の主張は正論である。

土佐藩士との横行

玄瑞らが江戸で進める「横議横行」に、最後に参加して来たのは土佐藩の武市半平太《たけちはんぺいた》（瑞山《ずいざん》）であった。

武市は文政十二年（一八二九）、土佐の郷士の家に生まれた。玄瑞より十一も年長である。早くから文武両道の士として知られ、高知城下で剣術道場を開き、安政六年（一八五九）には白札郷士以下の剣術世話役になっている。国学の影響から、「天皇好き」と呼ばれるほどの熱心な勤王家だった。「桜田門外の変」のころより時世に強い関心を抱くようになり、万延元年（一八六〇）七月には門下生の岡田以蔵らとともに中国、九州各地を剣術修行をかねて視察している。

玄瑞とも交流があった土佐藩の大石弥太郎の誘いもあり、武市は文久元年（一八六一）六月、江戸へやって来た。大石は長州の佐々木男也《おとや》に、玄瑞と武市の会談を提案する。こうして武市は同藩の河野万寿弥《ますや》（敏鎌《とがま》）・広田恕助を同伴し、長州藩の下屋敷を訪ねて来て、佐々木を通じ玄瑞に会った（瑞山会編『維新土佐勤王史』）。それは玄瑞の日記によれば、八月十七日のことである。

玄瑞は年齢は上だが、「横議横行」の有志としては後輩の武市に松陰の自賛肖像画を見せ、松陰について語った。感激した武市は松陰の詩を書き写し、意味が分からない部分を、その場で広田に問うた。武市の謙虚な態度を見た玄瑞は、感心する。後日、樺山三円に会った玄瑞は「土佐の武市半平太は、国士無双ともいふべき人物である」と称賛した。樺山は「それは近頃、耳よりな事を承はる、然らば拙者も、一度、武市殿に御意得たい」と関心を抱く（田中光顕『維新風雲回顧録』）。

八月二十五日、大石と島村衛吉は玄瑞と会い、その席で樺山のことが話題にのぼった。それがきっかけで、同月二十八日、武市は島村とともに芝三田の薩摩藩邸を訪ね、樺山に会った。樺山の日記には、武市の印象が次のように記されている。

「土州の藩武市半平太、島根（村）衛吉同伴参られ候。この内より久坂より武市氏の事承り候ところ、初めて面会。健なる人物と相見え、武術師範の由。かれこれの咄にて八つ前に帰られ候事」

また、『維新土佐勤王史』には、水戸藩などの過激派が和宮の駕籠《かご》を東海道の薩埵《さった》峠で奪う計画を立て、玄瑞らが応じようとしたが、武市が諫止したとの逸話が出てくる。

同じころ、武市は藩内の下級武士・郷士・村役人層を中心とする、いわゆる「土佐勤王党」を結成し、自ら首領となった。その盟約書は「堂々たる神州戎狄の辱しめをうけ、古より伝われる大和魂も、今は既に絶えなんと、帝は深く歎《なげ》きたまう」に始まる。つづいて、攘夷の叡慮を奉じ、前藩主山内容堂の志（かつて容堂が三条実万《さねつむ》に密旨し、一朝有事、錦旗が翻れば不臣の者を討つと誓ったこと）を継ぐなどと言う。ここに名を連ね、「皇国の禍を攘《はら》う人」になることを誓った者は二百名ほどだった。その中には、後に脱藩して薩長間を奔走する坂本龍馬や中岡慎太郎の名も見える。

第六章　「横議横行」の挫折

1　失意の帰国

江戸を発つ

文久元年（一八六一）の九月に入ると、「横議横行」の指導者たちが相次いで江戸を離れてゆく。次なる目標のため、一旦解散した感がある。樺山三円の日記九月二日の条には玄瑞・周布政之助・桂小五郎・武市半平太・大石弥太郎ら長州・土佐の同志と、長時間にわたり話し合った旨が記されているが、前後してこのような会合が何度か催されたようである。

そのような席で武市は各自帰国したら、まず藩論を勤王に統一して、藩主を奉じて上京し、幕府に攘夷実行を迫るよう提案したという。この意見に対し、「満座粛聴して一人の異議を挟む者」は無かった。このため「土藩武市半平太の名は、忽ち天下有志の間に鳴り渡」ったという（『維新土佐勤王史』）。武市の提案か否かは別として、かれらが次なる活動の場を京都に定め、藩是を「勤王」で統一することを誓い帰国したことは想像に難くない。

まず、九月四日に武市が帰国の途に就いた。『維新土佐勤王史』には、旅立とうとする武市を玄瑞が引き止めたが、逆に武市から説き伏せられたとの逸話が出てくる。そのさい、武市の描いた墨竹に玄瑞が七言絶句の賛を加えた。このころになると武市は、和宮降嫁を実力で阻止しようとする玄瑞を、危険視することもあったようだ。

その玄瑞も、七日には周布政之助とともに江戸を離れる。樺山も薩摩藩から帰国を命じられた日下《くさか》部伊三治《べいそうじ》の妻・娘とともに二十一日、江戸から帰国の途に就く。玄瑞は途中、萩に立ち寄って同志と会うよう樺山に勧めたが、それは実現しなかった。

周布に連れられ伏見へ

周布政之助は口頭で藩主世子毛利定広の許可を得、玄瑞とともに文久元年九月七日早朝、麻布の下屋敷を発ち、まずは伏見を目指した。周布は東上して来る藩主毛利慶親の一行を伏見で待ち受け、御前会議を開かせ、藩是を再検討させようと考えたようだ。

出立二日前の九月五日、周布は藩主に従う要路の者に、和宮降嫁反対・藩主出府不可を説いた玄瑞の意見書に自身の手紙を添え、送っている。周布の手紙によると先月末、玄瑞が突然訪ねて来て、信州遊学の許可を求めた。不審に思い尋ねたところ、実は和宮降嫁と公武周旋を伏見で止めたいのだと、涙ながらに訴えたという。周布は和宮降嫁阻止は不可能だと考えたが、このまま玄瑞を放置すれば「出奔」するか、取り押さえて閉じ込めても「必ず逐電」すると見た。そこで、ひとまずその主張するところを書面にして差し出すよう諭した。

そこで玄瑞は、和宮降嫁に強く反対する旨の建言を九月一から三日の間に書き上げ、四日、周布を通じて藩主世子に届けた。玄瑞によれば和宮降嫁は「恐れながら人質の様につかまつり候て、（幕府が）京師を圧服し諸侯を鎮静する奸計」であるとし、幕府権威の回復に利用されるだけだと嘆く。特に毛利家は「皇統の御末胤に当たらせられ候て、天朝に於いても一方ならず御依頼遊ばされ候御様子」なのだから、「京師へ御力御尽くし遊ばされ、後幕府へ屹と御争言これ無くては、皇妹御下向御後悔出来つかまつり、天下の大事去り申すべく候は必然の御事と幾重も恐察奉り候」と訴える。

同じ手紙で周布は、玄瑞を庇う理由を述べている。それによると、玄瑞のような「気節の士」は国家有事のさいに役立つとし、押さえ込めば「俗論家」が増長して、「気節も正議も」一向にわきまえない「柔弱《じゅうじゃく》迂腐《うじゅ》」の者ばかりになる、「国家有時（事）」のさいに役立つのは「気節」であり、媚びへつらっている連中は役立たない、だから「気節の士」の玄瑞を「精々救助」してやるのだと言う。

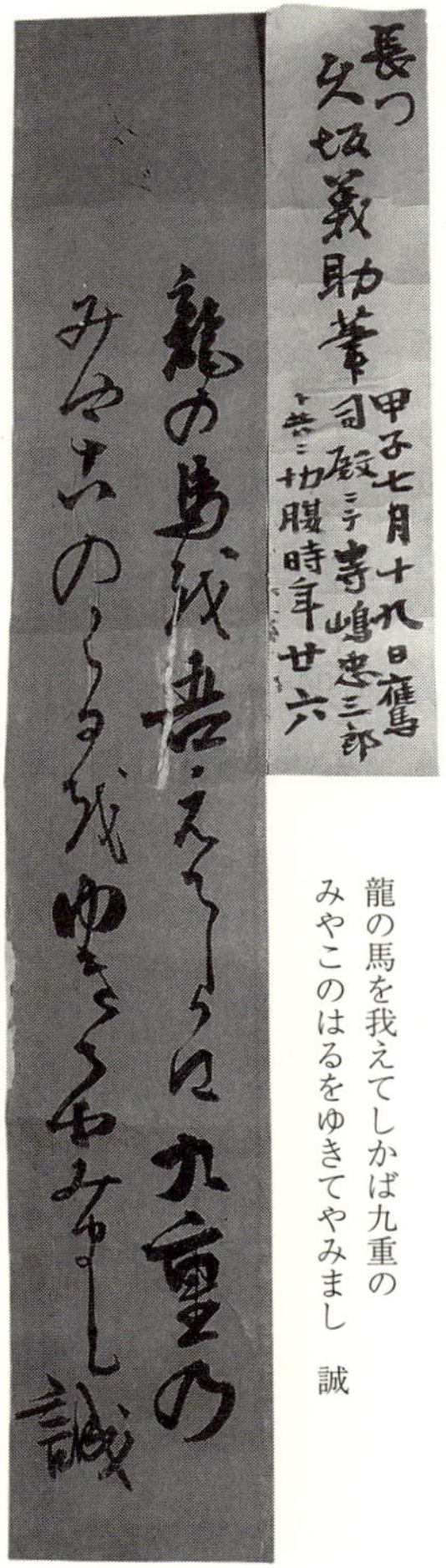

龍の馬を我えてしかば九重の
みやこのはるをゆきてやみまし　誠

玄瑞書和歌短冊。右上の札の筆跡は品川弥二郎（筆者蔵）

宍戸も同じようなことを言っていたが、藩官僚たちは、玄瑞の無鉄砲さをある意味で評価し、いずれ利用できると考えていたのだ。こうした利害関係が、有志と藩政府官僚たちを結びつけてゆく。

帰国の途に就く

玄瑞と周布政之助は、東海道を西へ進んだ。道中で書かれた玄瑞の日記『鈩囊漫録』によれば文久元年(一八六一)九月十七日、新居宿(現在の静岡県湖西町)の手前で、東下する和宮の御道具の列とすれ違った。肝心の和宮の行列(総勢二万人)が京都を発つのは十月二十日で、中山道を経て江戸に到着したのは十一月十五日だった。

九月二十二日夜、玄瑞と周布は伏見に着き、東浜南町の長州藩蔵屋敷(銭屋善兵衛方)に投宿した。ここで京都の情勢を知った玄瑞は翌二十三日、上書の執筆にとりかかり、二十九日に脱稿している。

玄瑞が九月二十七日(原翰は八月となっているが誤記だろう)、江戸に残してきた伊藤俊輔に書き送った手紙には「和宮御下向、弥《いよいよ》今年に候や。大略、伏見銭屋まで御認《したた》め」てほしいと頼む。同じ手紙の末尾には「萩の諸友に御逢いなれば、男児報国此の時と御伝え下さるべく候」と意気込んでいる。

だが、玄瑞は和宮降嫁阻止はあきらめたようで当月下旬、入江杉蔵にあてた手紙には「最早挽回六ツケ敷、浩歎悲痛此の事なり」とし、「関東よりは甘言を含め、黄金をまき散らし、公卿諸太夫を尽く籠絡」したと嘆く。そこで藩主参勤の駕籠を伏見で止め、京都に向かわせるという要駕策を実行したいが、これも「徒《いたずら》に君公の御煩いをなし候事は、実に忍ばぬ事」なので、中止すると言う。なお、藩主は九月十六日、萩を発ったものの十九日、都濃郡福川(現在の山口県下松市)で発病してしまい、二十二日から十月五日まで花岡(同前)で休養していた。

益田弾正は玄瑞が江戸で書いた和宮降嫁反対の建言の要旨につき、条理あるとは認めながらも、現勢では阻止は難しいとし、かえって幕府の嫌疑を招き後患を醸成するだけだと考えた。そこで周布に対し、玄瑞を説得して帰国させるよう指示する。

十月三日、玄瑞と周布は淀船で伏見を発ち、大坂から瀬戸内海を船で西に進んで、五日、備後鞆《とも》港（現在の広島県福山市）に上陸した。ここで周布は、藩主に先行して東上する長井雅楽に会う。つづいて八日、廿日市駅（現在の広島県廿日市市）で東上する藩主一行のもとに赴いた周布は益田に時事を知らせ、自らの意見を述べたが、容れられなかった。

九日、玄瑞に帰国命令が出た。前日、廿日市駅で周布と別れた玄瑞は、江戸にいる桂小五郎・高杉晋作に手紙を書き、「弟も百事齟齬、竟に帰国つかまつらずては相叶わず候ように相成り（中略）このたび西帰の事に相成り、何とも残念申しようこれ無く、その上諸友煩いを掛け候事など考え合わせば実にもって面目なき次第、御憐察下さるべく候」とし、帰国の上は「公明正大に本職（医業）を修る事」「病気隠居の覚悟」で、その後は三年家に籠り「学識」を蓄えるのだと知らせる。

さらに九日には、藩主の駕籠に侍講として従う義兄小田村伊之助にも一書を発し、「明君を輔弼《ほひつ》するは老兄の御大任と存じ候」と励まし、「もしも薩人などに御出逢い下され候とも、僕の帰国は少々用向きこれ有るの事と位に御申し置き下さるべく候。逐下の様に仰せられては、国（長州藩）の外聞にこれ有り申し候」と気遣う。萩に帰着したのは十一日で、妻の実家杉家に身を寄せた。

一方、使命を果たせなかった周布は九日、益田にあてて待罪書を出し、十日、五日市から辞表を提出した。番手を解任された周布は二十日、萩に帰り、屛居《へいきょ》して知人その他の面会を謝絶する。二十七日夜、桂小五郎は江戸から周布に手紙を書き送り、得意満面な長井とその一派の様子を「小人手を打って相慶び、国家の元気を損ずる容易にござ無く、かかる勢いにては中々回復の目途は所詮おぼつかず」と知らせ、悔しがった。こうして藩政の舞台から玄瑞も周布も去ったが、藩内で大きな不協和音が起こったことは、長井の行く末を暗くする。

藩主の駕籠は十一月十三日、江戸に到着して下屋敷に入った。幕府は長井の建言の採用を決定し、慶親への周旋を依頼する。こうした形で、外様大名に国政が任せられるなど、異例中の異例である。ところが慶親は容易ならざることなので、国もとの意向を確認した上で行うとし、ただちに正式受諾しなかった。翌文久二年(一八六二)一月三日、慶親は長井に朝廷への根回しを行い、国元の合意を取り付けるよう命じる。

一灯銭申合

萩に帰った玄瑞は文久元年十二月一日、松下村塾で「一灯銭申合」を提議して賛同者を募り、藩内同志の結束をはかった。政治活動を行う者が「非常の変、不意の急」に直面しても困らぬよう、日ごろから金銭を蓄えておくのだ。同志が獄に投ぜられたり、貧困に苦しんでいたら援助し、義士・烈士の碑や墓を建てたりするのである。

具体的には賛同者が毎月写本を六十枚ずつ行い、月末に松下村塾まで持参する。もし、不足する場合は、一枚につき五文の割合で現金を納めなければならない。趣意書は「右の条々、このたび申し合せ候ところ、これしきの事さえ骨を惜しみ候くらいにては、我々の至誠相貫き候事も覚つかなき事のように相考えられ候。銘々屹と怠らぬやう致したきことは申すも疎かに候」と、締めくくる。

写本するのは、松陰の著書や水戸学などにかんするものだ。自分たちの思想が広まり、同志の顕彰にもつながり、収入も得られるのだから一石三鳥である。参加したのは次の面々だった。

中谷正亮・佐世八十郎・楢崎弥八郎・岡部富太郎・福原又四郎・久坂玄瑞・寺島忠三郎・品川弥二郎・山県小助（小輔・有朋）・馬島甫仙・滝鴻二郎・山田市之允（顕義）・堀真五郎・入江杉蔵・久保清太郎・松浦亀太郎（松洞）・前田孫右衛門・大楽源太郎・南亀五郎（以上在国）

高杉晋作・尾寺新之允・伊藤利助（博文）・野村和作・桂小五郎（以上江戸）

この中の、佐世・岡部・福原・久坂・寺島・品川・山県・馬島・山田・入江・久保・松浦・南・高杉・尾寺・伊藤・野村は松下村塾生である。前田のような藩政府重役の理解を得ていたことが、その後の玄瑞の活動に大きな意味を持つ。

同月三日、江戸の野村和作が玄瑞にあてた手紙には和宮降嫁阻止などの計画が果たせなかったことを慰め、「村塾其の外御取り繕《つく》ろい事、定めて御多忙と按察《あんさつ》奉り候」と、松下村塾の再興に期待している。

ただ、玄瑞や樺山三円の帰国後、江戸での「横議横行」は尻すぼみになってゆく。後任とも言うべき時山直八は十月二十七日、江戸の同志たちと松陰の三回忌に墓参したなどと玄瑞に近況を知らせるが、薩摩藩邸は樺山が帰国してから「三分五列の勢い」になっていると嘆く。また、時山は松陰以外の「安政の大獄」における刑死者の墓碑の石摺り（拓本）などを送ると述べており、藩の枠を越えて同志の顕彰をつづけていたことがうかがえる。もっとも先の野村の手紙では、時山も北関東から四国まで遊歴して翌年三月ころ帰国予定とのことだから、江戸における「横議横行」は終わりを告げようとしていた。

土佐からの二人

萩に引き籠もっていた玄瑞のもとを、土佐勤王党の大石団蔵と山本喜三之進《きそのしん》が武市半平太の手紙を携えて訪れたのは、文久元年（一八六一）十二月十六日のことである。

土佐に帰国した武市は参政職の吉田東洋（元吉）に面会するなどして、薩長両藩の事情を説き、藩主山内豊範の上京を促したが、聞き入れられなかった。前藩主の山内容堂は「安政の大獄」で隠居・謹慎に処されており、東洋ら藩政府首脳としては幕府をいたずらに刺激したくはなかったのだろう。

玄瑞の武市への返信には、まず、「尊藩御事も二君より承り候ところ、なんとも御苦心の段察し奉り候」とあるから、大石・山本からそのあたりの苦しい事情を聞かされたようだ。一方、長州藩の藩是を一転させられなかった玄瑞も、「面目もこれ無き次第にござ候」と謝っている。さらに、

「諸侯頼むに足らず、俗吏依るに足らずと存じ候。これを頼みこれに依る様にては、迚《とて》も天下に裨《ひ》益《えき》する（役立つ）事は相叶うまじく、此の節は仕方これ無き様に存じ候なり」

と、動かない藩主や藩上層部との決別を宣言し、脱藩の決意をほのめかせる。

萩を去った山本は、玄瑞の返信を携えて高知に帰った。大石は九州に渡って佐土原（現在の宮崎県宮崎市）で越年、薩摩入りは果たせず、帰国して武市に情勢を知らせた。

薩摩藩の動向

年が明けて文久二年（一八六二）になった。朝幕の力関係が大きく変化し、京都が政局の中心になる重要な年であり、後に「勤王年」とも呼ばれた。玄瑞は数えの二十三。元旦から三月十八日まで、ほぼ毎日記録された『江月斎日乗』の表紙には「この書十年後に至って出さざれば、禍の連及する事一形《ひとかた》ならず。これに依りて堅く他人の覧閲を禁ずるものなり。文久壬戌正月吉日」と書きつけている。

「勤王年」を象徴するかのように元旦午後、玄瑞のもとに、前年十二月五日付の樺山三円の書簡が届いた。日記には「奮興」し、「元日此の書を得るを以て吉兆となす」とある。樺山は「この節は弊藩もますます有志の所も旁周旋の一条も行われ、最早何事も十分に出来申し候」とし、「主君来春参府の一条につき、ぜひ御相談」したいので、玄瑞または長州の同志に薩摩まで来てほしいと言う。この年は薩摩藩主島津茂久の参勤の年に当たっていた。

樺山は具体的には触れていないが、薩摩藩は前年十月に国父島津久光体制が確立し、先代藩主島津斉彬からの悲願であった国事周旋に乗り出す準備を進めていた。それは長州藩のような幕府の要請を受けて公武間を周旋するのではない。天皇の威と軍事力を背景として幕府に乗り込み、その内部を改革しようという未曾有の計画である。

坂本龍馬（坂本・中岡銅像建設会編『雋傑坂本龍馬』）

久光のやり方は、荒っぽかった。まず、江戸に派遣した御小納戸役堀次郎に密命を発し、十二月七日、江戸三田の薩摩藩邸を焼かせた。幕府は、藩邸を失った薩摩藩主の参勤延期を認めざるを得ない。さらに幕府は屋敷の造営費二万両を薩摩藩に貸与すると通知したので、久光はその謝意を伝えるためという出府の大義名分を得た。だが、兵を率いて京都に入る許可を、朝廷から得なければならない。そのため大久保一蔵（利通）を京都に送り、近衛忠房に協力を求めて奔走させたが、なかなか進捗しなかった。それでも久光は文久二年一月十六日、出府を藩内に正式に発表する。

また、初めて京都や江戸に行く久光は大久保らの勧めもあり、西郷吉之助（隆盛）の三年にわたる奄美大島流謫を赦し、再び登用した。かつて斉彬の庭役を務めた西郷は将軍継嗣問題や率兵上京計画に奔走したため、他藩や朝廷に人脈を持っているからである。

龍馬の来萩

土佐から坂本龍馬が萩に玄瑞を訪ねて来たのは文久二年一月十四日のことで、玄瑞の日記同日の条には「晴、土州坂本龍馬、武市書翰携え来訪」とある。龍馬は土佐藩郷士の坂本家の次男として、天保六年（一八三五）に高知城下で生まれた。嘉永六年（一八五三）、剣術修行の目的で江戸遊学したさい、ペリー来航に遭遇し、佐久間象山の門で西洋砲術を学んだりした。このころは帰国しており、前年九月に、土佐勤王党に加盟したばかりであった。

龍馬は萩に到着した夜、松本村の旅館（鈴木勘蔵方）に泊まった。それでは宿賃がかかるので翌日午後、玄瑞の世話により明倫館の西に位置する公営の文武修行者宿へと移った。堀真五郎は「久坂その外同志者としばしこれを訪い、猪肉を煮、酒を酌んで国事を談じ、あるいは田中藤八の旅亭を訪う」（『伝家録』）と、後年回顧している。田中は田上の誤りで（野村靖『追懐録』）、元旦に樺山三円の手紙を携え、玄瑞を訪ねて来た薩摩藩士である。

玄瑞の日記によると龍馬は佐世八十郎・中谷正亮・寺島忠三郎（作間忠三郎あらため）・岡部富太郎・松浦松洞ら松陰門下生たちと会った。また、来萩の目的が剣術修行だったからか、藁束《わらたば》を斬ったりしている。二十一日、玄瑞は武市あての返信を書き、二十三日に帰国の途に就く龍馬に託した。龍馬と腹蔵なく語りあったので、詳しくは直接聞いてほしいとして次のように述べる。

「竟《つい》に諸侯恃《たの》むに足らず、公卿恃むに足らず。草莽志士糾合義挙の外には、迚《とて》も策これ無き事と、私共同志中申し合わせ居り候事にござ候」

本来なら横議横行を藩政府に結び付け、藩を動かして「勤王」を実現したいところだが、難航した。ならば、長州・土佐の「草莽」による「横議横行」だけで実行しようと、玄瑞は言うのである。かつて、松陰も過激な計画の数々に藩政府の理解が得られず、窮したさい、「草莽崛起《そうもうくっき》」を唱えるしかなかった。玄瑞の手紙は次のようにつづく。

「失敬ながら、尊藩も弊藩も滅亡しても大義なれば苦しからず。両藩共存し候とも、恐れ多くも皇統綿々、万乗の君の御叡慮相貫き申さずては神州に衣食する甲斐はこれ無きやと、友人共申し居り候事にござ候」

攘夷の叡慮が貫徹できないのなら、日本に住む意味はなく、土佐藩も長州藩も滅亡しても構わないのだと言う。玄瑞の手紙を預かり、萩を発った龍馬は萩往還を通って防府へ出た。そこで玄瑞の紹介により岡本三右衛門の屋敷に四、五日滞在し、三田尻から船に乗った。

ただし、あくまで挙藩勤王にこだわる武市は、玄瑞の誘いには応じなかった。一方、龍馬は土佐に帰国後間もなくの三月二十四日、脱藩している。龍馬は薩摩に向かうも入国を拒否され、上方か江戸に行ったという。

二月十六日、土佐から今度は吉村虎太郎が玄瑞を訪ねて萩に来る。吉村は梼原村《ゆすはら》（現在の高知県高岡郡梼原町）の大庄屋で、武市に師事していた。吉村は武市の手紙を玄瑞に渡し、十九日まで滞在して玄瑞と時事を談じた。そして来月五日までに下関で再会することを約して去る。

つづいて吉村は九州に渡り、筑前の平野国臣に会い、「義挙」の計画を知らされた。吉村は二月二十七日、高知に帰って武市を説いたが、やはり挙藩勤王にこだわる武市は、動こうとしなかった。そこで吉村は、脱藩を決意する。

坂下門外の変

文久二年一月十五日、駕籠で登城途中の老中安藤信正が坂下門外で浪士たちに襲撃され、負傷するという事件が起こった。「坂下門外の変」である。

刺客が携えていた斬奸状によると、和宮降嫁を推進したことを、安藤の罪の第一とする。この暗殺計画に関与していた長州藩の桂小五郎は、時期尚早との理由から反対していた。

玄瑞日記によれば二月二日、寺島忠三郎から事件の第一報を知らされた。翌三日には、久保清太郎から詳報が届く。

大老井伊暗殺後、幕府要人の警護は厳重をきわめていた。襲撃者は三十余名の安藤の家臣たちに、その場で斬り伏せられてしまう。二月十二日、玄瑞は岡本三右衛門あての手紙で「去月十五日、江戸義挙一跌遺憾この事にござ候。何共水藩養士の功、今日にて相知り申し候事ともなり」などと述べ、悔しがっている。

六名の刺客（ほか一名は襲撃に遅刻し、桂を頼り長州藩上屋敷で自決）のうち士分は二名、あとは農民、医者といった庶民だった。また、黒幕とされた儒者の大橋訥庵《おおはしとつあん》は、江戸日本橋の太物商大橋淡雅《たんが》の婿養子である。二年前の「桜田門外の変」で井伊を襲撃した刺客の大半は士分だったことを思うと、尊攘論の裾野の広がりがうかがえる。

安藤は背中に負傷しただけで生命に別条は無かったが、井伊につづき幕閣が襲われたことに非難が集まり、四月十一日、老中を退き、間もなく久世広周も老中を辞した。久世・安藤政権の支持を背景として公武周旋を進めてきた長州藩が、大打撃を受けたのは言うまでもない。

中谷正亮や薩摩の町田千成も事件につき、玄瑞に手紙を寄せてきた。両者とも襲撃者の中に越後人の河本杜太郎がいるのではないかと気にしている。江戸の芳野塾以来の同志である河本は前年十一月十一日より岡本三右衛門宅で数日滞在した後、十六日、萩に玄瑞を訪ね、二十四日まで滞在していた。

なお、江戸城において、和宮と将軍家茂の婚儀が行われたのは二月十一日だった。玄瑞は備忘録(『久坂玄瑞全集』では「久坂玄瑞日記　文久二年夏秋」と題を付ける)に、和宮が葵紋の服を強要されたとの風説を記し、憤慨する。

2　島津久光の率兵上京

薩摩への手紙

文久二年(一八六二)一月二十三日夜に書かれた、宛名のない玄瑞の手紙がある。内容から見て、元旦に届いた樺山三円の手紙に対する返信であろう。

それによると玄瑞は、薩摩藩の状況を「驚喜に堪えず拝誦奉り候。先ず以て、尊藩御盛最早何事も十分に行われ、御大挙在らせられたき御様子、皇道の恢復この時と恭賀奉り候」と大いに喜ぶ。一方、「弊藩の形勢残念ながら御推察とは大いに相違、参府も逐々挽回を得ず、その他百事瓦解、御盛意の万一に対し候模様もこれ無く、御愧《はずか》しき次第、御憐察下さるべく」と嘆く。そこで玄瑞は同志とも話し合ったとして、次のような決意を示す。

「この節の形勢、中々藩と藩合体するなど申す儀は万々行はれざる事にてこれ有るべく候えば、政府は先ず度外に打ち置き、各国有志の士、相互に連結して尊攘の大挙これ有りたき事と思い詰め申し候」

この段階では玄瑞は藩に頼らず、「横議横行」だけで「尊攘の大挙」を行うのだと言う。手紙は、情勢視察のため薩摩に派遣する堀真五郎に託された。

ただ、不思議なことに、これ程昵懇にしていた「樺山三円」の名が、以後玄瑞の周囲から消えてしまう。玄瑞は薩摩藩に対する対抗意識を強め、風説によって妄想を膨らませ、やがて長州藩政府の官僚たちも巻き込んで暴走する。玄瑞が樺山との連絡を密にして、薩摩藩サイドからも正確な情報を得、「横議横行」の関係を保って行動をつづけていれば、かなり歴史は違ったものになったのかも知れない。玄瑞の伝記の謎のひとつである。

有馬新七の武力行使論

このころ、公卿中山家の諸太夫田中河内介《かわちのすけ》(但馬出身)を中心とする皇威回復をめざす有志のグループがあった。その中の出羽浪士の清河八郎らは文久元年(一八六一)十二月、九州各地を遊説して、肥後の宮部鼎蔵・筑前の平野国臣・久留米(水天宮祠官)の真木和泉・岡の小河弥右衛門(一敏)ら各地の同志と結び付いてゆく。真木が著した「義挙三策」によると、上策は大名に挙兵させること、中策は大名に兵を借りて挙兵すること、下策は義徒のみで決起することとある。一番成功率が高いのは上策で、そのため真木らは藩権力の後ろ盾をほしがった。

十二月十日、平野と薩摩脱藩の伊牟田尚平は薩摩に入り、島津久光側近の小松帯刀から「義挙」が近いと聞かされた。もっとも小松は、有志の関与を断っている。つづいて平野が会った薩摩藩誠忠組の有馬新七らは、藩の方針如何にかかわらず、久光上洛を機に京都と江戸で東西呼応の「義挙」を行うと述べた。

浪士グループのひとりで久留米の浪士牟田大助（淵上郁太郎）は、この挙兵計画に長州藩も巻き込むべく、文久二年（一八六二）二月十九日、萩を訪れて玄瑞と土屋矢之助に面談した。玄瑞は日記に「このたび薩州辺は和泉（久光）千人の供張り東上、この点に付き、大いに談合する事ありて余などの堀を薩へ遣わせし意と大いに合す。これより心腹を一々吐露せり」などと記す。

この時、牟田が何を話したのかは、二十三日、玄瑞が久保清太郎にあてた手紙に、「これは極秘にて容易に洩すべきにあらず候えども」と前置きの上で、次のように記すことから大体うかがえる。

「和泉東上も、もとより多人数有志召し連れ候事にて候。この事につき、肥後・筑前・筑後・豊後辺の有志糾合し、和泉の伏見通行の折を伺ひ、京師にて一発、和泉を直ぐ様京師へ引き込む策にて候。もちろん和泉も此のごとく相成り候上は、一歩も退かず周旋つかまつるべくとの事のよしに候。老兄如何と思し召し候や（中略）青蓮院なども大いに御奮発のよし。中山の諸太夫田中河内介なるもの、近日宮様の令旨を奉じ西下との事」

久光が京都に入って浪士とともに行動を起こすこと、田中河内介が獅子王院宮（青蓮院宮）の令旨を携えて西下して来るといった情報（これは勢い任せで出た虚報である）を、玄瑞は真に受ける。また、西郷吉之助が奄美大島から呼び戻されたことに触れ、「薩の奮興想うべし」などと期待する。

牟田の話を聞いた土屋は藩政府への報告の中で「（薩摩藩が）万に一も私推察の如く、上国辺りにて大義一発」するつもりなら、「彼等に勤王の大義先鞭を着けられ」てしまい、「遺憾に堪え」ないと訴える。藩主父子も江戸にいるのに「数百年来勤王の御門閥」である毛利家の「御恥辱」になってはよろしくないと、対抗意識を剝き出しにする。

脱藩計画と血盟書

牟田大助の話に刺激された玄瑞は同志とともに脱藩して東上、薩摩藩に合流する準備を進めた。文久二年三月二十日の日記には、佐世八十郎・寺島忠三郎・増野徳民・品川弥二郎・松浦松洞などが「皆我が意に同す。これより天下の為、脱走する論には決せり」とある。先に見た久保清太郎あての手紙には、脱藩の理由が次のように述べられている。

「御国数百年来、勤王の御家柄に候ところ、このたび薩に先鞭を着けられ候事、固く遺恨千万に候えども、中々この節の勢いにては、本藩にて勤王を任ずる事は不可に見え候えば、僅かの同志なりとも彼の藩の大義を相助け候て、少々にても報国つかまつりたく、先ず七人申し談じ候事」

この時点で玄瑞は、長州藩政府を動かすのは難しいから、僅かの同志だけで薩摩藩の「大義」に協力すると言っている。

二十日、前田孫右衛門は玄瑞らの動向を怪しみ、呼び出して糾問した。そこには松島剛蔵・来原良蔵・北条瀬兵衛といった藩政府の官僚たちも列席していた。日記によると玄瑞は脱藩計画については明かさなかったが、九州の同志が奮興し、薩摩藩が必ず行動を起こすだろうと、対抗意識を煽った。そして長州藩も時流に取り残されないため、公武周旋を打ち切り、江戸にいる藩主父子のどちらか一人を帰国させるべきだと訴えた。

これに対し前田は近日中、国相府の手元役である北条瀬兵衛を江戸へ派遣すると言った。玄瑞の久保あての手紙には「北条、遠からぬ内江戸へ往き、長井と論ずる事に相決まり申し候事。行われずば退居するとの事なり。もとより信ずるに足らずといえども、少々奮発の様相見え申し候」とある。頭から馬鹿にしている。また、長州藩が警備を担当する兵庫の兵力増員が決まった。あるいは探索のため、来原良蔵が九州、土屋が下関へと派遣されることになった。玄瑞は自分たちの脱藩計画が露呈せぬよう、神明に祈ったという。

二十一日、玄瑞は次のような血盟書をつくり、脱藩同志の結束をはかる。まず中谷・久保・玄瑞が、翌二十二日には松浦・品川・増野・佐世らが血判した。

「このたび申し談じ候大義天下の安危、皇道の興廃に関係致し候辰《とき》にて、我々共不肖の身をもって申し合わせ候事、恐れ多き次第候えども、君臣の義久しく明らかならず。華夷の弁最早地に墜ち候ばかりに候えば、何とも傍観する忍びず。（中略）他藩より大義談ぜられ掛け候上は、義を見てせざるは勇無きなりとの聖語もこれ有り、御当家数百年勤王の御功勲、赫々《かくかく》たる御門閥に候ところ、今日に至り他藩に先鞭を着けられ候ては何とも遺憾の至りに堪へず。その上、我々共畏縮致し候ては彼輩より長門人怯弱などと嘲われ候てはいかにも御当家の御恥辱に相成り候事と存じ込み、これに依り逋亡脱走の重典を犯し、祖先の祀を滅し、父母の親を絶ち、数百年海岳の御洪恩螻蟻の微軀にて報じ奉り候事には中々及び兼ね候えども、万分の一をも償ひ奉りたく候につき、天地神明の賞鑒に誓ひ血盟するものなり」

藩の嫌疑を避けるため、松下村塾生は観梅会を装って集まり、脱藩計画を打ち合わせたという。そんな中、同志のひとり山県小輔は北条に従い、江戸へ行くよう命じられる。脱藩を考えていた山県は断ろうとするが、玄瑞は関東の情勢を知る好機と考えて、引き受けるよう勧めた（山県有朋『懐旧記事』）。

白石正一郎を訪ねる

文久二年（一八六二）三月二十一日、玄瑞は岡本三右衛門に手紙を書き、脱藩計画を明かしている。しかも岡本の蔵書を売却して三十両くらい用立て、自分ら十人ほどの活動資金を提供してほしいと頼んだ。それから前田孫右衛門を訪ねたが、前日、牟田大助が秋吉台（現在の山口県美祢市）で久留米藩の捕吏に捕らえられたと知り「なんとも遺恨無限」と悔しがる。実は玄瑞と牟田は二十三日、下関竹崎の白石正一郎宅で会う約束を交わしていたのだ。

白石は、長州の支藩である清末藩の御用商人である（よく言われるような「豪商」「回船問屋」ではない）。国学を好む知識人で、何より薩摩藩の用達を勤めていたから、久光上洛にかんする人も情報も白石のもとに集まっていた。

玄瑞は二十二日、まだ見ぬ白石に手紙を書き、下関に情勢探索のため赴く松浦松洞に託した。二十三日に自身が下関に行くつもりだったが果たせないこと、会う予定だった牟田が捕えられたことなどを知らせ、松浦と腹蔵無く話してほしいと言う。

二十五日朝、玄瑞は前夜、下関から萩に帰った松洞を訪ねた。松洞は白石を「中々沈密千万にて恃《たの》むべき男」と評す。また、白石は玄瑞に次の和歌を寄越した。

言葉にも筆にも尽ぬ真心の曾古の真し水汲みて知れ君

二十八日、玄瑞は早起きして保福寺の父母の墓に参り、翌朝に再び下関へ赴くことになった松洞に託す箇条書をしたためた。

このころの玄瑞は、活動資金が思うように集まらず困り果てている。二十九日、岡本三右衛門のもとから寺島忠三郎が帰って来たが、金策は思うように進まなかった。このため三月一日の日記には「金の一条には大困窮、英雄もこれには閉口なり呵々々々」と、自嘲する。そこで三月二日、早朝から藩医の青木研蔵を訪ね、「リセランド窮理書二巻・ブール小児書二巻」と引き替えに「五円金」を借用した。

同夜には、松洞が下関から帰って来ていたので訪ねる。松洞は、島津久光は十六日に鹿児島を発ち、下関から蒸気船に乗り込むつもりだと知らせた。玄瑞は長州藩が取り残されてしまうと、ますます焦りを募らせる。

そこで三月六日、礼服を着た玄瑞は「風説を認め候書き付け并びに長井雅楽五罪を弁駁する上書」を携えて、藩主一門家老で御国加判役の宍戸備前を訪ねて直談判に及んだ。日記には「大いに薩藩の奮興を説き、公駕早速御帰国ならずては相叶わず」と、公武周旋の打ち切りを訴えたとある。しかも玄瑞が粘ったので、用談のため備前を訪ねて来た家老（国相府当職）福原越後を、一時（二時間）ばかりも待たせることになった。このころになると玄瑞の原動力は薩摩藩への対抗意識であり、そのため長州藩を挙げて行動したいと考えるようになっている。

白石邸浜門（山口県下関市長府松小田に移築）

十一日夜には土佐脱藩の吉村虎太郎と宮地宜蔵《ぎぞう》が、少し遅れて沢村惣之丞《そうのじょう》が玄瑞を訪ねて来た。吉村は「後より十余人も来るべし」と言ったので、玄瑞は「愉快千万、彼輩の決心には感じ入り候」と感激する。広島屋に一泊した吉村らは翌日、下関に向かった。

玄瑞も十三日朝、萩を発ち、十四日、下関に到着した。白石正一郎《しらいししょういちろう》邸に赴き、吉村や薩摩の森山《もりやま》新蔵《しんぞう》、久留米の原道太らと打ち合わせている。

十六日夜半、鹿児島で有馬新七《ありましんしち》らと会った来原良蔵が、白石家に玄瑞を訪ねて来た。話を聞いて奮起した玄瑞は、藩政府を動かす決意を固め、日記十六日の条に「かの藩及び九州辺の事を詳にするを得たり。余の悦び知るべきなり。余また急に帰り政府を奮興すべしとて立ち別れり」と記す。

十七日午後、下関を発った玄瑞は駕籠を飛ばし、夜七時（午前四時）に萩城下に帰った。玄瑞はただちに前田孫右衛門を説く。その結果十四日に復職していた周布政之助が藩主を連れて帰るため、急きょ江戸へ派遣されることになった。十八日には、訪ねて来た久保・佐世・松洞・品川・楢崎・寺島ら同志と玄瑞は酒を酌みながら議論する。楢崎・佐世・寺島は共に翌日から江戸に行くのだという。玄瑞は前田を訪ねて、自分たちを上京させてほしいと嘆願した。この日をもって、同年の元旦からつづいていた玄瑞の日記が終わる。

なお、玄瑞が薩摩に偵察目的で送り込んだ堀真五郎《ほりしんごろう》は、市来で会った有馬新七から、「この機に乗じて為《な》す所あらば、三郎（久光）もまた必ず決する所あるべし」と言われたという（『伝家録』）。しかし久光は、いわゆる草莽《そうもう》の有志が政治に関与すれば、秩序の崩壊につながるといった考えの持ち主である。それが、玄瑞らには理解できていなかった。

医学修業の名目で大坂へ

長州藩の国相府は島津久光上洛の報に接するや、まず総奉行の兵庫派遣を決めた。ただし時間的に切迫しており、江戸の行相府の指示を待つ余裕がない。総奉行毛利隠岐の嫡子将監《しょうげん》が行くことになり、輔翼として六十八歳の浦靱負《ゆきえ》が兵庫出張を命じられた。三月十八日、浦に発せられた国相府重臣の御用状には「来原良蔵薩州にて事情探索承り帰り候趣にては、事切迫に及び候事に付、御自分様早々出足、兵庫差し出され候間、惣奉行衆御示し合わせ候ようにと存じ候」(『山口県史 史料編 幕末維新3』)などとあり、来原情報が重視されていたことが分かる。そして浦の随行員に、「医学修行」の名目で玄瑞も加えられた。他には岡部富太郎・粟屋右源太・中山源之助・高橋与三・佐世八十郎・楢崎弥八郎・境徳蔵・中谷正亮・久保清太郎らが随行員に選ばれた。

ところが、玄瑞の名が江戸で捕えられた多賀谷勇(長州藩主一門毛利筑前の臣)の関係者として幕府側にマークされていたため、山田宇右衛門・中村九郎兵衛・兼重譲蔵《かねしげじょうぞう》・井上小豊後《こぶんご》ら行相府幹部は三月十五日、国もとへ飛脚を送り、玄瑞の「遠出」に反対する。山田らは玄瑞につき、「御承知の通り、気概これ有る者につき、爰元《ここもと》(江戸)罷り居り候節も一種持論を立て、頻々時勢を論じ候由」と述べ危険視する。この指令を受けた国相府は、すでに玄瑞は沙汰を待たずに上方に向かってしまったが、場合によっては帰国させるなどと返信した。

ここで玄瑞を庇ったのは、またも京都藩邸留守居役の宍戸九郎兵衛だった。四月十日、宍戸が竹内正兵衛と連名で、前田孫右衛門ら国相府の四名にあてた手紙には「当地の模様、薩邸の事実探索は彼の僧(玄瑞)ならで相捌けず、この間より来原良蔵その外追々参り候えども、一向実事を明かし申さず候」とあり、「横議横行」で薩摩藩と付き合いのある玄瑞が必要なのだと言う。「僧」というのは、玄瑞が坊主頭だったからである。玄瑞の政治的地位が、格段に上昇したことがうかがえよう。

玄瑞は三月二十四日朝、萩を発ち、下関の白石正一郎や宮市の岡本三右衛門を訪ねて挨拶した後、二十七日に富海《とのみ》から出帆して、四月五日、大坂に至った。そのころ、萩から重臣の命を受けた藩の捕吏が玄瑞を捕えに来たが、宍戸の配慮で藩邸外にしばらく潜伏したという（『伝家録』）。

長井雅楽の脅威

玄瑞たちは宍戸九郎兵衛に庇護されながら、挙兵計画を進めた。だが、表向きの長州藩は主命を受けて文久二年（一八六二）三月十日に入京した長井雅楽が「航海遠略策」を掲げて、朝廷側の説得をつづけていた。周布政之助は三月二十五日、京都に入り、長井と会談する。その結果、至急藩主を上京させるよりも、京都での周旋を今一層行うべきとの方針に変わった。二十七日、周布は国相府の前田孫右衛門・福原与三兵衛に手紙でその旨を知らせ、さらに列藩に相談した上で、藩主を上京させると言っている。このように周布が冷静に考えるようになったのは「少々違却の趣もこれ有り」と手紙にあるように、暴発必至と予測していた薩摩藩の実情が、そうではないと知ったからである。

長井は大坂の藩邸にいる玄瑞らのもとに来原良蔵・時山直八を派遣し、「御当家正大の御議論」を聞かせ、挙兵に加わるのは主人の道に背く者であり、もし従わぬ場合は厳しく処罰すると説いた。また、長井は「薩州人その外浪士、私を姦物と名目つかまつり、刺すの突くのと申す評判誠に高し」と認識しており、来原・時山を大島三右衛門（西郷隆盛）や小河弥右衛門らのもとにも派遣して、説得させたが効果はなかった（中原邦平『長井雅楽詳伝』）。

このような状況の中、玄瑞は四月八日、大坂から江戸にいる藩主に上書を呈す。玄瑞は島津久光が十一日、大坂に着き、十五日に伏見に入る予定であり、潜伏五日のうちにきっと勤王の大義一発を行うだろうと予測する。そして、毛利家は諸藩と違い「数百年来尊王の門閥」であると強調し、薩摩藩への対抗意識を煽り、藩主に公武周旋を打ち切るよう迫る。

玄瑞が計画を進めることができたのは、宍戸九郎兵衛らが、江戸の行相府の意向を無視したからだ。玄瑞が上書を書き上げた翌日の九日、宍戸は稽古人数二十人を率いて、大坂より京都に入った。十四日には京都で周旋中の長井が、江戸へ呼び返される。

浦は手兵百余を率い、嫡子滋之助とともに十四日に兵庫に着いて、宍戸を呼び出し「京師之時情《（ママ）》も篤《とく》と承」った（「浦日記」『山口県史　史料編　幕末維新3』）。つづいて大坂、伏見を経て十七日夜、京都に入っている。これで長州勢は二百人になったが、それほどの軍事力を京都に滞在させる大義名分は、四年前の安政五年（一八五八）八月、「戊午《ぼご》の密勅」降下のさい届けられた密旨であった（『伝家録』）。

松浦松洞の死

この頃、島津久光の率兵上京に期待して諸国の尊攘運動に奔走する者たちが、京都や大坂に集結しつつあった。その面々を武田勘治『久坂玄瑞』などで見ると次のようになる。

長州の大坂藩邸には玄瑞・寺島忠三郎らを中心に堀真五郎・福原乙之進・中谷正亮・佐世八十郎・入江杉蔵・久保清太郎・楢崎弥八郎・天野清三郎・中谷茂十郎・伊藤伝之助・品川弥二郎ら二十名ほど。その大半が松陰門下生である。同所に土佐脱藩の吉村虎太郎ら数名もいた。

大坂の長州藩邸（蔵屋敷）跡（大阪市北区）

薩摩の大坂藩邸には田中河内介が糾合した清河八郎・伊牟田尚平・安積五郎・田中瑳磨介ら、久留米脱藩の原道太・鶴田陶司・荒巻半三郎ら、豊後岡藩の小河弥右衛門・広瀬友之丞ら十八名。福岡の平野国臣や秋月・肥後などの士も若干いた。

江戸や薩摩から脱走した薩摩藩士や日向佐土原藩などは、大坂中之島の魚屋太平方に潜伏した。他に久留米脱藩で浪士たちの指導者的存在だった真木和泉なども大坂に入り、総勢百余名とされた。

堀真五郎『伝家録』によると、ある時、岡藩の小河弥右衛門が大坂にいた玄瑞を訪ねて来て、薩摩藩邸を根城とする過激派が長井暗殺を計画していると伝えた。ただでさえ薩摩藩への対抗意識を強めている玄瑞としては、黙っておくわけにはいかない。「その議なれば敢えて諸君を煩わさず」と返答した。そして密かに堀たち同志に、次のように語った。

「今や大事を挙げんとするに当たりて、一長井の為に骨を路頭に曝さんことは遺憾至極なり。然れども長井にして他藩士の刺殺するところと為《な》らば、我が藩の不面目のみならず、吾々同志者の武士道を如何せん。速やかに決行するにしかず」

これを聞いた松浦松洞は、ひとりで長井を暗殺しようと決意して京都に向かった。だが、長井はすでに京都を去り、江戸へ向かっていた。失望した松洞は文久二年（一八六二）四月十三日、粟田山で自決する。享年二十六。

四月十一日に京都に入った玄瑞は、みずから松洞の遺骸を発見したという。備忘録のような日記十三日の条には「松洞没す」とのみ記されている。同志たちは松洞の遺骸を、東山霊山《りょうぜん》に葬った。「有志者をこの処（霊山）に葬むることは、これを以て嚆矢とす」とされる（『伝家録』）。玄瑞は五月一日、妻文にあてた手紙に「松洞割腹いたし候事は甚だ残念の次第に候。松洞方へ手紙出したく候えども、何とも申し様これ無くにつき、差し控え申し候」と、その悲しい胸中を伝える。

長井弾劾の建白

松浦松洞の自決が拍車を掛けたのか、京都に入った玄瑞は文久二年四月十九日、佐世八十郎・楢崎仲介・久保清太郎・中谷正亮・楢崎弥八郎とともに再び長井雅楽弾劾の建白を書き上げた。それは「この度公武御合体御周旋御手切れに相成り、純然たる勤王の御処置これ有り候。第一着は長井雅楽譎詐《きっさ》不臣の罪を正すにこれ有り候儀」に始まる。公武周旋を終わらせ、上京中の浦靱負が朝廷に国是一定を願う建白を差し出すよう訴えている。

その大略は、長州藩主の公武周旋の主旨は「時勢慨歎の誠心より発し候儀にて、幕府をして年来暴慢の過失を改めしめ、朝廷の御正論を遵奉致さしめ候覚悟」だったのに、長井が「一己の取り計らいよりして朝廷に対し奉り種々失礼の言申し立て、幕府に諛佞《ゆねい》致し、終に朝廷の御不平を蒙り、主人最前の旨意相貫き申さず次第に立ち至り候段、誠に以て恐れ入り奉り候」といった事態に陥ったのだと言う。つづいて玄瑞は、長井の罪は次の条々だとする。

①朝廷を蔑如し、公卿の籠絡をはかり、藩主を欺き老臣を侮慢《ぶまん》したこと。

②過ぎる安政五年、御直書《じきしょ》を以て勤王の御盛意《せいい》をお示しあそばされ、士気奮興、近時稀なる事であったにかかわらず、帰国した長井が士気を阻んだこと。

③吉田寅次郎は赤心誠忠の者であって、当時藩の枢機に居る長井ならばいかようにも取り計らえたのに、その身柄を関東に引き渡したこと。

④文久元年五月に江戸へ下ったおり、世子定広の盛意を一言で挫いたこと。

⑤同年九月、東観途上の藩主が花岡駅で病んださい、家来一統の気遣いを無視して、強いて東下向を促したこと。

⑥牽強付会《けんきょうふかい》の書面をもって藩主の方寸だと唱えたこと。

⑦安藤・久世の支援を背景に、藩主ならびに支藩主・老臣たちを挫き、勝手に柳の間に出仕したこと。

⑧百五十石を先知に返し、引米を返したこと。

⑨公卿の諸大夫である島田左近・三浦七兵衛などとたびたび密談し、贈賄したり、内簡を取りはからったりしたこと。

⑩藩給費による修業中の若い藩士を籠絡《ろうらく》して、自身の警衛士としたこと。

⑪薩摩藩が大挙して入洛するようなことがあっても、在京の武士を以て防ぎとどめるよう、公卿方へ申し出て、ために薩摩の怒りを受けたこと。

結語としては、このようなたくさんの罪を犯した長井は一身を寸断してもなお飽き足らないところだが、格別のお恵みをもって家名断絶だけはせず、身柄は切腹を仰せ付けられたいと具申する。そのようにしなければ長州藩主は忠節を誓っても朝廷からは信任されず、天下の有志も納得しないと言う。

寺田屋騒動　島津久光は文久二年（一八六二）四月十三日に大坂を発ち、川船に乗り伏見に着き、十六日、一千の兵を率いて京都に入った。そして朝廷側に入京・出府の目的を「公武御合体、皇威御伸興、幕政御変革」とする書面を差し出す。

一方、朝廷側は久光に、京都に滞在して浪士たちの不穏な動きを抑えるよう、勅旨を与えた。ここで久光は、京都滞在の大義名分を得た。本来ならば浪士などの取り締まりは京都所司代酒井忠義の任務だが、とても役に立たぬと見た朝廷は、久光に期待したのである。

大坂に残された誠忠組の有馬新七らは久光の動きに苛立ち、田中河内介や小河弥右衛門らと話し合う。その結果、東西での義挙は断念するものの、上方のみで行い、尊攘の大義を明らかにし、まずは奸吏を除くと決める。そのターゲットは関白九条尚忠《ひさただ》に絞られ、決行は二十一日とされた。

だが、久光は過激な計画には断固反対の立場であり、かれらの首領になってやる気も無い。久光は十八日に海江田武次（信義）と奈良原清を、二十日に大久保一蔵を大坂に送って説諭させたが、いず

有馬新七ら九士の墓
（京都市伏見区・大黒寺）

れも有馬らは応じようとしなかった。その後、決行は二十二日夜、さらに二十三日夜へと延期される。

海江田は二十二日、玄瑞に手紙を送り、誤報が伝わっているようなので、久光側近の堀次郎と話し合ってほしいなどと述べている。それから久光の命を受けた堀が京都の長州藩邸を訪れ、宍戸や玄瑞に面会したが、「只今始めて暴挙の企てあるを承った」などととぼけられ、退出するしかなかった（豊田小八郎『田中河内介』）。翌二十三日には薩摩藩の横目兼務本田弥右衛門が、やはり玄瑞に一書を送り「然らば浦大人御上洛の趣に承り候。右につき、宍戸君にも御上京これ有り候哉」などと問い合わせている。長州側は久光の勧告を、ほとんど無視しつづけた。

小河の回顧録『王政復古　義挙録』には「長州勢は京都に火の手揚り次第所司代へ攻入るべく」「廿一日夜必ず一挙あるべき用意にて家老浦靱負、留守居役宍戸九郎兵衛とも謀り合せ、久坂玄瑞の列は所司代邸に打ち入りなん。浦氏の人数はその形勢に応じ」云々といった計画を進めていたとある。堀真五郎『伝家録』によれば長州勢は「宍翁（宍戸九郎兵衛）の計画する所」で動いたとあり、同志たちは九条関白邸襲撃には不同意だったから、所司代がいる二条城を襲撃することに決まったのだという。「浦日記」四月二十二日の条には長州勢百数十名の名簿が出ているが、宍戸は「一ノ手」の筆頭で、玄瑞は「二ノ手」の中に名が見える。このころのことと思われるが、梅田雲浜の姪とみが所司代襲撃の準備を進める玄瑞らに、鎖襦袢の縫い物を頼まれたと後年回顧している。

大坂を発った有馬らは二十三日夕方、武器や弾薬を携えて伏見の船宿寺田屋に集結し、挙兵の準備を進めた。これに対し久光は、有馬らと同じ誠忠組の奈良原繁ら八名を選び、有馬らを説得して京都の薩摩藩邸に連れて帰るよう、もし応じない場合は臨機の処置をなすよう命じた。

こうして、寺田屋での上意討ちとなる（寺田屋騒動）。有馬のほか柴山愛次郎・弟子丸龍助・橋口伝蔵・西田直五郎・橋口壮助が斬られ、森山新五左衛門・田中謙助が翌日切腹した。討ち手側は、道島五郎兵衛が闘死している。挙兵を企んで寺田屋に集結していた西郷信吾（従道）・大山弥助（巌）ら二十数名の薩摩藩士は帰国を命じられた。

つづいて薩摩藩は真木和泉や吉村虎太郎らを捕え、それぞれ出身藩に引き渡した。さらに帰る場所のない田中河内介と息子の嵯峨之助を捕え、薩摩に向かう途中の船中で密殺したりした。

玄瑞ら捕縛を免れる

『久坂玄瑞日記　文久二年夏秋』文久二年四月二十三日の条には、寺田屋騒動につき「夜、伏水刃傷の人は有馬新七・弟子丸龍助・森山新五右衛門・田中謙介・橋口伝蔵・柴山愛次郎・橋口壮介。伍組の内永田佐一郎は浪花にて橋口その他と議論合わずして屠腹す」と記されている。

この夜、武力蜂起に呼応するはずだった玄瑞の動向を、行動を共にしていた堀真五郎の『伝家録』が伝えている。それによると玄瑞らは二条城襲撃に向かうため、京都の田中河内介邸（臥竜窟《がりゅうくつ》）で待機していた。ちなみに豊田小八郎『田中河内介』によれば田中邸は、「丸太橋の東詰少し北へ入った処の東側（中略）聖護院領東 椹《さわらぎ》木町」にあった。御所の東方、鴨川を隔てたあたりである。ところが田中は伏見に行ったまま帰京しない。玄瑞らは不安の念を募らせていたところ、四更（午前二時）ころになって久留米脱藩の原道太らが田中邸に来て、伏見で事が敗れた旨を報じた。

長州藩邸の同志は、憤慨する。玄瑞は詳しい事情が知りたいと、夜が明けるのを待ち、薩摩藩邸に小河弥右衛門らを訪ねた。ところが薩摩藩邸の門は閉ざされており、玄瑞らは入れてもらえない。それどころか薩摩藩士吉井中助（友実）が長州藩邸に来て宍戸九郎兵衛に面会し、このたびの挙に関係した長州藩の者を捕縛すると言う。宍戸は「かかる事に与《くみ》したる者なし」として拒否したが、しばらくすると堀次郎が来て、また同じことを言った。宍戸はあくまで「その事なし」と突っぱねたので、「人皆その応接振りの剛胆なるを称す」だったという（『伝家録』）。

二十四日、玄瑞・堀真五郎の連名あて小河書簡によると、小河は四更過ぎに伏見に到着して「大敗の様子」を知り、大いに落胆した。それでも今後しばらく伏見に滞留し、長州藩世子の上京に期待するなどと述べている。

宍戸の機知により、玄瑞らは捕縛されず、身柄は同志とともに藩邸の外に移された。五月一日、玄瑞が妻文にあてた手紙には「我等もこのせつは京都御屋敷の後ろに住居いたし、佐世・楢崎兄弟・寺島・中谷・真五郎など同居に候。杉蔵・和作・弥二など追々来り申し候。面白く楽しき事はこのせつに候」と、楽観的に知らせる。

十三日に江戸を発った世子毛利定広が京都に到着したのは「寺田屋騒動」の五日後、二十八日のことである。朝廷は定広に、滞京を許す内勅を与えた。そこには長井雅楽が江戸に帰ったため、「大膳大夫（毛利慶親）建白の旨趣未だ徹底」しないので、定広に周旋の継続を依頼するとあった。もう一点、浪士の取り締まりにつき、中には長州の者もいるので、再び非常事態が起こった場合は「薩州と力を合わせ鎮静」するよう命じている。

これに対し五月一日、定広は奉答した。建白が徹底していないという意味を問い、定広への周旋依頼については、自分は部屋住みで事情がよく分からないとの理由から、猶予を求めている。

島津久光の国事周旋

つづいて朝廷は島津久光の求めに応じ、幕府に勅命を下すことにした。それは三事策として作成されており、将軍が上洛して国是を議定すること、五大老を設置すること、一橋慶喜と松平慶永を登用することのうちひとつを、実行するよう命じる。この勅命を幕府に伝達する勅使として、硬骨漢の公卿として知られた大原重徳が選ばれた。

世子毛利定広（京都市教育会編『京都維新史蹟』）

久光率いる薩摩兵に護衛された大原は文久二年（一八六二）五月二十二日、京都を発ち、六月七日、江戸に到着した。十日、江戸城に入った大原は将軍徳川家茂に対し、公武一和、国内一統で攘夷を行い、平和を取り戻したいとの叡慮を伝える。こうして幕府は一橋慶喜を将軍後見職、松平慶永を政事総裁職に任命し、国政の場に復帰させた。

これは、あからさまな朝廷の人事干渉なのだが、幕府には突っぱねるだけの勢いがすでにない。久光は外様大名でも天皇の権威を盾にすれば、幕府内部に介入できることを証明して見せた。一方、せめてもの報復なのか、幕閣は八月になり、前年十二月に起こった三田の薩摩藩邸放火事件の犯人を堀次郎であると確定し、厳罰に処すよう久光に命じる。自ら処罰できないほど、幕威は凋落していた。こうして久光の側近から外された堀は十月、海路国もとに送り帰された。そのさい伊知地貞馨と名を変え、明治になって内務省に出仕するが、収賄事件に関わり免職、明治二十年（一八八七）に没している。

なお、京都では六月二十九日、天皇との関係が上手くゆかず、しかも幕府寄りと噂されていた左大臣九条尚忠が関白を辞していた。九条更迭は久光の主張でもあったが、尊攘派から暗殺のターゲットとして狙われていたため、朝廷としても先手を打っておく必要があったのである。後任の関白は薩摩藩と強い関係を持つ、前左大臣近衛忠熙《ただひろ》になった。

3　長州藩是は「奉勅攘夷」に

新藩是の決定

このような薩摩藩の快進撃に、長州藩の国事周旋はすっかりお株を奪われた形になった。しかも文久二年（一八六二）五月五日、議奏中山忠能より当職浦靱負に伝えられた内勅は、驚くべき内容を含んでいた。それは、長井雅楽の周旋を評価しながらも、建白中に朝廷を誹謗するような辞があるので、藩主毛利慶親が上京して弁解せよというものだった。この問題部分は本旨の内容と矛盾するため、玄瑞らが裏工作して中山に追加させたものと推察されている（高橋秀直『幕末維新の政治と天皇』）。

ここにきて、長州藩の動揺はピークに達した。謗詞《ぼうじ》一件はただちに江戸に伝えられ、長井は同月十四日、藩主に待罪書を提出して、二十日、職を退く。つづいて六月五日、帰国謹慎を命じられ、十八日、江戸から帰国の途に就く。上京を命じられた藩主慶親は六月六日、江戸を発った。途中、勅使と島津久光の一行に会うことを避け、中山道を進み、京都に入ったのは七月二日であった。

そして六日、慶親は京都の藩邸に老臣以下を招集し、新しい藩是を決めるための御前会議を開く。前日、他藩との交渉役に就任した周布政之助・中村九郎・桂小五郎も列席した。会議は、叡慮が「開国」か「攘夷」かをめぐり紛糾した。江戸の行相府の面々は実は「開国」であると主張したが、結局、「攘夷」とする京都藩邸の宍戸九郎兵衛・中村・桂らの主張が勝った。周布が会議の途中、「開国」から「攘夷」に転じたことも大きい（高橋秀直『幕末維新の政治と天皇』）。

こうして「航海遠略策」は正式に破棄され、新藩是は「奉勅攘夷」に決まった。しかも、ただちに条約を破棄するという「破約攘夷」である。君臣一体となって成否を度外視し、「楠公湊川」の決心で攘夷を行うと言うのだ。後醍醐天皇の命を受けた楠木正成が、勝算が乏しいにもかかわらず、摂津湊川で足利尊氏と戦って死んだことと、攘夷実行を重ねたのである。

もっとも、周布の本心は単純な精神論をもって闇雲に攘夷、鎖国を貫こうとするのではない。不当に（勅許を得ず）締結された条約を一旦破棄し、大名会議によって新国是を決める。そして開戦の決意により国内の武備充実、人心を一新させた上で、最終的には開国を行うのだ。周布は「攘は排なり、排は開なり、攘夷しかして後、国を開くべし」と揮毫しているが、攘夷の真の目的は鎖国ではなく、あくまで開国であると考えていた。そのため周布は、西洋に密航留学生を派遣する準備を進める。こうした破約攘夷論は幕府や薩摩藩を除けば、当時の政治社会では一般的に認知されていた（青山忠正『明治維新と国家形成』）。

長州藩は朝廷に対し、叡慮の確認を文書により繰り返し行った（宮内庁蔵版『孝明天皇紀・四』）。すでに攘夷の叡慮は、広く知れ渡っている。だから朝廷としては威厳を保つためにも、いまさら開国に傾いたとは言えない。含みを持たせながらも閏八月二十七日、叡慮は不変だと回答した。しかも朝廷は通商条約の破約だけでなく、実は下田条約（日米和親条約）も勅許しておらず、問題視している旨も伝えてきた。もっとも、国是の決定は将来の「衆議」によるとし、決定的な回答を避けている。これにより長州藩は、叡慮が攘夷であるとの確証を得た。

孝明天皇は、独裁者になるつもりはない。にもかかわらず、長州藩は叡慮が絶対であるとして「衆議」を封じ込め、「即今攘夷」の路線を突き進もうとする。そして反対する者には、たとえ朝廷関係者であっても時にテロの刃を向けた。七月二十日には「安政の大獄」に協力した九条家の家臣島田左近が、閏八月二十日には越後浪人の本間精一郎が、いずれも京都市街で暗殺されている。

九月二十三日、江戸へ向かう京都東御番所組与力の森孫六ら四名を、東海道の宿場である近江石部《いしべ》（現在の滋賀県湖南市）で暗殺したのは、武市半平太の「在京日記」（『武市瑞山関係文書・二』）によれば土佐十二名、長州十名、薩摩二名から成る大規模な刺客団であった。武市門下で、刺客のひとりだった五十嵐敬之（幾之進）は後年、回顧録「天誅見聞談」（『武市瑞山関係文書・二』）で「長州からは久坂玄瑞と寺島忠三郎と外に六、七人」が石部に行ったと述べている。

現在の石部宿（滋賀県湖南市）

土佐藩の刺客

武市半平太は挙藩勤王の方針を崩さなかったが、土佐藩政府で実権を握る参政職の吉田東《とう》洋《よう》を動かすことはできなかった。このため島津久光の率兵上京の報に接した吉村虎太郎や坂本龍馬らは、脱藩してしまう。

文久二年四月十二日は、土佐藩主山内豊範《やまうちとよのり》が出府する出発日にあたっていた。武市はその日までに東洋を暗殺し、藩論を勤王に一本化しようと考える。こうして四月八日夜、武市は刺客を放ち、高知城下で東洋を暗殺した。

刺客は土佐勤王党の那須信吾・安岡嘉助・大石団蔵の三人である。東洋を斬ったかれらは下関・多度津・堺・住吉（現在の大阪府大阪市）・大坂などと逃げ回り、四月三十日、京都に至り、木屋町にあった玄瑞の寓居を訪ねて来た。玄瑞は特に大石とは旧知の間柄であり、三人を匿う。この間の事情は五月二十五日、京都の長州藩邸の乃美権右衛門《のみごんえもん》が、国相府の前田孫右衛門《まえだまごえもん》らに報告した一書に詳しい。それによるとまず、土佐藩留守居役の森下文平が乃美の固屋を訪ねて来て、次のように問うたという。

「大石団蔵・安岡嘉助・那須真吾《(ママ)》事土州に於いて国禁を犯し、その場を立ち退き候につき、方々相尋ね候内、同藩重松緑太郎と申す者取り調べ候ところ、京都木屋町にて長藩久坂玄瑞と申す者方へ同居つかまつり候段白状に及び候につき、早速捕手の者差し登り候ところ、最早居り合い申さず、いずれへ逃げ候哉行衛相知れず候に付、御示談に及び候」

重松の自白を得た土佐藩からの照会により、乃美は玄瑞を取り調べる。玄瑞は三人が訪ねて来たことを認めるも、「過ぐる七日、団蔵その外弐人一同町風呂へ参り候由にて外出つかまつり、それきり罷り帰らず候事」と、人を食ったような回答をした。

堀真五郎『伝家録』によると、土佐藩吏は河原町の長州藩邸を訪ねたが、宍戸九郎兵衛に体よく追い払われた。つづいて役人は木屋町に玄瑞を訪ねるも、ここでも要領を得なかった。実は前夜、玄瑞は三人の身柄を、ひそかに薩摩藩邸に移していたのだ。玄瑞の備忘録には、五月十二日のこととして「土人三人サツマへ渡す」とある。

ちなみに刺客の那須は翌三年八月、大和行幸の先鋒として天誅組挙兵に加わり、敗れて吉野山中鷲《わし》家口《かぐち》で戦死した。安岡も天誅組に加わり、敗走後捕えられ、京都粟田口で刑死している。大石は高見弥市と名を変え、慶応元年（一八六五）、薩摩藩の秘密留学生のひとりとして渡英して測量や機関学、数学を学び、同三年に帰国後は薩摩藩校造士館教授などを務めた。

東洋が除かれたことにより、土佐藩はともかく動いた。六月二十八日、土佐藩主山内豊範が出府のため土佐高知を発つ。大坂到着後、今後、国事周旋すべきか否かで意見の対立が起こったため遅れたが、七月二十五日には京都に入っている。

朝廷は土佐藩に滞京、警備を依頼し、薩長とともに国事周旋するよう沙汰を出す。豊範は閏八月十四日、小南五郎右衛門や谷干城らとともに、土佐勤王党幹部の武市と平井収二郎を他藩応接掛とした。江戸における「横議横行」の経験が、認められたのである。

長井雅楽要撃計画

帰国謹慎の命を受けた長井雅楽は文久二年六月十八日、江戸を発ち、中老格の堂々たる供備で中山道を進んだ。これを玄瑞らは守山（現在の滋賀県守山市）・伏見間で待ち構え、暗殺しようとする。玄瑞は六月十九日、次のような決意を述べた。

「私共一同、長井雅楽を斬除つかまつりたく決心つかまつり候。雅楽奸佞弁智、身家を謀り、欺君売国の事、衆目の視る所にて候。このたびの如く容易ならざる御恥辱を取らせ、恐れ多くも　朝廷を侮慢し、国是を動揺つかまつらんと相謀り候事、言語道断にこれ有り申し候。かの罪科、去る四月中旬言上つかまつり候事にござ候」

玄瑞らが謹慎させられた法雲寺
（京都府京都市）

玄瑞がここまで長井に執着したのは、薩摩藩への対抗意識とも無縁ではないだろう。このころ、下関での待機命令に違反したため島津久光の逆鱗に触れ、徳之島に流されていた西郷吉之助は薩摩藩士木場伝内にあてた長文の手紙（『大西郷全集・二』）の中で、長井の周旋は幕府立て直しに協力するものだとして、「永井儀は長州の有志共へ刺すべく申し置き候間」「永井を打つの策は実に手荒い様にござ候えども、天下の奸物にてござ候」「決して行く先我が国の為にも、永井の邪魔を成すべくは案中にござ候」などと、激しく非難している。

薩摩藩に長井を殺されては、自分たちの面目が丸潰れとなると以前から危惧していた玄瑞は、行動を起こす。六月三十日、福原乙之進・寺島忠三郎・堀真五郎とともに京都を出、勧修寺藤茶屋や大津で待ち伏せたが、長井の一行には出合わなかった。途中から野村和作（靖）と伊藤俊輔も加わり、草津や守山、さらには宇治から伏見まで探してまわったが、それでも見つからなかった。実は玄瑞らの襲撃を予測した長井は、守山から駕籠を捨てて伊賀越えをして、奈良あたりを通って大坂に出、萩をめざしていたのである。

伏見の銭屋で長井に逃げられたことを知った玄瑞は、「実に以て時機を誤り、終天の遺憾この事に候」と悔しがった。さすがに宍戸九郎兵衛も玄瑞らの行動に驚き、「意見合わざればとて、私に殺さんは道に違えり」と懇ろに諭したという（宮内省蔵版『修補殉難録稿・中』）。

そして七月三日、伊藤を除く五人は「私ども此のごとく容易ならざる大事相企て、重大の御大法に相背き候事につき、この上はいか様御厳刑仰せ付け候とも遺憾存じ奉らず候」と、京都藩邸の浦靱負に自首した（届け出書は福原・玄瑞・寺島の三名が連署）。「浦日記」に「今朝久坂玄瑞其の外罷り帰り、拙者宿へ参り相対乞し候間、相対致し候処、心中之趣巨細相話し催事」とあるように、玄瑞は長井を早く処罰しなければ朝廷の信頼を失うとも訴えた。さらに同日、長井弾劾の建白も書き上げたが、長井を「御厳命を以て切腹」させろとか、関係者も処罰せよなどと激しい文言が並ぶ。この建白書は十八日、益田弾正から藩主に届けられる（「浦日記」）。

藩からは玄瑞ら三人に「格別の御僉議をここ以て爰元差し置かれ、宿所において相慎み居り候よう仰せ付けられ候事」との沙汰が出た。そして浦の宿舎でもある、藩邸近くの法雲寺で謹慎させられることになった。それは形式だけのものだったようで、伊藤は後年「藩の方でも国論が一変して居るから寧ろ吾々の方の議論と同様な論であって、酷い目に逢わせるでも何でもない。唯だ謹慎して居れと云うような話で済んだ」と回顧する（『伊藤公全集・三』）。

玄瑞は八月二十二日、攘夷の叡慮を確認するため尽力した中村九郎（同月より九郎兵衛から九郎に改称）に手紙を書き送り「実に以て叡断の御程、草莽ながら恐れ入り奉り候」と喜ぶ。これは同月二十日、三条実美ら尊攘派公家十三名から幕府に通じたとして非難された岩倉具視ら四名が、辞官落飾に処されたことだ。また、「正邪の弁」を明らかにするため、「長雅を厳刑」に処すよう、しかも江戸に

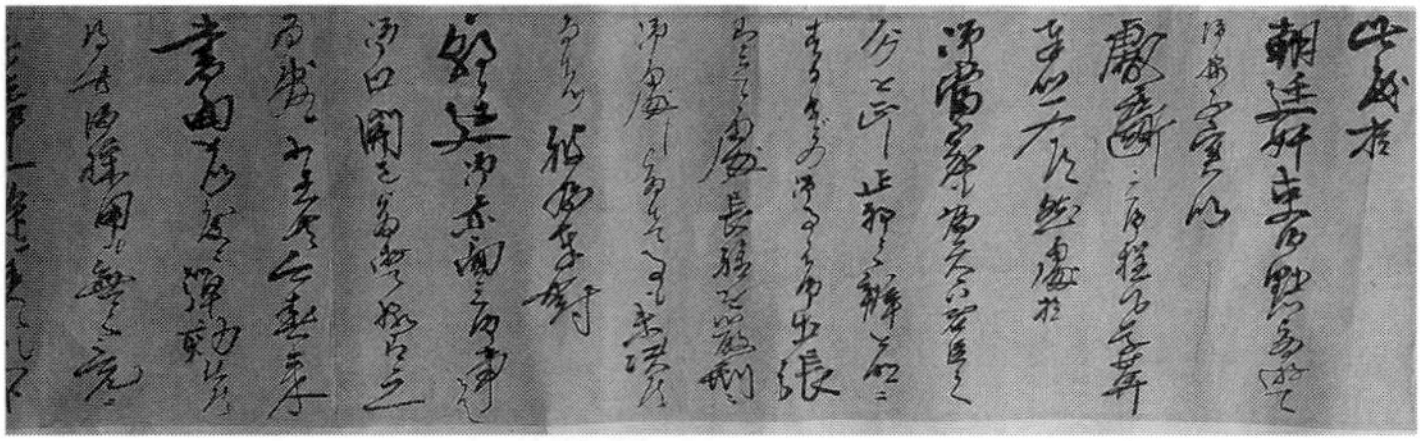

文久２年（1862）８月22日，玄瑞より中村九郎あて書簡（部分，著者蔵）

赴く世子が京都を発つ前に処罰するよう求めている。

八月二十八日、玄瑞が妻文に宛てた手紙には「もはや六十日ばかりにも相成り候えども、今もってなにたる御沙汰もなく、法雲寺と申し候所つつしみ居り候。まことにまことに楽のくらしにて、お上の御恩いかにもありがたき御事にぞんじまいらせ候」と、呑気な様子を知らせている。謹慎が解かれたのは、九月十二日のことだった。同年十月十三日、小田村文助（伊之助あらため）の手紙では「法雲寺　久坂様」と宛名されているので、しばらく同寺に居続けたようである。

桂小五郎は長州藩が国政改革に乗り出すにあたり、藩の政策統一と命令系統の一本化に腐心していた（齋藤紅葉『木戸孝允と幕末・維新』）。だが、反発した玄瑞は七月十六日付の桂あて書簡で、意見書が速やかに上層部に届かないなどと激しく抗議する。これに対し桂は十七日、宥《なだ》めるような返信を書くが、実は玄瑞の過激さを持て余していた。玄瑞は周布や桂とも距離を保ち、独自の立場を確立していたようである。

なお、帰国した長井は文久三年二月六日、切腹を命じられ、萩城下土原の自宅において果てる。享年四十五。不憫に思った藩主は元治元年（一八六四）閏五月、嫡子与之助に百五十石を給し、家名再興を許可した。

第七章　「奉勅攘夷」の挫折

1　藩の進路を示す

世子の東下

「航海遠略策」は頓挫したが、藩主毛利慶親《よしちか》も入京したので、朝廷は長州藩に国事周旋を続けさせるつもりだ。長州藩は文久二年（一八六二）七月八日、他藩交渉役の周布政之助・中村九郎兵衛を正親町《おおぎまち》三条邸に遣わし、謗詞の件の弁明と、それが済めば勅使東下に関する朝旨を奉じると伝えた。また藩主が世子と談合し、周旋の朝旨を奉ずるとも伝えた（『防長回天史・三』）。そして同月二十七日、朝廷は藩主を学習院に呼び出し、父子のうち一人は江戸へ行って勅使を補佐し、いま一人は京都で国事周旋するようにとの朝旨を伝えた。

こうして朝廷の命を受ける形での、長州藩の尊攘運動が始まる。慶親は京都に残り、八月三日、世子毛利定広は江戸へ向かった。定広が幕府に届ける勅には当初、安政元年（一八五四）に締結された下田条約（日米和親条約）の破棄を意味する「則今《ママ》攘夷」が含まれる予定だったが、「長州の考ふる所と甚だ齟齬《そご》せり」として危険視した桂小五郎らの水面下での奔走により事前に削除されたという（「木戸孝允自叙」妻木忠太編『木戸孝允遺文集』）。

出された勅は水戸烈公（徳川斉昭）への贈官、「安政の大獄」以来の「国事に死」んだ者たちへの大赦令などであった。これが容れられたら、勅許無しの条約調印も大獄も誤りだったと、幕府自らが認めたことになる。そして、玄瑞らが強く望んでいた吉田松陰の復権も可能になる。

八月十八日、世子は品川に到着し、翌十九日、勅使に謁見して久光にも会った。だがこのころ、薩摩藩と長州藩はお互い寺田屋騒動前後の経緯などから不信感を強めており、久光の態度は冷たかったという。

久光の一行は江戸を発ち、京都をめざして東海道を進んだ。ところが八月二十一日、生麦村（現在の神奈川県横浜市）で行列に接触したイギリス人を殺傷するという、いわゆる「生麦事件」を起こす。久光の真意は外国人を暗殺するといった急進的な攘夷論ではないのだが、攘夷論者たちは薩摩藩に称賛の声を送った。これが、長州藩が抱き続けている薩摩藩への対抗意識を加熱させることになる。もっとも久光は京都に戻り、すぐさま大坂から海路帰国せざるを得なくなった。

『廻瀾条議』を著す

長井雅楽《うた》要撃に失敗し、京都で謹慎中の玄瑞は文久二年（一八六二）八月一日、『廻瀾《かいらん》条議《じょうぎ》』を書き上げ、翌二日、藩主父子に呈出している。それは全六条から成る漢文の論策で、今後の長州藩の進むべき方向を示したものだった。

藩主慶親は藩是に逆らい、長井を追い詰めた玄瑞らのことを面白くは思っていない。だが、いきなり国政の表舞台に立たされても、それまで「有志大名」として活動してきたわけではないため人脈も乏しく、具体的な方策も持っていなかった。そのため玄瑞のような有志に頼ったあげく、振り回されることになってゆく。

『廻瀾条議』の中で玄瑞は、今後の外交方針として「戊午《ぼご》の密勅」を貫き、安政五年（一八五八）に締結された日米修好通商条約（神奈川条約）をはじめとする五カ国条約を破棄するよう繰り返し訴える。そして幕府の罪を糺し、朝廷を政権の中心に押し出すために、「勤王」の伝統ある藩主父子が尽力するよう求めている。

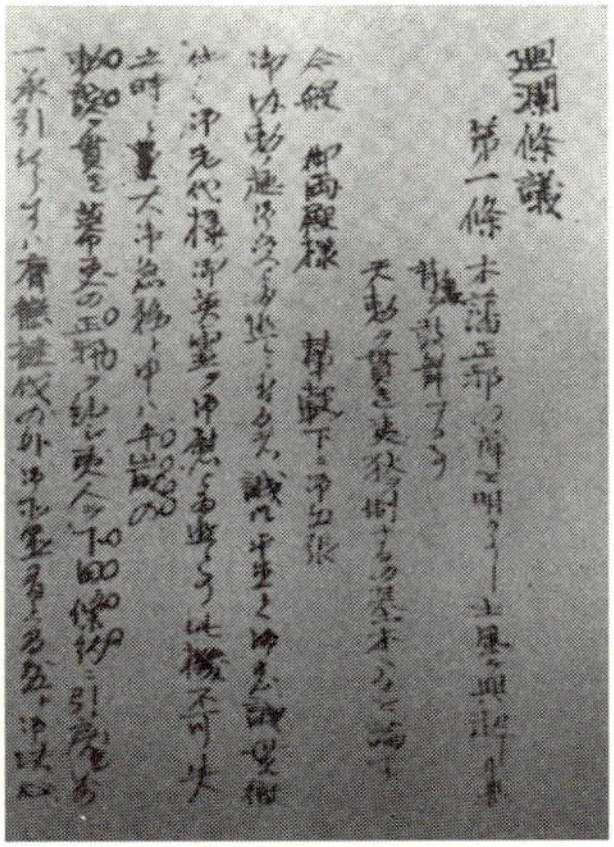
廻瀾條議
第一條

玄瑞が著した『廻瀾条議』（福本義亮『久坂玄瑞全集』）

玄瑞は条約破棄が必要な理由として、勅許なしでの奸吏による調印だったこと、そのために人心不穏となり、重役の殺傷事件（桜田門外・坂下門外の変）が起こったこと、貿易開始によって物価は騰貴し、窮民は飢餓で苦しんでいることなどを挙げる。それらを西洋列強側に説明した上で、下田条約まで引き戻すのだと言う。日本の安寧を保つためには、外国艦が長崎・下田・箱館の三港で薪水や日用品の補給ができるあたりで止めておくべきだとする。

しかし、いくら説得しても、西洋列強は承服しないかも知れない。その時は「最早曲直大分明の事につき、是非無き大勇猛断を以て決闘死戦」するのである。もし相手国が下田条約まで戻してくれるのなら、これを「皇威更張の御始め」とし、「約束を厳にし、規則を正し、耶蘇堂を廃し、踏絵を興し、ミニストルを府下に置くを禁じ、御殿山の夷館を取り除く」のだと言う。また、「唐太（樺太）の境界を改め、千島を編して我が版図に帰すべし」と、樺太・千島は日本領土として認めさせるとも言っている。それだけの「談判」ができるほどの、「御国威」を立てねばならないのだ。

そこから先は、話が途端に大きくなる。朝鮮・満州・広東・ルソン・ジャワ・インドからアメリカ、ヨーロッパまで自由に往来して所々に公館を建て、軍隊を駐屯させ、世界の形勢を睨んで万国の様子を洞観、さらに強大な海軍力を築き、我が士気を張りめぐらせば、「皇威恢復」は難しくないだろうと言う。他の部分でも「夷狄を膺懲《ようちょう》して天勅を貫き、皇威を千万里の外に耀き候よう御奮発これ有りたく候」といった希望を述べる。天皇を奉じた日本が、戦いのすえに世界を制すというのだ、この辺りの玄瑞の真意は、高橋秀直の「空疎な観念論であり、現実的な政策目標と言えるものではなかった」（『幕末維新の政治と天皇』）との見解が妥当であろう。前後の他の史料を見ても、本気でそのような策を練っていたような形跡は見当らない。

玄瑞の西洋列強に対する嫌悪感は、相変わらず凄まじい。それは、開国を見据えた攘夷論とは異なる。条約破棄によって起こる戦争を国内改革、軍備強化の好機とし、鎖国体制に近い状態、和親条約あたりに戻すのが主眼である。

そのため『廻瀾条議』の一条目に、まずは長州藩の「正邪の弁」を明らかにするとある。これは長井雅楽を厳罰に処し、吉田松陰を藩レベルで祭り上げることである。玄瑞に言わせると松陰は「忠烈節義の士」であり、「殉国の志」のために身を捨てた。ところが松陰に対する国元の評価はさまざまで、「御危害を引き出し国賊」と罵る者までいる。だから、罪人として小塚原に埋められている松陰の遺骸を他所に改葬し、藩主から「諡号褒詞《しごうほうし》」などいただきたいとする。そうすれば国もとの士民はますます感激し、節義廉恥の風が起こると言う。

玄瑞は政治運動には、精神的支柱が必要だと考えていた。かつて蒲生君平《がもうくんぺい》が「夷狄《いてき》を退治せんには、まず林子平の墓を祭るべし」と唱えたのにならい、「勤王」を盛んにするためには松陰の霊を祭るべきだと言っている。しかし、いくらなんでも刑場に埋められている罪人を、藩の公式なシンボルとして祭り上げるわけにはいかない。だから、何らかの権威のお墨付きを得て、罪を拭い去る必要があった。「横議横行」のさい利用した松陰を、今度は長州藩を急進的な尊攘路線で一本化するための精神的支柱として使おうとしている。

『解腕痴言』を回覧させる

つづいて文久二年（一八六二）閏八月二十八日、玄瑞は『廻瀾条議』の姉妹篇とも言うべき『解腕痴言《かいわんちげん》』を著す。書名は蝮に腕を噛まれた壮士が、全身に毒がまわらぬように切り落とすとの故事にちなむ。「攘夷もせずして富強を説くは、譬《たと》えば蛇に噛み付かれながら、その毒をそれなりにして薬餌を用い、梁肉を食うがごとし」と言う。玄瑞の考える攘夷とは、西洋列強相手に武力をもって戦うことである。

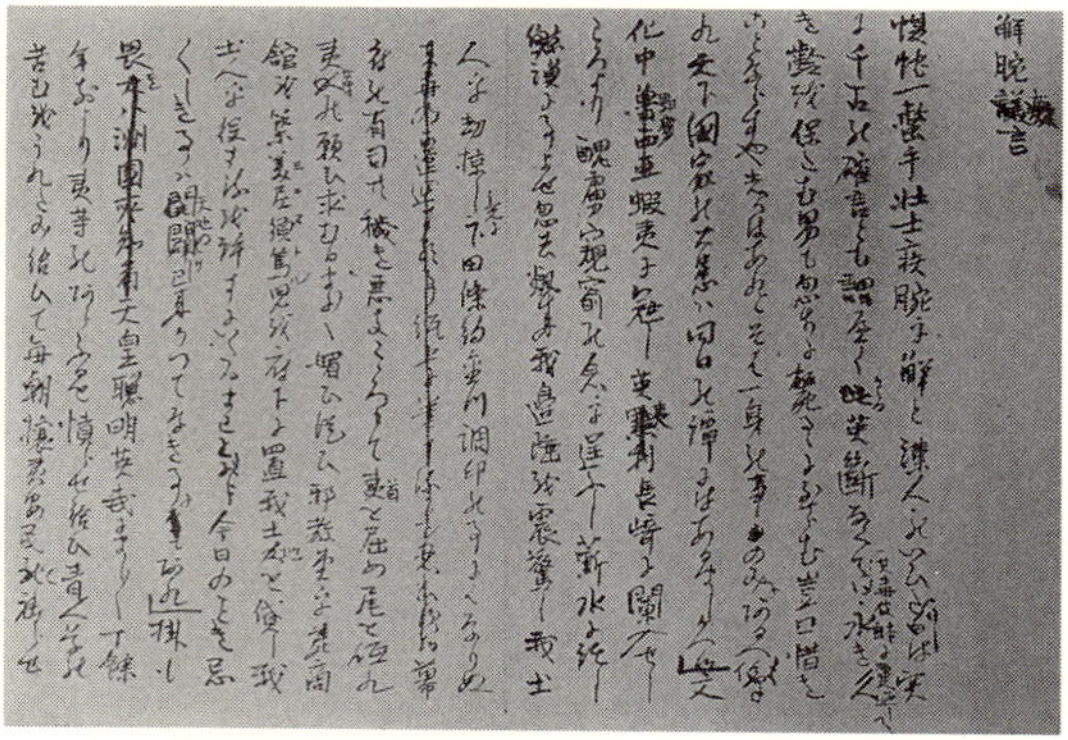

玄瑞が著した『解腕痴言』
（福本義亮『贈正四位久坂玄瑞建白書　廻瀾条議』）

『廻瀾条議』は漢文体だったが、『解腕痴言』は広い読者層を想定したのか和文である。九月十一日、江戸にいる品川弥二郎にあてた手紙で玄瑞は、『解腕痴言』を在江戸の世子に読ませるため、山県半蔵に預けたとする。また、品川に筆写して同志に回覧するよう依頼している。

『解腕痴言』の中でも玄瑞は、攘夷をすみやかに行うことが必要だと、六カ条に分けて繰り返し主張している。その要点は次のようなものであった。①幕府は武備を整えた後に西洋を打ち払うとして開国したが、一向に実行しない。②キリスト教勢力が日本国内に広まっており、このままでは人心が奪われ、国が奪われようとしている。早く討たねば、中国やインドの失敗を繰り返すことになる。③西洋がアジア各地を支配しており、日本にもその危機が迫っている。中国の長髪賊を屈服させたら、イギリス・フランスは次は日本に攻めて来る。④貿易が始まるや奸商が外国商人と結び付き、物価が高騰した。⑤志ある大名が上京し、幕府も一橋慶喜・松平春嶽を復権させるなど、皇威が回復して士気が高まっているので、この機に乗じて西洋を攘《はら》う。⑥皇御国《すめらみくに》が夷《えびす》らに汚されたことを天皇は口惜しく思っているので、とにかく天皇の威によって皇御国を浄《きよ》めなければならない。

そのために必要なのは、天皇の権威だ。「攘夷の詔書」が出れば、天下は奮い立つと言う。幕府を否定するわけではないが、勅に従わなければ、天皇自ら懲らしめるべきだとする。さらには、天皇直属の軍事力である親兵の設置も、急務だと言う。

西洋列強に対する憎悪の念は、たとえば「夷等《えびすら》は哮噉呑噬饗《こうたんどんぜいきょう》にして厭をしらず、いかにも忌々しきものにこそあれ」「兎まれ角まれ夷等は残饗猾黠」などと、獸呼ばわりしていることからもうかがえる。だからこそ「雄断もて先則制之の術に出る」と、日本側から先に戦争を始めても良いのだと言う。

こうした玄瑞の攘夷論が以後長州藩の主流となってゆく。叡慮に従う形で、藩是を航海遠略から破約攘夷へ急転換した不安定な時期であり、過激で極端な考え方に傾き易かったのだろう。さらに、「生麦事件」を起こした薩摩藩への強い対抗意識が、よりインパクトの強い言動を受け入れたのだ。

晋作と京都で再会

『解腕痴言』の攘夷が急務とする二条目で、玄瑞はキリスト教に対する幕府の処置を、厳しく批判する。フランスに本部を置くパリ外国宣教会が日本に派遣した三人の司祭のうちの一人ジラールが、横浜に開国以来初のカトリック教会である聖心教会を建てたのも、この文久二年であった。

「開国後絵踏の旧典を廃して、礼拝堂を建て、学校を興す事などをも許されたるはいかなる禍事ぞや。こは夷等の黠策にして人の国を奪い、人の民を籠絡する皆この術に過ず候」

などと危機感を募らせ、憤慨する。当時、キリスト教、特にプロテスタントにより、西洋列強が自分たちの文明を持ち込み、他国侵略の端序にすると考えられていた。さらに「近頃上海より帰りたる男」より聞いたとして、次のように述べる。

「夷等の建てたる病院にて治療する医師は即ち教師（宣教師）にして、病者の瀕死篤病に乗じて彼の妖教を懇切に勧誘するよし」

このようにして医術を施し、信者を増やし、西洋列強は戦わずして国を奪ってしまうのだと危惧する。かつて日本では渡来から「島原の変」までキリスト教のため二十八万人が犠牲になったとも言う。玄瑞が言う上海帰りの男とは、高杉晋作のことだ。幕府の出貿易視察団に加わった晋作は、この年五月から六月にかけて清朝中国の上海に滞在した。そこで晋作が見たのは西洋列強に武力を背景として支配される、惨めな中国の姿だった。

この時から二十年前の西暦一八四二年、アヘン戦争に敗れた清朝中国はイギリスとの間に「南京条約」を締結した。条約により上海はじめ五港が開かれ、イギリスの領事館が建てられて、貿易の主導権はイギリスが握る。さらに、アメリカ・フランス・イギリスも続々と中国に進出して来た。

晋作は日記『遊清五録《ゆうしんごろく》』五月二十一日の条に「支那人はことごとく外国人の使役となし、英仏の人街市を歩行すれば、清人皆避けて傍らに道を譲る。実に上海の地は支那に属すといえども、英仏の属地というもまた可なり」と記す。また、このままでは日本も前人の誤りを繰り返す（覆轍《ふくてつ》を踏む）とも憂慮している。

長崎に帰着した晋作は危機感を募らせるあまり、ただちにオランダとの間に蒸気船購入の契約を独断で結んだ。ところが、長州藩が契約に踏み切らなかったため、商談は流れてしまう。それから晋作は江戸をめざすが、途中、藩主に報告するため京都に立ち寄った。そこで玄瑞と再会し、上海で得た危機感を伝えたのだろう。八月二十八日、玄瑞は妻文にあてた手紙の中に「高杉しんさくどのこの内上京に相成り、まことにまことによろこばしくぞんじまいらせ候」と知らせている。

儒役を断る

長州藩は文久二年十月十日、玄瑞の身柄一代医業を免じ、寺社組のまま儒役とするとの沙汰を下した。そちらの方が政治的発言が行い易いと考えた、周布政之助ら周囲の配慮によるという。

ところが十二日、玄瑞は「元来魯鈍《ろどん》の生質にして文学未熟」を理由に、辞退したい旨を藩政府に申し出た。十三日、小田村文助は玄瑞に手紙で奉命を強く勧めている。その中には「然れば老兄の御事業、業すでに医より儒の科にこそ御似合いと相考え候。格別摘章摘句の文儒を以て老兄を望み候訳にはこれ無く候えば、断然御奉命に御決心所望にござ候」とあり、儒者の仕事は建前的なものだからと、説得した。

だが玄瑞は十九日、桂小五郎に手紙を書き、辞退のために周旋してほしいと依頼している。また、二十一日には小田村あての手紙に「然るところ小生の心情は御体察の次第につき、何分にも進退に相迫り候事にござ候」と述べた。さらに二十三日、辞退の決意が固いことを藩政府に書面で知らせている。玄瑞としては寺社組のままではなく、藩政府の官僚として堂々と政治の表舞台で活躍したかったようだ。すでに玄瑞の存在は、藩内外でそれ程大きくなりつつあったのである。

2 急進的な攘夷活動

再び勅使を派遣

文久二年（一八六二）九月十八日（十六日とも）夜、京都の薩摩藩邸で薩長土の三藩士会合が開かれた。出席したのは土佐の小南五郎右衛門・武市半平太、薩摩の藤井良節・本田親雄・高崎佐太郎・村山斉助、長州の宍戸九郎兵衛・前田孫右衛門・佐々木男也、そして玄瑞である。かれらは、天皇が即今攘夷の方針を明確にし、三藩が国事周旋しているのを「千歳の一時」とする。そこで、攘夷実行督促の勅使を関東に下向させるよう、朝廷に働きかけることが決まった。薩摩藩も叡慮が攘夷であると発表された以上、ここは長州・土佐の勢いに歩調を合わせざるを得ない。会合前の九月十一日、玄瑞は品川弥二郎に「遠からぬ内、攘夷勅使御東下相成り候よし、回天の時機到来つかまつり候」と手紙で知らせて喜ぶ。

三藩主連名の上書を受けた朝廷では青蓮院宮らの反対があったものの、結局は中納言の三条実美を正使、少将の姉小路公知を副使とする勅使を江戸に送ることを決めた。いずれも五月に国事御用書記掛に任ぜられた、急進的な尊攘派公卿である。三条と縁戚関係にある土佐藩主山内豊範が勅使護衛を命じられ、武市ら土佐勤王党の面々も従うことになった。

勅使に期待した玄瑞は十月九日、妻文にあてた手紙に「いかにもうれしきあまりになみだの落ちるばかりに候」「吉田先生・中谷・亀太郎（松浦松洞）など存生なれば、さぞさぞおどりあがりて、おんよろこびなされ申すべくと残念にぞんじまいらせ候」と喜ぶ。同じ手紙で「中谷正亮殿などの事、まことにまことに残念千万の事」とあるように、古くからの同志である中谷は閏八月八日、江戸で病死していた。享年三十五。なお、十月十七日には神官青山上総と寺島忠三郎が祭主となり、京都で松陰を祭り、玄瑞ら二十人が参列した。

容堂を非難する

勅使一行は文久二年十月十二日に京都を発ち、同月二十八日、品川に到着した。しかし、将軍家茂は大流行していた麻疹にかかっており、ただちに勅使との対面は実現しなかった。

長州藩は玄瑞を、文学修業の名目で江戸に派遣した。同行は寺島忠三郎（『武市瑞山関係文書・一』）。早打ちで、京都発は十月二十六日、江戸到着は十一月二日である。

十一月五日、世子毛利定広は土佐藩前藩主の山内容堂を、桜田の藩邸（上屋敷）に招き饗応した。「安政の大獄」で失脚していた容堂は八月には復権し、十月二十六日からは日々江戸城に登って御用部屋に入り、幕政に顧問的な立場で加わっていた。

同席した玄瑞は、容堂から「御酒頂戴」したと日記に記す。ただし容堂は、玄瑞のような有志が朝廷に出入りし、政治を動かすことは、秩序の崩壊につながると見ていた。

この席における逸話が、『維新土佐勤王史』に紹介されている。まず、容堂が逆さの瓢を描き、「これ長藩の現状なれ」と諷刺した。つづいて容堂は玄瑞に杯を与え、「足下詩吟に長ぜりと聞く。今試しに一吟せよ」と命じた。

やはり同席していた周布政之助は、容堂の言動を面白く思わなかったので、玄瑞に何やら耳打ちをする。すると玄瑞は僧月性が村田清風に寄せた長篇の詩を吟じ始め、「吾れ方外に居りてなお切歯す、廟堂の諸公何んぞ遅疑する」の一節で止めた。そこで周布が突然立ち上がり、「侯もまた廟堂諸公の一人なり」と、容堂を指した。幕閣に参画する容堂が、攘夷実行に積極的ではないと非難したのである。気分を害した容堂は帰ってしまい、後刻世子定広が直接陳謝することで一応解決した。

異人斬り計画

上海から帰った高杉晋作は長州藩是が「奉勅攘夷」に定まったことを、必ずしも喜んではいなかった。江戸や京都で周旋するよりも、一日も早く藩地に立て籠り、武備を充実させて攘夷の実を挙げるべきだと唱えていた。

不満を募らせた晋作は異人斬りを提唱し、藩内で同志を募った。その目的の第一は、極端な藩是転換により世間の不評を買った長州藩の信用を回復することである。生麦村でイギリス人を殺傷した薩摩藩への、対抗意識も強い。さらには、攘夷の勅を奉じることを逡巡している幕府に、衝撃を与えようとの狙いもあった。

以下この挙に加わった井上馨《かおる》の回顧談を基に著された中原邦平『井上伯伝・一』に従い、見てゆく。ちなみに井上は長州藩士で、当時は志道聞多《しじぶんた》と名乗っており、大和弥八郎・長嶺内蔵太とともに英学修業を命じられ、江戸へ来ていた。周防国吉敷郡湯田（現在の山口県山口市）に住む大組士の家に天保六年（一八三五）に生まれ、萩の明倫館に学び、藩主小姓を務めたりもした。松下村塾生ではないが、晋作や玄瑞らとこのころから交流を深めたようだ。

「異人斬り計画」の首謀者は晋作の他、志道・大和・長嶺だった。いずれも有志的な側面を持ってはいるが、家格は大組士で藩政府の若手官僚である。かれらは十一月十三日の日曜日、武蔵金沢（現在の神奈川県横浜市）に遊びに出掛ける「某国公使」を白昼暗殺すると決め、北品川の妓楼土蔵相模《ぎろうどぞうさがみ》に集まって謀議を重ねた（かれらの計画が横浜の異人館焼打ちだったとする史料があるが、これは誤りであると『井上伯伝・一』は述べる）。

ところが、計画を知った玄瑞が「無謀の挙」であると非難し、晋作と大激論を始める。晋作は「久坂は漢籍の学力あるも、時勢を達観するの識力なく、頻りに迂愚の意見を吐露して、僕等今回の挙を阻止せんとす。故に僕は一刀の下に彼を打ち果たさんとす」とまで息巻いた。かつては外国使節や長井雅楽を暗殺すると騒いだ玄瑞だったが、すでに藩是は「奉勅攘夷」に定まっている。ここで捨て身になっても、無駄死にだと考えたのだろう。険悪な空気が流れる中、妓楼の支払いのため金策に駆けずり回っていた志道が飛び込んで来て癇癪を起こし、二人は議論を止めたという。

ともかく玄瑞も計画に参加することになり、前後して寺島忠三郎・有吉熊次郎・赤禰幹之丞（武人）・山尾庸造《ようぞう》（庸三）・品川弥二郎・白井小助も加わったが、かれらの大半は卒、いわゆる下級武士の有志であった。同年四月の京都挙兵の時、計画の中心となったのは下級武士であり、上層部をなんとか巻き込もうと苦労した。ところが今回の異人斬り計画は大組士の官僚側が言い出して、下級武士の有志を巻き込む格好となった。わずか半年ほどの間に、急進的な尊攘論が、長州藩政府上層部の間に強い勢力を持ちつつあったことをうかがわせる。

梅屋敷事件

つづいて玄瑞は「横議横行」でつながった土佐藩の同志に、応援を求めた。玄瑞の日記文久二年（一八六二）十一月十二日の条には「暢夫（晋作）同行、勅使館に往き、武市を訪い、龍馬と万年屋一酌、品川に帰る」とある。勅使に従って来た武市半平太や脱藩した坂本龍馬に、計画への参加を求めたのだ。だが、武市らは無謀であると反対し、土佐の協力は得られなかった。

晋作・玄瑞らは長州の同志だけで十一月十二日夜までにひそかに神奈川宿の下田屋に集まり、翌十三日朝、金沢まで赴くことにした。ところが武市から計画を聞かされた山内容堂は、幕府と長州藩世子毛利定広に通報してしまう。やはり計画を知った勅使三条実美らも、使者の松延六郎を十三日早朝、神奈川宿へ派遣して中止を迫った。松延は勅使の江戸入城の日も近く、事件を起こしたら朝旨貫徹の妨害になるからと、晋作らを諭す。さらに幕府の兵二、三十人も、神奈川宿の周囲を取り巻いた。こうなると晋作らも、あきらめざるを得ない。

つづいて晋作らは君命により、蒲田の梅屋敷（現在の東京都大田区）まで呼び出された。梅屋敷とは梅林と茶屋が設けられた、江戸の娯楽施設である。やって来た世子は、自分の才は乏しいし任は重い、お前たちに助けてもらわなければ困る、どうか見捨てないでほしいといった旨の説諭をして、一同を感激させた。しかし晋作のみ一滴の涙も流さず、昂然として今回の挙に及んだ旨趣の明細を具申したという。

世子が退いた後、晋作らには別室で酒が出された。そこへ、周布政之助や心配した容堂が派遣した土佐藩士四名もやって来た。ところが帰り際、酒に酔った周布が馬上から「容堂侯は尊王攘夷をちゃらかしになさる（馬鹿にする）」と揶揄したので、憤慨した土佐藩士との間に一触即発の空気が生まれた。しかし晋作が抜刀し、周布を成敗するように見せかけ、乗っていた馬の尻を切った。馬は周布を乗せたまま疾走し、その場はなんとか治まったという。これが、『井上伯伝・一』が伝える「梅屋敷事件」である。

もっとも、立ち会った土佐藩士の一人諏訪重中による後年の談は、いくつかの点で異なる。復命のため帰ろうとした諏訪ら四名は梅林の門口で二、三十人が「何か議論の衝突でその処にもこの処にも組合うと言う有様」を目撃する。そのうち「何事か次第は判らぬが」、晋作が周布を斬ろうとして抜刀した。そこへ玄瑞が飛び込み、晋作の手を押さえたというのだ。それでも「無関係の四名はモウ帰ろう」と、馬に乗って品川方面をめざす。すると途中、大森街道ですれ違った馬上の周布が「容堂公は虚喝を御好みなさるる」と言ったため、土佐藩士の怒りを買ってトラブルになったのだという（横田達雄『「武市半平太　ある草莽の実像」批判』）。

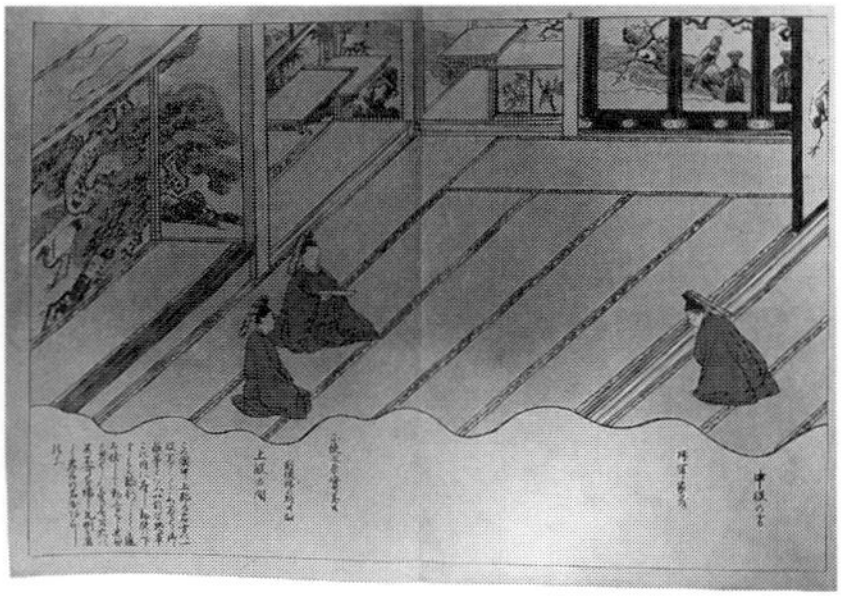

上段から勅諚を伝える三条・姉小路
（『三条実美公履歴』）

いずれにせよ後日、長州藩は容堂に謝罪し、周布は帰国を命じられる。だが、それは表向きのことで、「麻田公輔」と名を変えた周布は、江戸での勤務をつづけた。晋作・玄瑞ら十名の処分は、京都にいる藩主毛利慶親の裁決を仰ぐこととなり、とりあえず長州藩上屋敷西北隅の物見所に押し込められた（後日、形式的な謹慎に処された）。

家茂、勅諚を受ける

勅使の三条実美・姉小路公知が江戸城に入り、将軍徳川家茂に勅諚を伝えたのは、文久二年（一八六二）十一月二十七日のことである。この日、三段に分かれた大広間で上段に勅使が座り、中段に家茂と松平慶永、下段に一橋慶喜らが平伏した。以前なら将軍が上で、勅使が下である。この位置関係の変化は、朝廷・幕府の政治的力関係が逆転したことを物語っていた。

勅諚の内容は攘夷期限を早く決めて朝廷に報告せよ、攘夷の具体策は幕府に任せるので、これも報告せよというものである。さらに長州藩の提案により、親兵の設置要請も加えられた。親兵が実現すれば、幕府から兵権の一部を朝廷が奪うことになる。

結局、十二月五日、幕府は攘夷の戦略を自己の裁量のもとに置くことを条件として勅諚を受け、家茂自らが上洛するさい上奏すると返答した。いわゆる「奉勅攘夷体制」が、ここに確立したのである。

家茂の奉答書を得、任務を果たした勅使は十二月七日、西帰の途に就き、二十三日着京した。九日には世子定広も江戸を発って、京都へと向かった。

御殿山イギリス公使館焼討ち

異人斬りを企てた若き藩士たちに、長州藩は甘かった。このころ玄瑞らは反省するどころか、「百折不屈、夷狄を掃除し、上は叡慮を貫き、下は君意を徹する外他念これ無く、国家の御楯となるべき覚悟」などと謳った血盟書をつくり、再起を誓い合っている。

血盟書の前文は玄瑞が書き、高杉晋作・久坂玄瑞・大和弥八郎・長嶺内蔵太・志道聞多・松島剛蔵・寺島忠三郎・有吉熊次郎・赤禰幹之丞・山尾庸造・品川弥二郎が署名、血判した。筆頭の晋作から松島まで、玄瑞以外は皆大組士である。後日、血盟書は江戸・京都、そして国もとの同志にも廻され、滝弥太郎・堀真五郎・山田市之允・佐々木男也・吉田栄太郎・野村和作など合計二十五名が参加することになった。かれらは玄瑞の唱える尊攘論を中心に結束した一団で、それゆえ階級が下にも関わらず、二番目に名を記すことが周囲から認められたことが、うかがえる。側儒を辞退したのも、昇進を焦る必要がなかったからだろう。なお、この血盟書は楫取《かとり》家に伝わり、明治四十年までには井上馨に譲られた（『井上伯伝・二』）。由来から推測すると、血盟書は玄瑞が所持し、妻文（美和子）が明治十六年（一八八三）、楫取素彦と再婚したさい、持参した。玄瑞が管理していたとすれば、同志間でそれ程信頼されていたということだろう。

かれらは自らを御楯組《みたてぐみ》と称し、次なる標的を北品川御殿山に建設中のイギリス公使館と定める。このころ西洋列強は国ごとに江戸市街の寺院を借りて、公使館としていた。ところが攘夷熱の高まりと

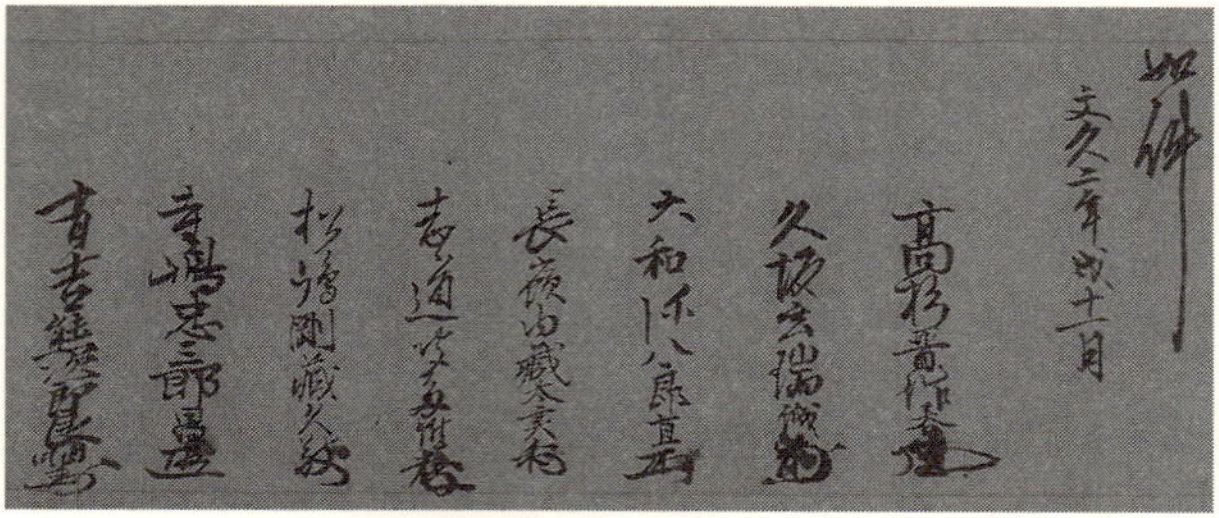

御楯組血盟書（部分，静岡市教育委員会蔵）

共に東禅寺（現在の東京都港区高輪）のイギリス公使館などは、文久元年（一八六一）五月と翌二年五月の二回も襲撃された。安全なはずの公使館で起こったテロ事件は、外国人たちに少なからぬ衝撃を与えた。そこで外国公使団は、幕府に安全に居住できる敷地の提供を求める。

こうして建設用地に選ばれたのが、御殿山だった。ところが、同地を外国人に使用させることについては、官民両方から強い反発が起こった。御殿山は上野と並ぶ花見の名所だったし、品川宿や江戸湾を一望に見下ろせる要衝でもあったからだ。それでも幕府は、強引に計画を進めた。最初はイギリス公使館、つづいてオランダ・アメリカの公使館が建設される予定だった。完成が近づいたイギリス公使館はアーネスト・サトウの回顧録によると、一棟の大きな二階建ての洋館であり、見事な材木が使用され、宮殿のような広さだったという。設計はイギリス、建築費用四万ドルは幕府が支払うことになっていた（坂田精一訳『一外交官の見た明治維新・上』）。

十二月十二日夜、品川宿に集まった晋作や玄瑞ら十三名（十二名とも）は完成間際のイギリス公使館に侵入し、放火した。その中には、新たに同志に加わった伊藤俊輔もいた。現場で玄瑞が、どのような働きをしたのかは不明である。それから玄瑞と晋作は芝浦の海月楼に上り、御殿山の火事を眺めながら快飲したという（『井上伯伝・二』）。

幕府を喜ばせた焼討ち

完成間近のイギリス公使館は全焼したが、ついに犯人は誰一人幕府に捕えられることはなく、やがて事件そのものが迷宮入りしてしまった。その理由として後年、伊藤博文は次のように語っている。

「幕吏は大抵吾々同志の仕業であると目星をつけたに相違ないが、証拠のないのと、幾らか長藩の勢力に遠慮したものと見え、深く追及せなんだから、同志中一人もこれがために処罰を受けたものはなかった。大挙放火の大罪を犯して刑をまぬがれるなどは、古今に稀な話で、強弩の末魯縞をも穿つを得ざる幕末の形勢は、こんなものであった」（『伊藤公全集・三』）

だが、幕府側はわざと犯人探しに熱を入れなかった節がある。御殿山を公使館用地として使用することについては、官民両方から激しい反対が起こっていた。さらには孝明天皇も勅諚の中で、幕府に反対の意向を伝えてきた。

困却する幕府は文久二年十二月九日、大目付竹本正雅らをイギリス公使代理ニールのもとに派遣し、勅命を理由に御殿山の公使館用地放棄を申し入れた。ところがニールは、用地放棄も工事の中止も認めなかった。すると竹本は、もし朝廷と戦争になったら、イギリスは幕府を応援してくれるかと尋ねたが、ニールは即答を与えなかった。つづいて幕府はフランス・アメリカにも同様の申し入れを行ったが、いずれも拒否されてしまった。

天皇と西洋列強の間に立たされた幕府は、板挟みになってしまう。そんな中、十二日夜にイギリス公使館が焼けた。テロ再発を恐れたイギリス側は、二度と御殿山を公使館用地に使いたいとは言わなかった。だが、ニールなどは、幕府が何らかの操作を行い、公使館を焼かせたのではないかとの疑いを、抱かざるを得なかった（石井孝『増訂　明治維新の国際的環境・分冊一』）。

晋作や玄瑞たちは、皮肉にも命懸けで幕府の苦境を救ってやったことになる。幕府が本腰を入れて犯人を探さなかったのは、伊藤が言うように、長州藩の勢いを恐れたわけではなく、藪蛇になるのを恐れたからではないだろうか。

なお、焼討ちが長州藩の者たちの仕業であると、同志間では水面下で知られていたらしい。江戸で偶然、イギリス公使館が炎上するのを目撃した仙台藩の儒者岡千仞《せんじん》は、翌三年春、京都に上ったさい、三河刈谷藩の松本奎堂から、犯人は晋作らであると知らされたという（岡千仞『尊攘紀事・四』）。そうなると長州藩の名誉回復という本来の目的も、ある程度は達成されたと言える。

赤松小三郎の玄瑞評

イギリス公使館を焼討ちした翌日の文久二年（一八六二）十二月十三日、玄瑞は山県半蔵・土佐藩士中岡慎太郎と共に江戸を発ち、信州などを経て京都に向かっている。

当時、長州藩は佐久間象山の招聘を考えており、その下交渉を玄瑞らに行わせようとした。

玄瑞の日記『筆廼未仁満爾《ふでのまにまに》』によれば、小塚原回向院の松陰らの墓に参り、その先の千住で山県・中岡と合流した。それから小金、牛久、土浦、府中、長石と進み、十二月十七日に水戸城下へ入って、片岡為之允・住谷寅之助・岩間金平・川瀬教文らと会った。玄瑞は十九日、江戸の桂小五郎・高杉晋作あての書簡で「住谷寅は実に水戸の大人物と存じ奉り候」「水藩の士気奮興、死士山のごとし、羨ましき事なり」などと、感慨深げに知らせている。

一方、十九日の川瀬の日記には玄瑞と中岡から、「天下の形勢斯かるに至る。尊藩は勤王の御家柄なれば諸藩に率先して幕府を御補佐、勅意を遵奉せられんことは方今の急務なり。御同志諸君の周旋あらん事を乞う」などと、幕府に攘夷実行を促すよう、発破をかけられたようなことが、書かれている(『久坂玄瑞全集』)。

十九日、水戸を発った玄瑞らは岩瀬、榎本、太田を経て、二十三日、上州の新田郡細谷村(現在の群馬県太田市)にある、同地出身の勤王家高山彦九郎の墓に詣でた。日記では高山の墓を守っていた親戚の者が前年亡くなったので、祭祀も十分ではないと嘆く。つづいて高崎から碓氷峠を越えて沓掛へ出、二十七日に上田城下に一泊して旧知の桜井純造・恒川才八郎と会った。玄瑞の日記はここで終わる。

玄瑞は上田で赤松小三郎にも会いたいと、望んでいた。赤松は上田藩士で、佐久間象山も高く評価していた西洋兵学者である。長崎海軍伝習所で学び、安政五年(一八五八)にはオランダの水陸軍練兵学校教科書『矢ごろのかね 小銃彀率』を翻訳、出版していたから、玄瑞もその名を知っていたのだろう。このころは上田藩の調練方御用掛を務めていたが、玄瑞が訪ねた時は不在だった。

後日、桜井・恒川から玄瑞について聞いた赤松は、江戸にいる兄芦田柔太郎に手紙を書き送っている。芦田は江戸麻布のアメリカ公使館警衛の任に就いていたため、玄瑞のような急進的攘夷論者の動向に憂慮していたのだ（関良基『赤松小三郎ともう一つの明治維新』）。

「先日長州の諸生日下玄瑞、上田一宿つかまつり、桜川・恒川出会い候由、攘夷の説甚だしく、君公（将軍家茂）も此の節は専ら攘夷の説の由（中略）攘夷の説を唱えざる者をば異勅と名づく敵のごとく（書簡の後半部分欠損）」

赤松は玄瑞を天皇の権威を盾にして即今攘夷を唱える、危険人物とみなしたようだ。赤松は芦田に何らかの対策を示したのかも知れないが、手紙の後半が欠損しているため分からないという。

象山に再会

それから玄瑞は、松代に佐久間象山を訪ねた。前年五月につづき二度目の訪問である。

象山は安政元年（一八五四）、吉田松陰のアメリカ密航未遂事件に連座して、松代で蟄居させられていた。そのため長州藩は幕府に陳情したり、松代藩に交渉したりして、象山の赦免に尽くす。そしてこの年十二月二十五日、九年ぶりに赦免されることになった。

孝明天皇の方針が攘夷と定まった以上、土佐藩も長州藩も西洋砲術家が必要になり、象山の招聘を考えた。まず、土佐藩の使者として中岡・衣斐小平・原四郎の三人が松代藩主あての山内容堂書状を持参して交渉したようだが、断られた。

つづいて玄瑞と山県、それに福原乙之進が加わって内々に交渉したが、象山は「自藩の旧弊を一洗せねばならぬから、招聘に応ずる訳には行かぬ」と、長州藩の申し出もはっきりと断った。その上、即今攘夷を主張する玄瑞らに対して世界の情勢を述べ、攘夷の不可を明らかにし、開国論を説いた（宮本仲『佐久間象山』）。

玄瑞と山県は大晦日、周布政之助・来島又兵衛にこの間の経緯を報じる手紙を書いている。その中で、「攘夷の儀は小生共考えのところとは合い申さず候えども、何分兵制・城堡・砲艦の事より始まり、実にこの大老先生これ無くては相叶わず、いかにも残念の至りなり」と述べ、「有志の士」を選んで象山に従学させるよう提案している。

玄瑞は象山の「攘夷」についての考えは自分たちとは異なるが、象山が持つ近代科学の知識はほしいと言う。その後、幕府の依頼により京都に出た象山は元治元年（一八六四）七月十一日、浪士に暗殺されたが、玄瑞がその黒幕との説がある（宮本仲『佐久間象山』）。一応、象山が天皇を彦根に移そうと提唱したというのが理由とされるが、象山の知識が敵方に利用されるくらいなら殺すという、冷酷な政治家の論理であろう。ちなみに赤松小三郎も同じような論理から、慶応三年（一八六七）九月三日、薩摩藩士中村半次郎（桐野《きりの》利秋《としあき》）により京都で暗殺されてしまった。

佐久間象山（京都市教育会編『京都維新史蹟』）

吉田松陰墓
（東京都世田谷区・松陰神社）

松陰の復権

イギリス公使館焼打ち事件直後、志道聞《しじぶん》多《た》・大和弥八郎・長嶺内蔵太《ながみねくらた》も江戸を離れ、京都をめざした。摂海（大阪湾）にフランス兵が襲来するとの風説があり、玄瑞は文久二年（一八六二）十二月十九日、江戸の桂小五郎・高杉晋作あて書簡で「決戦つかまつらずては相叶わぬ事に付き、両兄にも一日も早く御上京下されたく祈り奉り候」と催促する。同じ手紙で玄瑞は「先師改葬の事、何分にも頼み奉り候。若林に若《し》かず。浮屠《ふと》（僧侶）に託し候ては相叶わず候。神葬の式は何卒俊輔（春輔）・真五などへ御命じ、和学者（国学者）に御尋ね下さるべく候」とも言う。

世子毛利定広が届けた勅諚により、幕府は十一月二十八日、ペリー来航以来の「国事犯」への大赦令を出していた。ようやく玄瑞の悲願だった、松陰復権が実現したのである。ただし玄瑞は旅行中で、改葬に立ち会うことができない。そこで改葬は仏式ではなく、国学者に相談の上、神式で行ってほしいと手紙で桂・晋作に指示する。仏教は外来宗教であり、徳川幕府があつく加護した宗教だ。尊王攘夷の「殉難者」である松陰の葬儀は、神式でなければならない。

江戸にとどまり越年した晋作は文久三年一月五日、伊藤俊輔・堀真五郎・白井小助・山尾庸造を引き連れ、小塚原に埋められていた松陰の遺骨を掘り出し、江戸の西に位置する荏原郡若林村（現在の東京都世田谷区）に改葬した。途中、将軍専用である上野の三枚橋の中の橋を、松陰の遺骨を抱いた晋作が騎馬で強引に渡ったという逸話が伝えられるが、後世の創作であろう。

若林村には寛文十二年（一六七二）、長州藩が万一の場合に備え、抱屋敷（火除け地）として購入した一万八千三百坪の土地があった。その一角に、松陰の墓所が築かれた。晋作は若林の景色は、松下村塾のあった萩の松本村に似ているとの詩を詠んでいる。玄瑞は再び江戸を訪れることはなかったから、復権かなった松陰の墓所に詣でることはなかった。なお、同地には明治十五年（一八八二）、毛利元徳（世子定広）ら旧長州藩関係者らによって松陰神社が建てられ、今日に至っている。

改葬が済むと、長州藩の中で松陰の神格化が急ピッチで進む。一月十七日、松陰に連座して失脚していた父杉百合之助が再び官職に就いた。四月一日には兄杉梅太郎に、松陰の著作を集め、藩校明倫館に差し出すよう命が下った。生徒たちに読ませ「尊王士気」を「鼓舞」する目的である。つづいて翌二日には取り潰されていた吉田家が再興され、梅太郎の長男小太郎が継ぐことになった。このように玄瑞が『廻瀾条議』で提唱したとおり、松陰は尊攘路線を邁進する長州藩の精神的支柱となった。

3　将軍家茂の上洛

京都入り

文久三年（一八六三）一月二日、京都に在った長州藩主父子は朝廷に帰国を願い出る。だが、藩主の帰国は認められたものの、世子は朝命によって滞京をつづけることになった。

玄瑞が京都に入ったのは一月九日で、十一日から十八日まで異人斬り未遂事件により、「遠慮」を命じられた。十二日、江戸の桂小五郎・高杉晋作にあてた手紙で玄瑞は「何分にも京師の容子面白からぬ事ばかりにて、御盛意も貫徹つかまつり兼ね候事」「いかにも恐れ乍ら京師の御模様、この内已前とは雲泥の事にて、何分浩歎《こうたん》の次第、残念の事ござ候」などと嘆く。このころ、薩摩藩の大久保一蔵（利通）が京都入りして将軍上洛延期の勅を得ようと青蓮院宮らと画策したり、やはり京都入りした山内容堂が土佐勤王党の動きを抑制したりしていた。それが玄瑞には不満だったのだろうが、結局将軍上洛は延期されなかった。また、土佐藩の動きが抑えられたこともあり、長州藩の勢力が京都を席巻するようになる。

先に京都入りしていた志道聞多は玄瑞と山県半蔵の宿を訪ね、佐久間象山の論旨を聞く。志道は攘夷の不可については半信半疑だったが、武備充実論には深く感ずるところがあり、かねてより考えていた海軍興隆に従事しようと決心した。つづいて志道は伊藤俊輔ら四名とともに同年五月十二日、横浜より留学目的でイギリス・ロンドンへ向けてひそかに旅立つが、途中上海港を埋め尽くす多数の西洋諸国の軍艦や蒸気船・帆船を目の当たりにして、力任せの攘夷が不可能であることを悟ったという（『井上伯伝・二』）。

幕府側は長州・土佐を中心とする尊攘派が跋扈するようになった京都の治安維持を強化するため、会津藩主松平容保《かたもり》を京都守護職に任じた。容保が家臣を率いて京都入りしたのは、前年十二月二十四日である。つづいて翌三年一月五日には将軍後見職一橋慶喜《よしのぶ》、一月十三日には老中格小笠原長行《ながみち》、二月四日には政事総裁職松平慶永《よしなが》などが将軍上洛準備のために上洛して来た。

鷹司関白へ

玄瑞は文久三年（一八六三）一月十一日、寺島忠三郎、肥後脱藩の轟武兵衛・河上彦斎《げんさい》と共に一橋慶喜宿舎の東本願寺に押しかけて謁見を請うが、慶喜は病と称して会わなかった。代わりに応対した大目付岡部駿河守に、玄瑞らは将軍が早く攘夷期限を決めるよう迫った（『徳川慶喜公伝・二』）。

朝廷内の要職も、攘夷論を強く主張する廷臣たちで占められるようになり、一月二十三日、薩摩藩に近い近衛忠熙《ただひろ》は関白を辞して、鷹司輔熙《すけひろ》がこれに替わった。遠慮が解かれた一月十八日、玄瑞は鷹司邸定詰となり、同月二十七日には「早々束髪」するよう命じられた。これまで医者である玄瑞は坊主頭だったが、以後は髪を伸ばすことになる。鷹司には「諸藩の人能く入説し、長州の人最も多し。因って長州関白の称あり」（「鞅掌録・二」『会津藩庁記録・三』）だったという。ある時、会津藩士広沢富次郎は道で会った玄瑞から「余も鷹司殿詣《もうで》を申し付けられ、近日移住せる積りなり」と聞かされた。次に会った時、玄瑞に尋ねたところ、「国事を談ぜんとならば時刻を問はずして逢べし。必ずしも移住せざれ」と鷹司関白から言われたので、やめたのだという（「鞅掌録」）。

一月二十七日夕には東山の翠紅館《すいこうかん》（西本願寺別館）で会議が開かれた。出席者は肥後藩五名、土佐藩二名、対馬藩二名、津和野藩一名、水戸藩十四名、そして長州藩は玄瑞を含め九名である。さらに世子毛利定広も郊遊の途次との名目で臨席し、中川宮からは会合有志に黄金ならびに酒が贈られた。

二月十一日、玄瑞は寺島忠三郎・轟武兵衛と共に鷹司邸に赴き、建白書を呈出する。それは、国事掛への人材登用、攘夷期限の早期決定を幕府に迫ること、「言路御洞開」などを求めた内容で、認められない場合は「天下の人心騒擾罷り在り、この往いかようの変動出来も計り難く」などと、テロの可能性もちらつかせた。

じっさい、前年の後半から京都・大坂では尊攘派によるテロが頻発していた。直近でも一月二十二日に儒者池内大学、一月二十八日に公家の千種家雑掌賀川肇、二月六日に千種家領地の庄屋惣助《そうすけ》が暗殺されている。しかも、池内の削ぎ落とされた両耳は、正親町《おおぎまち》三条実愛《さねなる》と中山忠能《ただやす》両大納言邸に投げ込まれた。賀川の首級は慶喜宿舎の東本願寺に、切断された腕は千種家と岩倉具視《ともみ》邸に投げ込まれた。惣助の首級は、河原町の土佐藩邸のそばに晒されている。

玄瑞たちから迫られた鷹司関白が、恐怖を覚えるのは当然だった。つづいて正親町三条実愛はじめ十三人の公家が鷹司邸に参集し、玄瑞らの建白を受け入れ、奏上するよう求める。結局、天皇は御前会議のすえに建白を裁可することになった。

玄瑞らが鷹司関白に迫ったことを知った慶喜は十五日、二条城における会議で「彼等を除去に非ざれば不可なり」と言い、怒った松平春嶽は町奉行に探索して追捕させようとした。また、伝奏の坊城俊克・同野宮定功も浪士の取り締まり強化を唱えた。だが、松平容保は「武兵衛・玄瑞等の両三輩を獲るも、却って人気を騒揺せしむるのみ」と述べ、言路洞開こそが浪士鎮撫の一方策だとの考えを示した。それでも納得しない春嶽らに対し、容保は主君を離れて周旋する者たちは元に戻し、主のない者たちは幕府が養うということで一応議定した（「鞅掌録」）。

なお、他にも玄瑞・寺島・轟は公卿で急進的な攘夷論者として知られた中山忠光（大納言中山忠能の七男）の誘いに応じ、和宮降嫁に尽力したため洛北に蟄居する公家の岩倉具視や千種有文の暗殺を企んでいる。宮部鼎蔵や武市半平太が反対して実行されなかったが、危機を避けるため、岩倉は隣村の花園村に一時避難した。

二月十三日、将軍徳川家茂は総勢三千人を従えて江戸を発ち、東海道を上り、三月四日、京都の二条城に入った。将軍上洛は三代家光以来、実に二百二十九年ぶりである。二月二十三日には三条大橋近くの河原に「逆賊」として、足利三代将軍の木像の首が晒された。玄瑞は二月二十五日、妻文あての手紙で、これが日本の将来の分岐点になると、次のように知らせている。

「このせつは将軍御上京などにて京都もにぎわしくては相叶わず、若殿様を始め御苦心なされ候事に候。この処にて日本の盛んになるもおとろえるも分かり候事に候えば、中々大事なる事と朝な夕なに苦心この事にて候」

幕府は孝明天皇に対し、攘夷実行を約束する代わり、将軍への全面的な政務委任の約束を取り付けようとした。そのため慶喜などは鷹司関白に上下一和を説くなど、下準備を進めていた。ところが三月七日、正式に参内した家茂が鷹司関白から受け取った指令は、攘夷奨励は当然としても、国事に関しては天皇から直接大名に命じることもある旨が述べられていた。

将軍暗殺計画

それから将軍家茂は文久三年（一八六三）三月十一日、下鴨神社、上賀茂神社への攘夷祈願の行幸に供奉させられた。沿道の見物人に公武一和を見せ、天皇の下に将軍がいるとの構図を理解させる意味もあった。これは長州藩が、鷹司関白に建白して実現したパフォーマンスであった。

三月十八日には、かねてからの長州藩の主張が通り、十万石以上の諸藩に対し、一万石につき一人の割合で親兵を差し出すよう命が下った。統括するのは三条実美である。これが実現すれば、幕府から兵権の一部を奪うことができる。長州藩では寺島忠三郎・吉田栄太郎ら十八名が志願したと、堀真五郎『伝家録』にある。

四月十一日には、男山（現在の京都府八幡市）の石清水八幡宮へ攘夷祈願のための行幸が行われた。八幡宮は、徳川家もその流れを汲むとされる源氏の氏神である。さすがに危険なものを感じた家茂は、病気と称して随行を断った。

幕府は当初、家茂の滞京は十日間と考えていたが、江戸に帰れるような雰囲気ではない。玄瑞らは家茂が攘夷期限を具体的に決め、諸大名に布告せぬまま東帰するならば、三条大橋で暗殺しようと企む。これに賛同した土佐藩の平井収二郎は、同藩の浜田辰弥ら六人を玄瑞らのもとに寄越して来た。浜田こと田中光顕は後年、当時の胸中を「折から、京洛は春、満城の花、一時に開いて、風なきときにハラハラと散る頃おいである。一死報国、これ以外には胸中何物もなかった」と回顧している

（『維新風雲回顧録』）。

追い詰められた家茂はついに四月二十日、攘夷期限を「五月十日」とすると上奏させられた。すでに開国している幕府としては、苦し紛れである。尊攘派からさんざん振り回された家茂が帰途に就いたのは、六月九日のことだった。

久留米藩の同志

久留米藩の真木和泉は水天宮祠官で、「寺田屋騒動」により頓挫した挙兵計画の中心メンバーの一人でもある。騒動後、久留米に護送され、幽閉されたが、同三年二月、朝廷の沙汰により赦免された。この間、玄瑞との連絡も絶やさなかったようで、文久二年（一八六二）十二月十日、玄瑞は久留米の真木に「勅使御東下、十年来攘夷之叡慮貫徹つかまつるべくと相考之候処、御請け振りも甚だ以て姑息因循之様子相見へ、浩歎《こうたん》に堪えず候」など、攘夷督促の勅使が下った江戸の情勢を知らせた手紙を発している。

真木和泉銅像
（福岡県久留米市・水天宮）

さらに真木は久留米藩が朝廷に差し出す親兵の頭取を任ぜられたが、藩内反対派の企てにより四月十三日、二十数名の門人らとともに捕縛され、処刑されそうになった。

そこで四月二十一日、久留米藩の木原貞亮・早川与一郎は京都の玄瑞と曇華院に仕えた神職の吉田玄蕃に手紙を発し、朝廷の力で真木を救援してくれるよう助けを求めた。これに対し朝廷は久留米藩へ、穏便に扱うよう内旨を伝える。さらに中山忠光が長州藩士を引き連れ、久留米まで乗り込み、真木の解放を迫った。

こうして久留米藩は真木とその一党を解放し、朝廷に親兵として差し出すことにした。五月二十二日、久留米を発った真木は二十三日、長崎街道の宿場である木屋瀬《こやせ》(現在の福岡県北九州市八幡西区)から下関の玄瑞に手紙を発し、いろいろと世話になったと感謝している。

下関到着後は二十五日、楠公祭を執り行っているが、真木は「今楠公」と呼ばれたほど、熱心な楠木正成崇敬者であった。つづいて三十日には山口で藩主毛利慶親に謁見し、剣一振、袴一腰、銀五十枚を貰い、翌日、長州藩が整えた船で上方に向かった。京都到着はちょうど将軍家茂が帰途に就いた六月九日である。

4 外国艦砲撃

攘夷の先鋒

攘夷期限と定められた文久三年(一八六三)五月十日が近づくと、玄瑞とその同志たちは「攘夷の先鋒」になりたいと世子毛利定広に願い出て、京都を離れた。四月十八日、大坂から船に乗り、二十五日、瀬戸内の周防富海《とのみ》(現在の山口県防府市)に上陸した面々は玄瑞をはじめ山県甲之進・天野清郎・冷泉雅次郎《れいぜいまさじろう》・山田市之允(顕義)・佐伯梅三郎・弘勝之助・滝弥太郎・入江九一《いりえくいち》・山県小輔・赤禰幹之丞・元森熊二郎・野村和作・岡千吉郎・堀弥四郎・吉田栄太郎・

藤村英熊（太郎）など三十名、大半が松下村塾に学んだ下級武士だった。

玄瑞は富海から萩にいる妻文に手紙を書き送り「この度は萩へもかへる事には相成らず、いかにも情なきものとおもひ玉はるべく候へ共、おん国の御大事には引き替へられ申さず候」などと、詫びている。

そのころ、長州藩では本州最西端の下関沿岸に砲台を築き、惣奉行《そうぶぎょう》毛利能登の指揮下、大組士を中心とする六百名から成る軍勢を配置していた。また、藩主毛利慶親も四月十六日、萩から地の利を得た山口に移り、御茶屋（藩主公館）を本拠として政務を執るようになっていた。さらには山口の地に、幕府の許可を得ずに城を築き始める。

四月二十二日、藩主は正式に玄瑞の医業を廃し、平士に加えて大組に列するとした。沙汰には「堂上方其の外他藩人応接」のためとある。「横議横行」の経験が認められたのだ。大組は千六百石より四十石から成る。一門、永代家老、寄組（六十二家）に次ぎ、藩政の中核となる階級で「八組」「馬廻り」とも呼ばれた（『もりのしげり』）。有志の官僚化で、これで玄瑞も晋作や桂小五郎と同じく藩政にも参加できる立場を手に入れた。五月二十七日には、給小袴を拝領した。八月十七日には、医者の名である「玄瑞」をやめ、「義助《よしすけ》」と改める（本書では紛らわしいので、以後も原則として「玄瑞」を使いたい。ただし義助の使用例は八月十七日以前にも見られる）。

四月二十六日、玄瑞は山口の政事堂に赴き、「攘夷の先鋒」になりたいので、下関に出張させてほしいと願い出る。かれらの多くは「儒医若くは軽卒」という身分であり、それは、「八組士（大組士）

玄瑞らが本営とした光明寺（山口県下関市）

の常に軽視」するところから、藩政府内では軋轢が起こると危惧する意見も出た。ところが、攘夷を行うのに身分は関係無いということになり、玄瑞その他三十人に「敵情探索」の名目で許可が下った（『防長回天史・四』）。

こうして玄瑞らは下関に出、はじめ竹崎の長泉寺、つづいて細江の光明寺を本営とする。このため、「光明寺党」と呼ばれた。藩兵の金子文輔の日記『馬関攘夷従軍筆記』（『維新日乗纂輯・五』）五月十五日の条には、藩がイギリスから購入した癸亥《きがい》丸（原名ランリック）の艦首像を鋸で切り落とし、光明寺本堂の階段下に置いて、出入りのたびに蹴飛ばしていたという。しかし反対する者もいて、止めたという。

ついに砲撃開始

文久三年（一八六三）四月二十九日、玄瑞は下関を攘夷決戦の地に定め、ここに全藩の軍事力を集中させるなどの戦略を、藩政府に建言している。

光明寺党には、京都から駆けつけた諸国浪士の一団も合流して、その数は五、六十名に膨れ上がってゆく。さらに、中山忠光が光明寺党の首領に迎えられた。忠光は天皇権威につながる（忠光の姉は明治天皇の生母）公卿である。急進的な攘夷論者で、三月十九日、京都から脱走して大坂で挙兵を企んだが、玄瑞の配慮により長州の地に潜伏していたのだ。忠光を首領とすることで、光明寺党は単なる有志集団ではなくなった。
そして、ついに五月十日がやってくる。光明寺党は惣奉行が制止するのを聞かず、前夜より関門海峡で潮待ちのため碇泊中だったアメリカ商船ペンプローグ号（二四一トン）を軍艦庚申《こうしん》丸・癸亥丸と亀山砲台から砲撃して気炎を上げた。驚いたペンプローグ号は錨を切って豊後水道に退き、上海に逃れた。
予告無しの一方的な砲撃は国際問題に発展しかねない、とんでもない違法行為である。だが、戦いに消極的だった毛利能登は光明寺党からの非難もあり、惣奉行を罷免されてしまう。十一日、玄瑞は親兵として京都に残る寺島忠三郎に手紙を書き、次のように報告している。

「さては一昨夜、米船来泊、庚申丸より大砲雷発、天地このため震動。遺憾の次第は、竟《つい》に脱却致させ申し候。しかし馬関通行はつかまつり得ざる、後ろへ遁去候段は、先ず長州の攘夷にて候。この節は同志中も七、八十人もこれ有り、大盛にて候」

単なる威嚇ではなく、撃沈させるつもりだったらしい。さらに、これを姉小路公知に言上しておいてほしいと頼む。つづいて二十三日、玄瑞らはフランス艦キャンシャン号を砲撃した。キャンシャン号は小艦で、十二発の砲弾から逃れ、長崎へと向かった。翌二十四日、小倉藩との交渉に赴く長州藩士の杉徳輔（孫七郎）は玄瑞にあてた手紙で「昨朝は仏船払攘の由、神州のため奉賀候次第なり。いずれ近日、軍艦を艤し襲来も計り難く候間、攻守の策略肝要と存じ奉り候」と、用心を促す。

五月二十六日、光明寺党は長崎から横浜をめざし、潮流に逆らい関門海峡を通航中のオランダ軍艦メデューサ号（一七〇〇トン）を、砲撃した。メデューサ号は三十発以上被弾し、四人が死亡する。それから外国艦砲撃で攘夷を実行した旨を幕府に報告するため、二十七日、玄瑞は君命により山口を発ち、下関から三戸詮・楢崎弥八郎とともに京都に上る。京都到着は六月一日で、同日、朝廷は期日どおり攘夷を決行したとして長州藩主に対し、褒勅を下す。

七月になると薩摩藩が、鹿児島湾に襲来したイギリス艦隊七隻と干戈《かんか》を交えた。「薩英戦争」である。こちらは前年の生麦事件の賠償問題が拗れた結果であり、下関の外国艦砲撃とは性質が異なるのだが、いずれにせよ征夷大将軍である徳川家茂が行えなかった攘夷を外様大名が行ったことになり、幕府としても穏やかならざる状況になって来る。

なお、下関での外国艦砲撃が始まった二日後の五月十二日、長州藩は来たる新たな開国に備え、ひそかにイギリス・ロンドンに向け、五人の密航留学生を横浜港から旅立たせている。そのひとり伊藤俊輔は出発に先立ち玄瑞に相談したところ、「それは不可《いか》ん、今になって洋行など止せ、爾《そ》んな事を人に言出すのも宜しからぬ、是から国に帰って攘夷をやるより外仕方ない」と反対されたと、後年回顧している（『伊藤公全集・三』）。

奇兵隊結成

玄瑞が下関の戦線から去った後、長州藩は手痛い反撃を受けることになった。文久三年六月一日、報復のため六門の砲を搭載するアメリカ艦ワイオミング号（一四五七トン）が関門海峡に襲来し、交戦のすえ亀山砲台は破壊され、癸亥丸は大破、庚申《こうしん》丸は撃沈、壬戌《じんじゅう》丸は大破沈没したのだ。つづいて五日にはフランス軍艦セミラミス号（三八三〇トン）・タンクレード号（スクリュー蒸気スループ）が襲来し、砲撃のすえ、兵士二百数十人を上陸させて前田村を焼き払い、前田御茶屋砲台を一時占拠した。

下関側から見た関門海峡（対岸は門司）

ここに来て長州藩は「攻」から「守」へ、方針転換を迫られる。敗報を山口で受けた藩主慶親は激怒し、高杉晋作を呼び出して何か妙案はないかと尋ねた。実は晋作は現状の武備での攘夷実行には批判的で、頭を丸めて十年の暇をもらい、萩の山奥に引きこもっていたのだ。

藩主父子の前で晋作は正攻法だけでは防御できないとし、奇兵隊の設立を提案する。これを藩主が認め、七日には下関で奇兵隊が結成された。晋作によると奇兵隊とは「有志」の集まりで、「藩士・陪臣・軽卒」を選ばず、実力を重視する軍隊である（文久三年六月七日、藩政府あて晋作稟議書）。また、「有志者は軽卒以下に多く御座候」（同月八日、前田孫右衛門あて晋作書簡）とも述べる。

長州藩の武士階級は全人口の一割ほどだが、戦時下に限り階級内の壁を除こうと言うのだ。若手官僚ながら、有志的な側面も強い晋作は「光明寺党」にヒントを得、武士階級すべてに横軸を通そうとしたのだろう。初期奇兵隊の中心となったのは、光明寺党の滝弥太郎・入江九一・山県小助・赤禰幹之丞・元森熊二郎・吉田栄太郎・藤村英熊たちだった。ただ、「光明寺党」の中心は下級武士だったが、その後、奇兵隊には百姓など庶民が入隊するようになる。やがて奇兵隊は武士五割、百姓四割、その他一割から成る軍隊へと成長してゆく。奇兵隊の大きな特徴である民衆の動員が、果たして晋作の考えであったのかは、今後検証の余地があるだろう。

六月十五日、奇兵隊は関門海峡を渡り、小倉藩領である九州側の沿岸を占領して、田ノ浦などに勝手に砲台を築く。さらには攘夷に非協力的な小倉藩を勅を得て討つため画策した。

このような長州藩の暴走をみかねた幕府は、旗本の中根市之丞に使番を任じ、詰問のため下関に送り込む。中根を乗せた朝陽丸（三〇〇トン）が関門海峡に入って来たのは、七月二十三日のことだった。ところが、奇兵隊など激派は朝陽丸を拿捕し、八月二十日には中根らを暗殺してしまう。天皇権威が後ろ盾にあると思い込んでいる激派は、すでに藩政府も統制できない存在となっていた。

大和行幸計画

文久三年五月十五日には禁門警備の制度が決まり、諸藩の兵が御所警護を担当することになった。薩摩藩は乾御門、長州藩は堺町御門で、これは朝廷から信任があついことを意味していた。

ところが二十日夜、朝議に出席して帰宅途中だった国事参与の姉小路公知が、御所朔平《さくへい》門外の猿ヶ辻で暗殺される。犯人は不明だったが、現場に残されていた刀から、薩摩藩の田中新兵衛に嫌疑がかかった。勅命を受けた会津藩により捕えられた田中は、町奉行所内で隙を見て自決したため、真相は闇に葬られてしまう。それでも事件によって薩摩藩は乾御門の警備を解かれ、御所九門への立ち入りを禁じられてしまった。攘夷実行に対し慎重だった中川宮は、嫌疑がかけられるのを恐れて薩摩藩から遠ざかろうとする。これが尊攘派公家や長州藩を、ますます増長させることになった。やがて追い詰められた薩摩藩と中川宮により、八月十八日の政変が企図される（町田明広『島津久光＝幕末政治の焦点』）。

姉小路公知が暗殺された猿ヶ辻
（京都府京都市）

朝廷は長州藩主父子のいずれかを上京させようと、玄瑞に帰国を命じた。玄瑞は六月五日、京都を発ち、十二日、山口に帰着して藩主に召命の書を伝え、京都の情勢を報告した。つづいて下関などに寄り、小倉藩征討につき高杉晋作らと協議した後、再び上京の途に就き、二十一日、京都に到着している。この間の六月十七日、京都では東山の翠紅館《すいこうかん》で真木和泉が桂小五郎・寺島忠三郎ら長州藩士に「五事献策」を示し、討幕も視野に入れた、攘夷親征策を打ち明けて、賛同を得ていた。

京都に戻った玄瑞は学習院に出仕するようになった真木らと攘夷親征を画策し、三条実美《さねとみ》に建白した。ちなみに公家の教育機関である学習院は前年七月ころより、朝廷と諸藩の応接所となり、朝廷への建白などの窓口の役目も担っていた。三条は攘夷親征の案を鷹司関白に諮り、鷹司より孝明天皇に伝えられた結果、八月十三日になり、天皇が大和の神武天皇陵(現在の奈良県橿原市)や春日社(現在の奈良県奈良市・春日大社)に参り、攘夷祈願を行い、しばらく逗留して攘夷親征の軍議を開き、その上、伊勢神宮にも行幸するとの布告が出た。親征だから、すでに征夷大将軍を否定したことを意味する。十四日になり藩は益田右衛門介《ますだうえもんのすけ》(弾正あらため)・桂とともに、玄瑞を学習院に出仕させた。

十五日、朝廷は真木に肥後、土佐・久留米・長門(長州)の四藩より各人数を選び、行幸準備を進めるよう命じた。そこで真木は宮部鼎蔵・桂小五郎・山田亦助・玄瑞の四名を選び、学習院で三条らと行幸のさいの、諸大名の具体的な部署などを決めた(宇高浩『真木和泉守』)。

玄瑞と真木が出会ったのは、「寺田屋騒動」の後だろう。高杉晋作は久留米のある者に向かい「君の藩の大馬鹿者(真木を指す)と僕の藩の大馬鹿者(久坂を指す)とがグルになって、事をたくらむには、ドンナ事を仕出来すか、測り知られたものではない」と語ったという(樋口勇夫「長州と我久留米」『防長史談会雑誌・三八号』)。

真木などは、大和から伊勢に移った天皇が勅使を幕府に送って攘夷即行を命じ、聞き入れなければ違勅の罪を鳴らして天皇の軍勢を箱根まで進めようなどと画策していた。この日、玄瑞は杉梅太郎に長州藩の建白が採用され、親征が実現すると知らせる手紙を書き送っている。「最早幕府救うべからず。この上は断然、御宸断(天皇の決断)の外はこれ無く、このたびの御盛挙、卓然思し召し在らせられ」などと喜びを隠さない。そして、天皇警衛のためにも藩主父子のどちらかを、上京させてほしいと願う。

だが、親征論には中川宮や近衛・二条の一派、会津・薩摩藩らが反対していた。それに急進的な尊攘派の暴走を最も危惧していたのは、孝明天皇自身だった。そもそも天皇は、問答無用で外国艦を砲撃するような攘夷を望んでいたわけではない。また、外圧を除く攘夷の課題に取り組む主体は、朝廷から征夷大将軍という官職を与えている徳川家であり、草莽層の有志まで含んだ諸勢力が身分制度秩序を無視し、「叡慮」を大義名分として振りかざし、政治に介入するなど、もっての外だと考えていたのである。

にもかかわらず、天皇の真意は朝議を経、「叡慮」として外部に伝わることがなくなっていた。天皇は「偽勅」がたびたび出ていることに気付き、信頼する中川宮に武力で「君側の奸」を除いてくれる者はないかと嘆く。中川宮もまた、「鎮西大使《ちんぜいたいし》」として九州に左遷されそうな勢いだったので、本腰を入れる。

八月十八日の政変

孝明天皇の思いは薩摩藩と京都守護職の会津藩に伝わった。両藩は手を結び、中川宮に入説し、親征に批判的な公卿たちを巻き込んでゆく。こうして文久三年（一八六三）八月十八日深夜、薩摩・会津・淀（京都所司代）藩の兵に警護された御所内において政変が起こった。

中川宮をはじめ近衛忠熙と忠房、二条斉敬、徳大寺公純、在京の諸侯らが参内して、朝議を開いた。朝になって諸侯に伝えられた勅旨は大和行幸の延期、国事参与ならびに国事寄人の廃止である。また、

三条実美らの七卿落を描く木版画（筆者蔵）

三条実美ら尊攘派公卿二十余名にも、禁足が命じられた。長州藩は、担当していた堺町御門の警備を解除されてしまう。一方、姉小路暗殺事件で乾御門守衛を解任されていた薩摩藩が御所警衛を命じられ、押し寄せて来た長州勢と一触即発の緊張が続いた。しかし粗暴の振る舞いを禁じる勅が出たため、長州勢は七卿とともに東山の妙法院に退却せざるを得なかった。

天皇の権威を利用して快進撃をつづけた長州藩は、天皇の権威により政局からあっけなく追放されてしまったのである。その夜、妙法院において大会議が開かれ、長州藩の二千人は失脚した三条・三条西季知・東久世《ひがしくぜ》通禧《みちとみ》・壬生《みぶ》基修《もとなが》・四条《しじょう》隆謌《たかうた》・錦小路《にしきのこうじ》頼徳《よりのり》・沢《さわ》宣嘉《のぶよし》の七卿を護衛し、藩地へ下ることが決まった。親兵の中からは真木和泉・水野丹後（正名《まさな》・久留米藩士）・宮部鼎蔵・土方楠左衛門（久元・土佐藩士）など、有志がこれに随従した（親兵は九月五日に解散）。いわゆる「七卿落《しちきょうおち》」である。

近くの大仏（方広寺）で玄瑞に会ったという堀真五郎は後年、『伝家録』の中で次のように回顧する。

「境内を巡視して将に休憩所に赴かんとするや、途に久坂に遇う。久坂云う『議已に西帰に決す。我が藩勤王の途、これより絶ゆべし』と悲しんで、殆ど泣く」

この時、玄瑞は無念の思いを託し、復讐を誓った「舞曲」を作り、朗誦しながら同志たちを励ました。これは「七卿落今様《いまよう》」などと呼ばれる。

「世は苅孤《かりこも》と乱れつゝ、茜さす日もいとくらく、蟬《せみ》の小河に霧たちて、隔の雲となりにけり。あらいたましや霊《たま》きはる、大裡に朝暮《あけくれ》殿居せし、実美朝臣・季とも卿・壬生・沢・四条・東久世、その外錦小路、今うき草の定めなき、たびにしあれば駒さへも、すゝみかねては嘶つゝ、ふりしく雨の絶間なく、なみだにそでのぬれはてゝ、これよりうみやまあさぢはら、つゆしもわきてあし（芦）のちる、難波のうらにたくしほ（塩）の、からきうき世はものかはと、ゆかんとすればひがしやま（東山）、みね（峰）のあきかぜ身にしみて、あさなゆふなにきゝなれし、妙法院の鐘の音も、なんと今宵はあはれなる。

いつしかくらき雲霧を、払ひつくしても、しき（百敷）の、みゆこの月をめで給ふらん」

二十一日、兵庫まで七卿を見送った玄瑞は益田右衛門介・中村九郎・桂小五郎ら十数人と大坂まで戻り、京都に潜入した。勝手に京都を離れた七卿の官位が奪われたのは、二十四日のことである。

第八章　「禁門の変」に斃《たお》れる

1　失地回復をめざして

決死の覚悟

玄瑞は政変により追放された悔しさを文久三年（一八六三）八月二十九日、妻文に手紙で次のように伝えている。

「去る十八日のこと、いかにも口おしきは、わるものども数千人、きんりさまをとりまき、そのうへ、御国にてもちまもり候へし御門をも、外の人におんあづけになり、このせつにては、けしからぬにくき口惜しきしわざのみいたし、いかにもいかにもざんねんにて候」

また、玄瑞は親戚の小田村文助《おだむらぶんすけ》の次男で、六歳になる粂次郎《くめじろう》を久坂家の養子に貰いたいと望む。粂

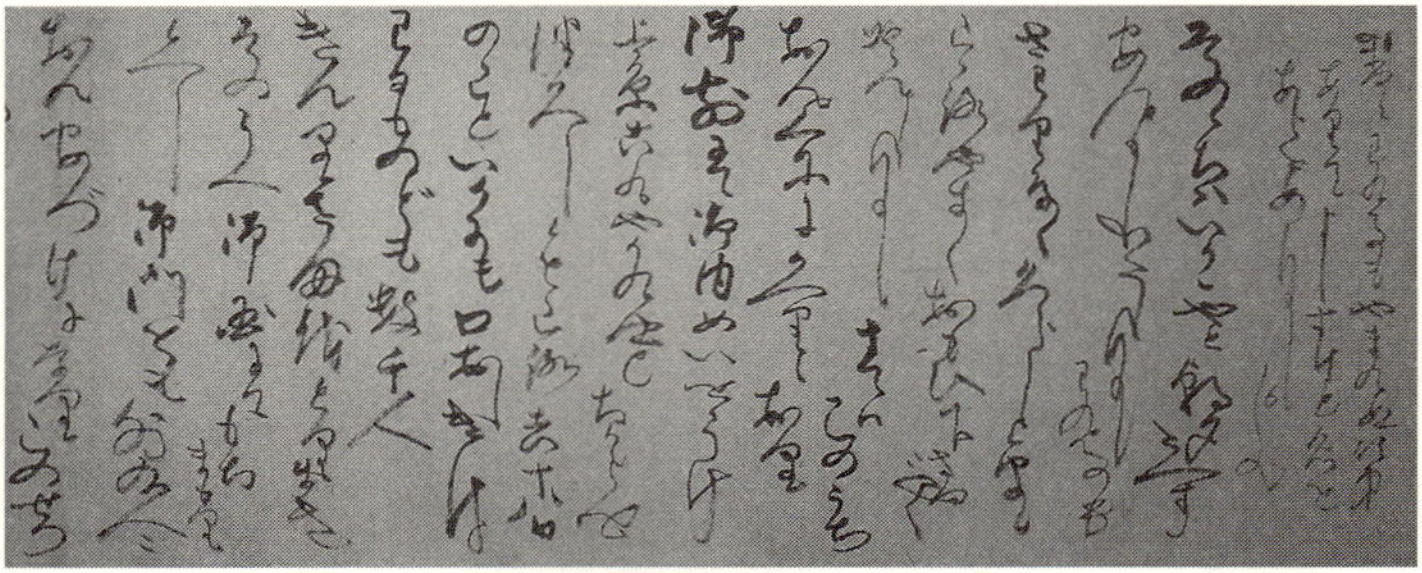

玄瑞が妻に政変の悔しさを伝えた文久３年（1863）８月29日付の手紙
（部分，楫取能彦氏蔵）

次郎の母は松陰の二番目の妹寿で、文の姉でもあった。玄瑞は二十四歳、文は二十一歳。まだ、自分たちの子供をあきらめる年齢とは言えまい。しかし、そこに玄瑞の覚悟と、久坂家を絶やしてはならぬという強い意志がうかがえる。

玄瑞は同じ手紙で、藩邸内に隠れて機会を待っており、詮議が厳しいため外出できないなどと知らせている。公然と藩邸に残った少数の者のほか、再起をめざし京都に引き返したのは玄瑞はじめ桂小五郎・来島又兵衛・中村九郎・入江九一・杉山松介・野村和作・時山直八・高橋熊太郎・寺島忠三郎・久保清太郎・山田市之允・中村円太（野《の》唯人《ただと》、筑前人）・橋本半次郎（里見次郎、紀州人）など二十七名だった（武田勘治『久坂玄瑞』）。

九月五日、京都藩邸の吏員である村田次郎三郎が正親町《おおぎまち》三条実愛《さねなる》のもとに赴き、孝明天皇の本意を尋ねた。正親町三条は、天皇は長州藩主父子の「御誠意」を理解しており、「御譴責《こげんせき》等」を行ったり、三条実美《さねとみ》ら七卿に対しても打ち手を差し向けるつもりはないと言う。それを村田から知らされた玄瑞は桂小五郎に手紙を書き、正親町三条に会って「君上の御冤を訴え、御誠意の相違」を頼んでみてはどうかと述べた。桂は早速正親町を訪ね、藩主父子の冤《ぬれぎぬ》を雪《そそ》いでほしいと哀願している。村田はその後帰国するが、代わりに国もとから京都藩邸の留守居役として、乃美織《のみおり》江《え》が派遣されてきた。

政変が、各地の尊攘派に与えた影響も少なくなかった。特に土佐藩では九月二十一日、武市半平太が拘禁されるなど、土佐勤王党への厳しい弾圧が始まった（帰国させられた武市は慶応元年〔一八六五〕閏五月十一日に切腹）。元来、藩の実権を握る前藩主の山内容堂《やまうちようどう》は、武市らの政治活動を、藩の封建秩序を乱すものとして快く思っていなかった。前後して中岡慎太郎や坂本龍馬らは脱藩し、以後、薩摩や長州藩の庇護下で活動することになる。

藩政府内で政権交代

孝明天皇は文久三年（一八六三）八月二十六日には在京の諸侯を集め「これまでの勅命に真偽不分明の儀これあり候えども、去る十八日以来申し出で候儀は真実の朕の存意」との、政変の正当性を認める勅を下した。だが、この勅は政変以前とはいえ偽勅の存在を天皇自らが認めており、以後勅の権威を著しく低下させることとなった。また、十月九日、天皇はすみやかに行動を起こし、憂慮を取り除いてくれたことを称える宸翰《しんかん》と御製《ぎょせい》を、会津藩主松平容保《かたもり》に下した。

政変の知らせは八月二十三日、山口に届き、長州藩政府では政権の座にある「正義派」の周布政之助らが出席して、御前会議が開かれた。藩官僚は京都政治にあえて抗戦することを避け、藩の安全を優先とする方針でまとまってゆく。藩主世子毛利定広の上京は中止となり、結局は実現しなかったが、七卿の受け入れ拒否や奇兵隊解散を進めようとした。

そうした自藩第一の方針が変わるのは、藩政府内で起こった政権交代に関係すると考えられる（高橋秀直『幕末維新の政治と天皇』）。「天保の改革」以来、藩政府は「正義派」と「俗論派」が対立を繰り返していた。「俗論派」の椋梨藤太らは萩から山口に押しかけ、政変の責を問うて、九月一日、「正義派」幹部である周布・前田孫右衛門・毛利登人を藩政府から追放することに成功する。

ところが「俗論派」が萩に帰ってしまうと、「正義派」若手官僚である奇兵隊総督の高杉晋作が山口に乗り込んで来て、軍事力を背景に反撃し、「俗論派」を斥け、自らも政務座の地位に返り咲いた。つづいて益田右衛門介が京都より帰国して、益田と周布・前田に権力を集中させるという、新しい「正義派」の藩政府体制が築かれてゆく。

世子定広は九月十七日、京大坂で奔走中の玄瑞ほか来島又兵衛・中村九郎・桂小五郎・佐々木男也らに帰国を命じる。そして玄瑞も十九日、政務座を任ぜられ、京都詰となった。京都の事情に通じた玄瑞に、現地での指揮を任せたのである。前後して長嶺内蔵太・楢崎弥八郎・中村九郎らが政務座に就任した。ちなみに政務座とは同年四月、遠近方・江戸方右筆・地方右筆を合併させた役職で、藩政府の中枢に位置していた。

新しい「正義派」政権は自藩第一主義を捨て、七卿の要請に応じて政変の否定を目指す。七卿はすでに兵庫から「正義」の挙兵を行うとの檄を親兵の宮部鼎蔵や土方楠左衛門らに持たせ、阿波・安芸・津和野藩に派遣している。あるいは九月十六日には、上洛のため奇兵隊の人数を貸して欲しいと長州藩に申し出て、許可されていた。

以後、長州藩は七卿復権を軸とし、京都政治と積極的に対決する強硬方針を打ち出す。十月一日に藩主が出した親諭書や親書では、たとえ防長二州が傾き敗れても天朝へ忠節を尽くし、信義・孝道に従って君側の奸を除き、攘夷の大功を為して宸襟を安んじるなどと述べている（『防長回天史・五』）。

このころ、玄瑞は山口今八幡宮の神主宅を借り、神典取調所を設け、士庶の別なく有志を募った。百人ほどの応募者があり、兵器・粮食は藩より支給され、これが神威隊、のち八幡隊となった。総督には堀真五郎が任ぜられ、十二月十一日に諸隊の人員が定められると、八幡隊は百人となり、山口に駐屯することが命ぜられた（堀真五郎『伝家録』）。

天誅組と生野の変

八月か九月ごろ、玄瑞が某にあてた書簡には「九門の賊兵を追い払い、公家門外厳重に相固め、七卿復職、朝政御恢復の義は今日の急務勿論に候」とあり、京都政治と対抗し、政変前の状況に戻すことを望んでいる。ただし軍勢を上京させるような軽挙は慎むべきとし、それよりも石見銀山や豊後日田、但馬久美浜といった天領を押さえ、大和で挙兵した天誅組を援助して、失地回復を実現するのだと言う。

叡慮貫徹のために邪魔となる幕府権力を、大和行幸の先鋒となり、武力で除こうとしたのが天誅組である。中山忠光の呼びかけにより八月十四日、京都東山の方広寺に集まった三十八名が、創設メンバーだった。その大半は、土佐や久留米の脱藩浪士である。もっとも、京都の尊攘派首脳部と、綿密な協議を重ねたすえ、挙兵したわけではなかった。十六日、河内の観心寺（現在の大阪府河内長野市）に進んだ中山はようやく「いよいよ御親征御沙汰これ有るにつき、同志一同大和へ下り、勤王の兵を

吉村虎太郎
（『伝説と奇談・2・近畿篇』）

寄せ、東夷打つの心得にこれ有り候」と、京都にいる玄瑞・寺島忠三郎に手紙で知らせたほどである。

　これは、忠光をかつぎ出した三総裁の一人土佐脱藩の吉村虎太郎に依るところが大きいのだろう。吉村は「『干戈の手初めは諸侯方は難決《けっしがたく》、則開基は浪士の任なり』と断言し、幕府・諸大名が外圧に抗しうる新体制創出能力を有しているとは信じておらず、当初から雄藩に依拠した国事周旋活動には批判的でありつづけた」（宮地正人『幕末維新変革史・上』）と評される人物だ。頼みは草莽崛起《そうもうくっき》と言いながら、状況が変われば藩権力と結び付き政局を動かそうとする玄瑞とは、一線を画す信念の持ち主だったらしい。それは吉村が土佐藩の庄屋出身で、つねに農民と接していたことも、無縁ではあるまい。もっとも、天誅組の旗揚げにさいし、玄瑞は吉村の求めに応じて軍資金三十両を提供したとの逸話もある（武田勘治『久坂玄瑞』）。

　つづいて十七日夕方、天誅組は天領七万石を支配する五條代官所を襲撃し、代官らを殺害して年貢半減令を発した。ところがそこに、十八日の政変の知らせが届く。

　孤立無援の朝敵となった天誅組は、十津川郷士一千人を糾合することに成功して北上したものの、高取城攻略に失敗し、郷士にも離反され、九月二十四日に吉野山中の鷲家口《わしかぐち》において彦根・津・紀伊藩から成る追討軍相手に戦い、壊滅した。ここで三総裁の吉村・松本奎堂《けいどう》・藤本鉄石《てっせき》は全員戦死する。

かろうじて戦場を脱した中山は数名の供とともに、大坂土佐堀の長州藩邸に逃げ込んだ。それから宍戸九郎兵衛の配慮により長州の地に亡命したが、翌元治元年（一八六四）十一月十五日、征長軍が迫る中、支藩の長府藩により暗殺されてしまった。

天誅組を側面援護しようと、天領である但馬国朝来《あさこ》郡生野（現在の兵庫県朝来市）での挙兵を企んだのが、七卿の一人沢嘉宣を首将とする浪士の一団である。筑前浪士平野国臣の勧誘に、慎重な長州藩は応じなかったが、河上弥一（南八郎）ら十名が奇兵隊を脱して加わった。文久三年十月十一日、代官不在の生野代官所を襲撃、占領した一行は近隣の農兵二千人を集める。しかし、幕府の命を受けた出石藩や姫路藩の追討軍が迫るや、農兵が離脱した。沢は解散を宣言して生野を脱し、帰る場所が無い河上ら奇兵隊脱走者は全員自決して果てた。

いずれも、藩権力を背景としない草莽の有志による、幕府権力への初めての武力による挑戦だった。そして有志の力のみでは政局を動かせることはできないという、残酷な実験でもあった。

入京を阻止される

政変直後、長州藩主毛利慶親は重臣根来上総を上京させ、自ら朝廷に無実を訴えたいとの歎願をこころみた。だが、根来は文久三年（一八六三）九月十三日、大坂に到着したものの、入京すら許してもらえない。それどころか朝廷側からは政変のさい、長州側の態度（支藩主が七卿を擁して帰国したことなど）に不審があったとして、その審問を求められる。このため二十九日、京都留守居役乃美織江が大坂まで出向いて根来から歎願書を預かり、公家の勧修寺家に伝達した。

その後、強硬方針を決めた長州藩では世子毛利定広を上京させることになり、十月十日、玄瑞も来島又兵衛とともに随従するよう沙汰を受けた。だが、まずは重臣井原主計に「奉勅始末《ほうちょくしまつ》」と題した弁明書と二通の取調書（先の審問の命に回答したもの）を持たせ、京都に向かわせることになる。四千数百字から成る「奉勅始末」は、長州藩は叡慮を確認した上で攘夷を実行したと説明し、にもかかわらず今日の状況に陥ったのは、天皇を誤解させて冤罪を被せた者がいるのだと訴えていた。

玄瑞は井原に従うようにとの君命を受け、拝謁して羽織を賜った。井原は采地である周防国熊毛郡三輪で行装を整えたが、玄瑞は先に海路上方へと向かう。十一月九日、玄瑞は高杉晋作に遺書ともいうべき手紙を書き残すが、その中で次のような決意を述べている。

「然らば小生義、度々面目のなき失策つかまつり、又御上京の義、いかにも鉄面皮《てつめんぴ》の次第に候得ども、君上、小生などの不肖御見捨てこれ無く、大任仰せ付け候事に付、いか様にも死力を以て尽力つかまつり候心底にこれ有り候」

京都に入った玄瑞は、正親町三条実愛に書を呈した後、一旦大坂に退いた。以後、京都との間を往来しながら、復権のために奔走することとなる。

遊撃軍に護衛された井原は大坂を経て十一月二十七日、伏見まで進んだが、朝廷から京都入りの許可が出ない。井原は切腹すると言い出すが、結局、勧修寺家の家臣が伏見まで来て「奉勅始末」ほかを受け取り、京都に持ち帰った。

京都情勢を探っていた玄瑞は十二月十四日、寺島忠三郎あての手紙で「この度御家老の入京相拒み候ものは肥・会もっとも甚だしき趣、越・薩はさまでは拒まざる趣なり」と知らせている。会津藩は強引な長州藩を入京させると、またも政変以前に戻ってしまうと危惧し、断固入京を阻止しようとした。

宸翰と将軍再上洛

京都で越年した玄瑞は元治元年（一八六四）一月十九日、故郷の杉梅太郎に手紙で近況を知らせているが、その中で周旋が上手く進まぬことを次のように悔しがる。

「発足後、碌々消光、邸内に潜伏等閑打ち過ぎ申し候段、御憐笑《れんしょう》給わるべく候。当地賊兵蟻集《ぎしゅう》、殊に大樹公上洛後は別して賊謀周密、憎むべき次第、御察し下さるべく候。小生重き君命を蒙り奉り入京つかまつり候ところ、右の次第かれこれ君意を貫徹つかまつり候事も相叶わず、慚愧《ざんき》に堪えず候」

大樹の上洛とは一月十五日、将軍徳川家茂が海路、再び上京して来たことである。前回は長州藩などの尊攘派に攘夷期限を求められるなど翻弄させられたが、今回は邪魔する者はいない。

同月二十一日、参内した家茂に対し、孝明天皇が授けた宸翰には攘夷実行を促し、策略を立てて報告せよとあった。ただし「無謀の征夷は実に朕《ちん》が好む所に非ず」という、長州非難の意味を込めた注意つきである。

つづいて二十七日、再び参内した家茂に与えられた宸翰は、三条実美らが「鄙野《ひや》の匹夫《ひっぷ》の暴説」を信用し、天皇の本意を曲げて「軽率に攘夷の令を布告し、妄りに討幕の師を興さんとし」たのだと非難する。さらに長州藩の「暴臣」たちは理由もなく外国艦を砲撃し、「幕使を暗殺し、ひそかに実美らを本国に誘引す。かくのごとき狂暴の輩、必罰せずんばあるべからず」と、怒りをあらわにする。「鄙野の匹夫」「暴臣」「狂暴の輩」は、まさに玄瑞たちのことだ。

それでも孝明天皇は、三条や長州藩に振り回された自身を「不徳の致すところ」と深く反省し、悪いのは長州藩主ではなく「暴臣」だとも言う。玄瑞ら有志が藩主父子を担ぎ暴走した長州藩の内情を、天皇は理解していたことになる。

ただし、この宸翰は幕府にとって都合の良い内容ばかりではなかった。参与会議と心を合わせ、皇威挽回に努めよとも命じていた。参与会議に重きが置かれていたのは後述するように、薩摩藩が下書きを作った宸翰だったからである。

政変後、朝廷の求めに応じて十月三日、一万五千もの大軍を率いて上京した島津久光は、参与会議の開催を提唱した。有力諸侯による合議を天皇が採決し、幕府が実行するというシステムを築こうというのだ。これが実現すれば、久光が嫌った草莽の有志たちに奪われた政治を、大名層の手に取り戻すことができる。久光にとって都合の良い秩序の立て直しである。そして年末までの間に松平春《しゅん》嶽《がく》・伊達宗城《むねなり》・一橋慶喜《よしのぶ》・山内容堂が上京し、朝政参与に任ぜられた。

「志士」の堕落

文久三年（一八六三）十二月二十四日、兵庫から長崎に向かう蒸気船長崎丸が関門海峡通航中、長州藩の前田御茶屋砲台から砲撃され、沈むという事件が起こる。長崎丸は幕府の長崎製鉄所の所有で、薩英戦争で船舶を失った薩摩藩が借用していた。乗組員六十八名のうち二十八名が溺死するという惨事となり、薩摩藩は操船技術者の多くを失う。

事件を京都で知った玄瑞は、薩長戦争の勃発を期待する。元治元年（一八六四）一月三日、土屋矢之助あて書簡に「この上は断然防長を以て天王山となし、確乎御張詰の御工夫肝要と存じ奉り候」、同月八日、長府藩士井上丹下《たんげ》あて書簡にも「さぞさぞ御苦心と察し奉り候。この上は断然割拠御張詰の御工夫肝要と存じ奉り候」などと決意を促す。しかし長州藩主毛利慶親は下関戍《じゅ》兵の軽挙を戒めるとともに鹿児島に使者を送り、謝罪した。あるいは大坂留守居役の宍戸左馬之介（九郎兵衛あらため。『防長回天史・五』によれば文久三年十一月ころ改名したという）に、在坂の薩摩藩士を説得させ、朝廷に対しても弁明したので、なんとか事なきを得た。薩摩藩内には報復を叫ぶ者もいたが、島津久光の意向により、「誤射」として穏便に済ませたという。

ところが長崎丸砲撃事件から二カ月も経たない元治元年二月十二日、今度は別府浦《べふのうら》（現在の山口県熊毛郡田布施町）に碇泊中の薩摩藩御用商人の船が砲撃されて沈没し、船主大谷仲之進が殺害されるという事件が起こる。さすがに謝罪では済まされないと思ったのか、長州藩は今度は問題のすり替えにかかった。先手を打ち、派手な方法で犯人に責任をとらせ、攘夷の叡慮に反する者を義憤により殺害したという筋書きをつくり、世間の同情を長州藩に集めてしまおうというのだ。そうすれば密貿易

義勇隊士が薩摩藩御用商人の船を砲撃した別府浦
（山口県熊毛郡田布施町）

を暴露された薩摩藩も窮地に立たされるから、長州藩にとっては「一石二鳥」である。

こうして同月二十六日夜更け、大坂の南《みなみ》御堂《みどう》門前で、長州の義勇隊士水井精一と山本誠一郎が腹を切って死んだ。傍らには大谷の首が梟され、掲げられた「斬奸状」には薩摩藩の密貿易が暴露されていた。

実は真犯人は不明だった。にもかかわらず、水井と山本に言い含めて腹を切らせたのは太田市之進・野村和作・品川弥二郎らである。野村は「久坂等今回水井等の軍令を犯したることを聞きて痛く規律の寛（緩）漫（手ぬるいこと）に流れたるあらんことを憂い、品川弥二郎及び余をして処理せしむ」と後年述べており（『追懐録』）、玄瑞が背後で指示したと言っている。また、野村から取材した中原邦平『忠正公勤王事績』には、「水井は立派に自殺したが、山本はぐずぐずして居るから、野村子爵が介錯してやられた相です」とある。

井上勝生『幕末維新政治史の研究』に紹介された水井が切腹する七日前、水井与作にあてた遺書を読むと、その経緯はもっと鮮明になる。まず、山本と水井は大谷の首を梟す目的で大坂に行かされたものの、犯人ではないから切腹する気はなかった。ところが、時山直八・杉山松介・野村の三人が

「忠義」をほのめかし、「京師において決定つかまつり候事ゆえ」として、自決を強要する。驚いた二人は、一旦は逃げ出す。しかし、品川・野村が追いかけて来たため、逃れられぬと観念した。こうして二人は「切歯に堪えず」の思いを抱きながら、命を奪われてゆく。

二人の死により、世間は外国とひそかに親交する薩摩藩を非難し、長州藩へ同情が集まった。死んだ二人は「古今未曾有の大忠臣」など称えられ、切腹現場には現世利益を求める民衆が押しかけて、信仰の対象になってゆく。民衆にとり攘夷は、物価の問題に直結していた。

他人の死を演出して利用する玄瑞は、自ら死地に飛び込むことはない。井上勝生は「この志士指導部の『堕落』、この『非道徳主義』にこそ、マキアヴェリズムの精神構造がある」(前掲書)と評している。

晋作の上京

長州藩内では武力を背景に、積極的に京都政治に抗して失地回復を遂げようとする「進発派」と、実力を蓄え、時機を待とうとする「割拠派」が対立していた。

「進発」の理論的指導者となっていたのが、真木和泉である。真木は政変後、七卿に随従して長州藩に身を寄せ、文久三年(一八六三)十月には「出師三策」を著し、さかんに挙兵上京を説いていた。もっとも真木が言うのは、世子と三条実美が五万の兵を率いて大坂城を攻め落とし、二条城・膳所城・彦根城に火を放つのを上策とするなど、過激だが現実味を欠くもので、藩は正式に採用しなかった。

元治元年(一八六四)一月十八日、京都から帰国した寺島忠三郎は、長州藩に鎮静し機会を待つよう求めた有栖川宮熾仁《ありすがわたるひと》親王の書を携えて来た。これにより大勢が「割拠」の方に傾き、三条実美ら六卿と周囲の過激派が不満を募らせたことは想像に難くない。

「進発」の急先鋒で宮市に滞陣していた遊撃軍総督来島又兵衛は、いまにも軍勢を率いて京都に攻め上ろうとする勢いを見せる。こうした国もとの情勢につき玄瑞は一月二十五日、大坂留守居役宍戸左馬之介あての書簡中で、次のように憂う。

「来島進発一条、何卒御留め在らせられたく存じ奉り候。迚《とて》も此の節の形勢一通りにては相叶わず候」

世子毛利定広の命を受けた高杉晋作は宮市に赴き、来島に鎮静するよう求めたが、上手くいかない。来島は藩主か世子が上洛しないなら、遊撃軍だけ脱藩して上京すると言い出す。窮した晋作は京都で奔走する玄瑞らと相談してくるなどとして来島を納得させ、富海から飛船に乗って二月三日、上方に到着した。そしてただちに宍戸・玄瑞・入江九一と協議し、やはり進発は中止すべきとの結論に至る。

しかし、晋作は復命せずに出奔したとみなされ、世子の側近が連れ戻すために京都までやって来た。晋作は大いに不満で、京都で酒色に溺れるような生活をつづけ、土佐脱藩の中岡慎太郎らと共に島津久光の暗殺を、ひそかに企てたりした（「投獄文記」『高杉晋作史料・二』）。

国もとでは三月四日、使者となった家老国司信濃が来島を連れ、遊撃軍二百名、膺懲隊《ようちょうたい》三十名を率いて上京すると決まる。驚いた宍戸は三月八日、国司らの上京を阻止するため、急きょ山口に帰国し、上書を提出した。

玄瑞も三月十日、前田孫右衛門に手紙を書き、このままでは行き違いが生じるので、自分が帰国して事情を説明すると知らせた。そして十九日、山口に帰着し、藩主父子や重臣らに国司らの京都出兵が危険であると説く。参与会議が分裂し、そのうち毛利家の入京も許されるのではないかと述べた。心を動かされた藩主は、国司の上京を見合わせた。激昂した来島は、周布を政事堂に訪ねて激論になったという。そこで周布は来島を京都に行かせ、進発が時期尚早であるとの現実を見せようと、藩主に働きかけた。こうして三月二十五日、進発を唱える来島はじめ遊撃軍・干城隊の十二名に、京都行きの沙汰が出る。そして玄瑞も、来島らと共に上京するよう命ぜられた。

出発にあたり玄瑞は三月二十五日、萩にいる妻文に手紙を書き、粂次郎の成長を喜び、京都東山霊山で先祖の祭事を行ったなどと知らせる。また、山口まで帰りながら、萩に立ち寄れない理由として「このたびはいそぎの事といい、かつまた水戸のひと（人）などつれ相もある事ゆえ」と説明した。

この時、玄瑞に同行して山口に来た水戸の山口徳之進は、長州・水戸の提携をめざしていたようで、藩主父子にも拝謁している。詳細は不明だが、同月終わり、水戸藩では藤田小四郎ら天狗党が、幕府の攘夷実行を側面から応援するため、筑波の太平山・筑波山で挙兵したことと関係するのかも知れない。挙兵を知った玄瑞は四月五日、桂小五郎あて書簡で「東国の形勢いかにも実説なれば大妙」とし、事実ならば「一機会にもと考え申し候」と喜ぶ。つづく、四月二十四日付の桂あてでは「水府蜂起へ遙かに応ずる大挙なくては相叶わずと存じ奉り候」とも述べている。挙兵のさい、玄瑞と桂小五郎が水戸の同志へ軍資金（一千両という）を提供したとの北垣国道《きたがきくにみち》（晋太郎）の談話が『防長回天史・五』に載っている。

なお、京都を発った晋作は三月十九日に萩に帰ったが（途中まで玄瑞も一緒だった）、二十九日、城下の野山獄に投ぜられた。さらに五月五日には、酒に酔った周布政之助が野山獄を訪れ、抜刀して晋作の名を叫んで帰るという事件が起こる。これにより周布は失脚、謹慎を命じられた。

2　京に散る

参与会議の解散

朝政参与となった一橋慶喜・松平春嶽・山内容堂・伊達宗城・島津久光らは元治元年（一八六四）二月、長州処分につき、支藩主、吉川経幹《きっかわつねまさ》（毛利一門、岩国領主）、家老を大坂に出頭させ、三条実美らに召還を命じると決めた。拒否すれば、征討軍を差し向けるとの方針である。だが、横浜鎖港問題をめぐっては、幕府代表の慶喜が鎖港談判続行を主張し、反対を唱える久光らと激しく対立した。結局、同月十四日、将軍家茂は横浜鎖港実行を孝明天皇に奉答する（その後、交渉の使節をフランスまで送ったりしたが、鎖港は実現しなかった）。

三月九日、慶喜は参与を辞し、春嶽・宗城・久光・容堂らがこれにつづき、参与会議は解散してしまった。皮肉にも草莽の有志たちを政局から排除した久光は、今度は国政は幕府が担うものと考える慶喜に斥けられたのである。天皇の信任を得た慶喜は同月二十五日、将軍後見職を辞し、禁裏（御所）守衛総督と摂海防御指揮を兼務する。

さらに久光や薩摩藩にとって、不利となる出来事が起こった。同年一月二十七日、将軍家茂に与えられた宸翰の下書きが、実は薩摩藩が作成したものだったことが発覚したのだ。それを知った「暴臣」呼ばわりされた者たちは、薩摩藩が中川宮朝彦親王や近衛忠煕前関白と結んでつくった「偽勅」だと主張した。参与会議が解散するとその風聞が広まり、久光は動揺する。これを天皇が偽勅と認めたら、長州の二の舞いになってしまうからだ。久光は中川宮に申立書を送り、草稿の採用を強願していないと弁明した。

進発に傾く

来島又兵衛ら十一人と玄瑞は大坂に向かい、後から遊撃軍の五十余人が隊を脱して追いかけた。大坂の藩邸は脱走兵を持て余すが、ただちに帰国させるわけにもいかない。藩主父子からは京都留守居役の乃美織江と大坂留守居役の宍戸左馬之介へ、来島らが京坂間で暴発せぬよう、くれぐれも監視せよとの注意書が届いた。

元治元年四月十日、来島らは山崎街道から京都に入って行く。来島は京都情勢が長州藩にとり、まったく不利であると悟るや、会津藩邸を夜襲して松平容保を討つとか、島津久光を四条大橋で暗殺するなどと意気まく。驚いた玄瑞や乃美は、来島を説得してなんとか止めさせた（三原清堯『来島又兵衛伝』）。

玄瑞は、参与会議解散後の久光の動向に注目していた。桂小五郎に「薩御帰国御免のよし（未審、

来島又兵衛銅像
（山口県美祢市・厚保小学校）

恐虚ならん）御聞き成され候や」（四月九日）、「薩帰国御暇相違無き段、先刻小生も慥かに承り申し候」（四月九日）、「さつなど帰国いかにも懸念いかが、穏策これあり候や。力屈し謀窮まり候て去る次第には決してこれ無く候」（四月十三日）などと逐一知らせている。

四月十一日に伊達宗城が、十八日に久光とその子で薩摩藩主の島津茂久が、十九日に松平春嶽が京都を発ち、帰藩の途に就く。

すると十九日、これまで進発を食い止めるために奔走してきた玄瑞が、進発論に傾いてゆく。この日、大坂藩邸で来島・桂小五郎・寺島忠三郎・玄瑞が世子進発をめぐり話し合った。議事録によれば、玄瑞が進発に転じた理由はふたつある。ひとつは長州復権を阻止する「三奸（島津久光・松平春嶽・伊達宗城）」が京都から去ったこと。いまひとつは「人心《じんしん》帰《き》向《こう》」で、これは長州に同情的な鳥取（因幡）・岡山（備前）・対馬・津和野などの諸藩が結束を固めたことである。「この二機に御乗じこれ無くては、終《つい》に乗るべき時これあるまじく候事」とする。さらに十余年来の攘夷の叡慮が「奸賊《かんぞく》の所業」で動揺しており、そのために自分たちを非難する宸翰が出た。よって諸大名や公卿が諫争しなければ「神州の正義の消滅する所」になると訴える。「第一、御宸翰御諫争。次に御不審の次第、至誠をもって御弁解」の実現をめざして世子を上洛させ、武力を背景に復権を遂げ、攘夷を実行すると言う。京都詰の政務座である玄瑞の発言だけに、その意味は決して小さくはない。

玄瑞は五月二日、大坂藩邸に赴き、世子進発を宍戸左馬之介に説いた。しかし、自藩安全を第一とする藩官僚の宍戸は、あくまで反対する。叡慮は政変後も確固として動揺していないなどと言い、「三奸退去」を好機として進発すれば、「鬼の留守を狙う」と世間が非難すると戒める。また、外国艦襲来の風聞もある間に、世子進発の好機とは思えないとも言った。宍戸は玄瑞の意見にいちいち反対意見を添書きして、五月四日、山口の藩政府に送った。

五月四日、藩政府にあてた意見書の中で玄瑞は、庶政を任委されている将軍家茂が江戸へ帰る前に、世子を上京させ「攘夷の実功相立ち候様、至誠赤心を以て御異見在らせられたく存じ奉り候」と訴える。家茂が江戸に帰った後に上京したら、「却《かえ》ってまた長州幕威を殺《そ》ぐの隠謀なるべし」との評判が立つので、よろしくないとも言う。ちなみに家茂は五月七日、京都を発ち、同月十六日、大坂から海路江戸へ帰ることになる（江戸着は同月二十日）。

成算の無い攘夷　このころの玄瑞の心底は元治元年（一八六四）四月十六日に書かれたとみられる桂小五郎あて書簡の中に、次のように述べられている。

「攘夷一条は、我が藩にありては奉勅始末一巻を以て千載凛然につき、何国までも徹頭徹尾、君上尊攘の御誠意確乎不抜と申す様にこれ無くては相叶わず候。先夜、御談じの通り、因・備などへは素より同心戮力、進退をも共につかまつらずては相済まず候えども、万一も横浜一港を鎖などの姑息の論これ有り候時は、雷同強従は相成らず、断然御独立、天下の正気御持維在らせられ候ずては相叶わず候。攘夷の儀については始めより成算のある事にてはこれ無く、国体の立つ、立たざる、大義の欠、不闕とにこそあれば、今更一点も動揺ありては相叶わずは勿論に候」

玄瑞は、これまでの長州藩の攘夷の主張をあくまで貫くべきとする。また、幕府が進める横浜鎖港は姑息で、それにより因州・備前が離れても、長州藩だけでも独立して攘夷を行うと言う。ところが、成算は考えていない。その点を「国体」や「大義」といった、精神論で覆って進もうとする。こうした攘夷論につき、伊藤博文は後年、次のように語っている。

「攘夷と云ふことに就いても、種々の説があって、一応戦うた上で和議をやる方が善いと云ふ説もあった。併《しか》し戦うて勝つか敗けるか其の辺は一向に考へなかった。よほど議論が疎雑であった。戦うた上で和議をすると云ふた所で、戦うて敗けた時には、戦はないで和議をするやうな訳には行かないではないか。当時の攘夷論は全く精神から出たので、政略から出たものではなかった。その頃、政略的のことをやると、精神がないとか何んとか云って、それこそ、斬られてしまふ」

（『伊藤公全集・三』）

これまでつねに玄瑞を庇護してきた宍戸左馬之介は、リアリストだった。当然、国体や大義のためなら防長二州は滅んでも構わないので攘夷を行うと言う玄瑞の精神論とは、嚙み合うはずがない。

なお、玄瑞の同志である吉田稔麿（栄太郎）は必ずしも進発を推していたわけではないが、五月十五日、幕臣妻木向休（田宮）にあてた手紙の中で、長州が行ってきた急進的な攘夷の意義をアメリカ独立戦争に重ねて説明する。「器械は至って乏し」いが、成算を度外視して立ち上がったワシントンが「ただ、義を以て衆を励まし」、イギリス相手の独立戦争に勝利したのだという（一坂太郎・道迫真吾編『吉田年麻呂史料』）。

進発に対し慎重だった高杉晋作・周布政之助が藩政府から消え、こうした精神論での攘夷実行を目指す進発派の勢いが増す。ひとつの組織や国家が、無謀な戦いへ突入してゆく典型例のひとつであろう。

幕府に大政委任

さらに長州藩を絶望の淵に追いやったのが、元治元年（一八六四）四月二十日、将軍徳川家茂に大政委任するとの勅が出たことである。それは「幕府へ一切御委任遊ばされ候事ゆえ、以来政令一途に出」に始まる、幕府側にとっては前年の将軍上洛以来、熱望していた勅だった。同月二十九日、家茂は参内して奉答し、公武合体が完成する。これにより長州処分も、すべて幕府に一任されたことになった。

勧修寺経理が京都留守居役の乃美織江に届けた朝命には「幕府へ総て御委任相成り候間、政令一途に心得るべく」「以来幕府へ諸事申し立て候よう、なおまた御沙汰に候事」などとあり、支藩主などの上坂を中止させ、今後の請願は幕府に直接申し出よとあった。朝廷に突き放され、驚いた乃美は伺書を出して、その真意を尋ねようとしたが、もはや相手にされなかった。これが火に油を注ぐことになる。

玄瑞は五月十六日に京都を発ち、帰国の途に就いた。十三日、玄瑞は政務座の渡辺内蔵太《くらた》（長嶺内蔵太あらため）あて書簡で、先に帰国する来島又兵衛・寺島忠三郎と「御進発」につき話し合ってほしいとし、「因・備の様子相窺い、直ちに帰国つかまつり候覚悟」なので、出発は十六日になると知らせている。

五月二十七日、山口に帰った玄瑞は、藩の要路や三条実美らに藩主や三条らの上京を説いてまわった。先に帰国した来島・寺島はしきりと世子進発を説いていたが、中村九郎が因・備から帰ってこれに同調した。朝廷の意向も山口に届き、もはや進発しか選択肢はないような雰囲気が高まってゆく。それに向けて二十七日には家老国司信濃に上京、三十日には家老福原越後に江戸出府が命じられた。つづいて六月四日、長州藩は京都進発を決定事項とし、世子毛利定広が兵を率いて京都に上ることになる。

六月五日夜には、京都で「池田屋事件」が起こった。三条小橋袂の旅籠池田屋で謀議中の長州系浪士などが、京都守護職配下の新撰組に襲撃されたのである。この事件により長州の吉田稔磨・杉山松介、肥後の宮部鼎蔵・松田重助、土佐の北添佶磨・望月亀弥太・石川潤次郎ら多数が殺傷された。

かつて玄瑞らが幕府側に潜入させ、諜報活動を行わせた吉田稔磨は政変後、江戸へ赴き旧知の幕府旗本妻木向休を通じ、幕府側に長州藩の立場を弁明するため奔走していた。稔磨の死は、交渉の可能性のひとつが断たれたことを意味していた。

また、玄瑞らは文久三年（一八六三）四月に没した有栖川宮家諸大夫の豊島泰盛に後嗣がなかったため、入江九一に継がせようと画策していたが、実現していない。現在となっては不明な点も多いが、他にも朝廷関係者のもとに同志を送り込み諜報活動を行った数例が、中村武生『池田屋事件の研究』に紹介されている。

数日後、有吉熊次郎により「池田屋事件」の第一報が山口に届く。十一日、桂小五郎は玄瑞に手紙を書き、「さては五日の一条、有吉帰山、委曲御伝言つかまつり候に付、御承知下さるべく候事と存じ奉り候。実に悲歎この上無き次第、縷述に堪えず候」としながらも、長州軍が上京して洛中に放火するなどの、事実と異なる噂が立っていたなどと嘆いている。

池田屋跡（京都府京都市）

妻との別れ

山口に帰った玄瑞は元治元年六月十六日、軍勢を率いて三田尻から海路上方をめざす。最後の帰国となった二十日ほどの間、玄瑞は七歳になる養子の粂次郎を、萩から山口の宿舎まで呼び寄せた。六月六日、妻文あての手紙で、次のように知らせる。

「粂二郎昨日まいり久しぶりにあいたい、大によろこび、昨夜も一しょにね（寝）候。粂二郎大小（刀）も大坂にあつらひおき候得共、このたびはまにあひ申さず候。いずれのぼり（上り）候上は相調《あつら》え、早々さしおくり申すべく候」

玄瑞はつかの間の父親気分を楽しんだようだ。同じ手紙の追伸部分では「粂次郎は一両日とどめおき候。いかにもおとなしくあそびおり候。御あんもじ（心配）なさるべく候」と、断ち切り難い息子への思いが綴られている。

しかし、玄瑞は妻がいる萩の自宅に帰ろうとはしなかった。杉梅太郎は「然る処、このたびどもは何卒御差し繰り成され、一夜御帰萩成されたく、待ち奉り候」と勧める。また、梅太郎は近く山口行きの予定があるが、やはり萩で会うのは格別だとも言う。

玄瑞が旅先などから文にあてた手紙は二十一通が確認されている（『楫取家文書・二』）。その内容は、萩の保福寺にある久坂家の墓参を繰り返し頼み、「士の婦人ははやり歌（流行歌）などうたうは甚だ見苦しき事にて、ひまもあれば少々和歌はよみ度事にて候」（文久二年（一八六二）か）、「梅田源二郎（雲浜）の姪お富と申す女のよめる歌おくり申し候」（同年五月二十八日）、「先日は歌三首おくりなにより悦び申し候事に候。こののちも何とぞおんおくりなさるべく候」（同年八月十三日）、「児島の歌集うつしておくりまいらせ候につき、よみがたきところは梅兄（杉梅太郎）になりともおんきき（聞き）なされ候て、くりかえしおんよみなさるべく候。頼みまいらせ候」（同年十月九日）などと、武士の妻としての教養を磨くよう、特に和歌が詠めるようになるよう訓示する。

また、時には自分が係わる政治運動にかんしても知らせ、思いどおりに事が運ばぬ時は愚痴をこぼしたりもするが、玄瑞が妻に求めた役割の第一は、家を守ることだった。

これが当時の武家の男性の女性観であり家庭観であろう。高杉晋作なども妻マサにあてた手紙に「士の女房は歌の一首くらいは読めねばつまり申さず候」（同年四月十三日）、「曽我物語・いろは文庫など送り候間、夫れを御読み成され、心をみがく事専一にござ候。武士の妻は町人や百姓の妻とは違うという処、忘れぬ事専要にござ候」（元治元年二月十八日）などと、玄瑞と似たようなことを言っている。

武家の妻は深窓に押し込められ、他の男性を見ることなどできなかったが、夫は外で恋愛を楽しむことが、社会的に許されていた。晋作の場合は下関の芸妓おうの（源氏名は此の糸）を、玄瑞は京都島原の芸妓辰路を愛人としていた。

長州勢の進発

元治元年六月十五日、来島又兵衛が遊撃軍三百余名を率い、攘夷国是の歎願、五卿（七卿中、沢は脱走、錦小路は病死）と藩主父子冤罪の哀訴を掲げ先発した。遊撃軍は前年十月、進発を意識して結成され、傘下には正導・博習・神威・金剛・市勇・狙撃・鐘秀など十一隊がある、大所帯である。

十六日には家老福原越後が佐久間佐兵衛・竹内正兵衛らと共に兵五百を率いてつづいた。その名目は藩主父子のため、関東に哀訴に赴くというものである。同日、玄瑞・入江九一・寺島忠三郎らも忠勇隊などの兵三百を率いて富海から船に乗り込んだ。これに真木和泉も、軍議総裁として加わった。

二十六日には家老国司信濃が桂小五郎・益田民部とともに兵三百を率いて、浪士の暴行鎮撫のためと称し出発した。七月になると、家老益田右衛門介が池田屋事件の暴挙を調べるためとして六百あまりを率いて進発する。藩主毛利慶親は自ら黒印状を作り、福原・国司・益田に授けた。

玄瑞の六月二十三日から二十八日までの『義挙日記』が残っている。それによると玄瑞らの一行は福原の到着を待ち、二十三日深夜、大坂から船で淀川を溯った。そのさい集まって来た民衆が「長州様我々どものため、御苦労なされ候と申す。米塩の直価なども遂に減んじ候よし」などと声援を送ったという。急進的な攘夷を行った長州藩は物価高騰に苦しむ民衆にとり、世直しの英雄になっていた。開国の否定は民衆の生活と直結する、切実な問題となっていたことが分かる。

長州軍三千は、京都近郊の伏見・嵯峨・山崎といった三方面の要衝に陣取る。真木・玄瑞が率いる一隊は清側義軍と称し、六月二十四日午後、山崎の南岸に位置する橋本から上陸して天王山の宝寺（宝積寺）や観音寺（いずれも現在の京都府乙訓郡大山崎町）に駐陣した。寺僧や付近の住民たちは「甚だ心を帰す」だったという。玄瑞らはただちに山崎関門を警護する郡山藩に一書を送り、三条実美らならびに藩主父子の冤罪を天皇に訴えるため、男山の石清水八幡宮に参詣する旨を知らせた。また同時に、淀藩主で老中の稲葉正邦に託し、冤罪を訴え、天皇の前で釈明させてほしいと望む歎願書を朝廷に差し出した。いずれも末尾の署名は真木は松野三平、玄瑞は浜忠太郎、中村円太は野唯人《のただと》、寺島は牛敷春三郎と変名を用いているが、入江九一だけはなぜか本名になっている。

玄瑞らによる朝廷への歎願書を稲葉から示された禁裏守衛総督の一橋慶喜は、これを携えて参内し、朝議にはかった。中川宮と松平容保・松平定敬（桑名藩主・京都所司代）は、武力による長州勢撃退を主張した。一方、慶喜は説諭する方針を主張し、関白以下も同調した。

さらに真木や玄瑞らは七卿や長州藩に同情的な諸大名への歎願を繰り返し、朝廷と幕府に対し寛大な処置を願った。陳情書の送り先は名古屋・水戸・和歌山・金沢・鹿児島・鳥取・仙台・熊本・広島・岡山・府中（対馬）・佐賀・津・久留米・桑名・福岡・米沢・松山（伊予）・徳島・津和野・福井・福山・盛岡諸藩の京都留守居であった（『維新史料綱領・五』）。また、伏見の福原越後も、しばらく伏見にとどまる旨を述べ、鳥取・岡山・津和野・厳原の諸藩は長州藩のため周旋しようとした。

玄瑞らが駐陣した宝寺
（京都府乙訓郡大山崎町）

六月二十七日、病床にあった松平容保は兵士六、七百を率いて急遽参内する。そして御所の九門を閉ざし、会津・桑名の兵で固めさせた。さらに容保は禁苑内御花畑凝華洞《ぎょうかどう》を仮宿とすることを許された。

男山での軍議

元治元年（一八六四）六月二十五日、一条門流三十八卿が連署した上書を大納言一条実良《さねよし》に呈し、横浜鎖港を幕府に迫るよう求めた。七月九日には北小路随光・石山基文など九卿が朝廷に上書し、ひそかに会津藩を非難し、闕下《けっか》に内乱の虞《おそ》れがありとした。同月十二日には一条門流三十九卿が再び上書し、長州藩主父子に寛大な処置を望み、その入京を許可し、かつ攘夷の叡慮を貫徹するよう説いた。

このように、朝廷内では攘夷を実行しない幕府の姑息を非難し、長州藩主父子の赦免を求める意見も多かった。征長の詔を求める松平容保に対する反発も強くなる。薩摩藩なども軍賦役兼諸藩応接係の西郷吉之助が、これを長州と会津の「私闘」とみなし、局外中立、御所守衛を第一とする方針を立てた。

だが、孝明天皇から軍事指揮の全権を任された一橋慶喜は、武力を背景とした長州藩の歎願を認めようとしない。七月十三日、慶喜は自分の屋敷に乃美織江を召し、福原越後らの大坂への退却を諭したり、十六日には幕府大目付を伏見に派遣して撤兵を命じたりと、手続きを踏んでゆく。

十七日、有栖川宮熾仁親王、中川宮、慶喜らが参内し、夜を徹して長州処分につき話し合った。そして議奏・伝奏から長州藩士らに退去するよう諭し、もし拒めば、追討するとの朝議が決定される。十八日、乃美織江は六条有容邸に呼び出され、朝議決定を伝えられた（京都市『京都の歴史・7　維新の激動』）。

一方、長州勢は十七日、来島・玄瑞・寺島・入江・真木・宍戸左馬之介ら首脳二十名ほどが男山の石清水八幡宮社務所に集まり、軍議を開いていた。十三日には世子毛利定広が水軍を統率し、三条実美ら五卿を擁して進発し、殿軍の吉川経幹は十五日に出発していたが、まだ京都には到着していない。

干城隊に属していた南貞助《ていすけ》（高杉百合三郎）の回顧談（馬屋原二郎『元治甲子　禁門事変実歴談』）によ

ると、午後二、三時から始まったおよそ二十名から成る会議で、まず、来島が「諸君は進軍の用意整いおりしや」と口火を切った。つづいて来島は、武力で君側の奸を除くべきであり、躊躇してはならぬと、怒気を含み主張した。これに対し、玄瑞は次のように反論する。

「我ら素より干戈《かんか》を以て清側の手段を採るべきは覚悟の前なるも、時機なお到来せざるものの如し。元来君冤《くんえん》を雪《すす》がんとは先ず歎願に歎願を重ね、我より手を出し、戦闘を開始するは我らの素志にあらず。況《いわ》んや、世子君の来着も近日を期すべく宜しくその来着を待ち、しかる後進撃すべきや否やを決すべく、今直ちに進撃して、闕下に迫るは策の得たるものに非ざるべし」

激論が行われた石清水八幡宮社務所
（京都府八幡市）

玄瑞と宍戸は一旦朝命を受けて兵庫表まで退却し、ここで世子を迎えて、その上で進退を決めようと考えていたのだ。ところが来島は世子到着の前に、君側の奸を除いておくべきだと主張する。それでもなお反対する玄瑞を、来島は「卑怯者」と罵った。さらに意見を求められた真木和泉が「楠公の心を帯して進撃する」（宇高浩『真木和泉守』）と、来島に賛意を示したため、洛中への進撃が決まり、日暮れになって解散した。憂鬱の態で顔面蒼然とした玄瑞は陣営である宝寺に帰る途中、ひと言も話さなかったという。

十八日、玄瑞は変名の「浜忠太郎」で入江九一と連署し、幕府や在京諸藩に松平容保を討つ旨の通告を出した。『孝明天皇紀・五』によれば同日夕方、正親町《おおぎまち》邸に「松平肥後守罪条」を載せた一書が投ぜられたというが、この通告の可能性が高い。玄瑞らは進軍の理由として幕府に対しては「其の職に居り、大樹公に罪を帰せしめ、天朝の御趣旨は申すに及ばず、東照宮以来の制法一発人心を壊《やぶ》り、徳川御家の命脈を蹙《せ》め候に至り、実に以て恐れ入り次第にござ候」、諸藩に対しては「守護の大任を冒し上は武威を以て毎々禁闕を奉迫し、下は暴虐を以て、日夜士民を殺害し、或いは公卿の忠良を黜退《ちゅったい》、或いは諸侯の正義を離間し、或いは壬生浪士並びに其の家来無頼の者を集め輦轂の下を逋盗の窠窟となし」などと説明し、会津を孤立させるため徹底的に非難する。あくまでターゲットは会津であり、私闘だと主張する。

禁門の変

こうして後世「禁門の変」「蛤御門の変」、あるいは「元治甲子の変」などと呼ばれる、京都の市街を火の海にした戦争が勃発する。

七月十八日夜半から長州勢は福原越後・益田右衛門介・国司信濃《くにししなの》の各家老が率いる三手に分かれ、御所をめざして行動を開始した。福原越後率いる伏見勢、国司が率いる嵯峨勢、そして益田率いる山崎勢で、この方面の総督は真木和泉であり、監軍は玄瑞だった。三方から足並みを揃えて九門内に突入し、松平容保が本営とする凝華洞を攻めるという作戦である。もっとも、この作戦は三方が支障なく同時に御所に到達しなければ成功しないという、最初からリスクの高いものだった。

一方、京都側も戦闘体制を固めてゆく。主力部隊は伏見方面に大垣藩・彦根藩、山崎・八幡方面に宮津藩・津藩などを配して戦線をつくる。天龍寺方面の配備には薩摩藩・膳所藩・越前藩・小田原藩が連合し、山崎・天龍寺間の間隙部分には小浜藩を置いて「扇形陣」とした。かんじんの御所には中立売御門に筑前藩、蛤御門に会津藩、台所門前に桑名藩、堺町御門に越前藩、乾門に薩摩藩の兵力が配され、長州藩を迎え撃つ準備が整えられてゆく（京都市編『京都の歴史・7　維新の激動』）。

伏見勢は伏見街道を北進中、大垣藩兵と衝突し、さらに後方から鯖江藩の攻撃を受けて退却した。それから竹田街道に転じたが、彦根・会津藩に銃火を浴びせかけられ、伏見方面へ潰走する。

嵯峨勢の精鋭九百は計画どおり進み、来島《きじま》又兵衛《またべえ》率いる一隊が中立売御門を警備する筑前藩の軍勢を蹴散らし、蛤御門まで進んだ。こうして蛤御門を死守する会津藩と激戦になり、来島らは外苑まで入り込んだが、乾門を守る薩摩藩の軍勢が駆けつけ、側面から攻撃したので戦況は一転する。この時、馬上指揮を執っていた来島が薩摩兵の銃弾に斃れ、総崩れとなった長州勢は撃退されてしまう。

真木や玄瑞ら山崎勢の五百余人は夜十二時ごろまでには山崎を発ち、烏丸《からすま》通（堺町通とも）より鷹司邸の裏門へ至り突入した。玄瑞は参内しようとする前関白鷹司輔熙《すけひろ》の袖にすがり、歎願の筋があるのでお供したいと哀願したが、許されなかった。真木率いる主力は鷹司邸を突っ切って堺町御門まで進んだが、ここを守る越前藩に阻まれてしまう。そこで引き返したため、鷹司邸が戦場となった。さらに中立売門・蛤門で長州勢を撃退した会津・越前藩の軍勢が駆けつけて鷹司邸を四方から囲み、一

堺町御門（京都府京都市）

橋慶喜の一手は鷹司邸南側の町屋に火を放った。このため、鷹司邸は猛火に包まれてしまった。戦いに加わった長州の馬屋原二郎は「鷹司邸（本門）に於ける戦争は随分激烈なるもので、屢々《しばしば》本門の扉を開き切て出」たと、後年回顧する（『元治甲子禁門事変実歴談』）。山川浩『京都守護職始末』によると、会津勢は十五ドエム砲（口径一五インチ砲）を持っており、鷹司邸の西北の角を砲撃して、門扉を打ち破って攻め込んだ。

追い詰められた玄瑞らの一手は北側の表門から突出をこころみたが、敵の一斉射撃を浴び、負傷する。玄瑞は鷹司邸の奥へと入り、入江九一に後事を託した。つづいて家僕の柴垣弥一に国もとへの伝言をさずけ、鷹司邸の家人に用意していた軍資金を三方に載せ、邸内を騒がしたお詫びとして差し出した。そこへ、やはり負傷した寺島忠三郎が来たので、二人して自決して果てた。進発へと強引に舵を切らせた責任を思うと、とても生きて帰る気にはなれなかったのであろう。

松下村塾で吉田松陰に師事した寺島は、無給通士の家の次男として生まれた。長井雅楽暗殺を企てたり、鷹司関白へ攘夷期限を迫ったりと、玄瑞とともに行動することが多かった。萩原正太郎『勤王烈士伝』にはその面影として「天性豪強にして言葉少く、其さま魁偉にして、音声鐘の如し、平常詩文を好み、また槍太刀のわざを嗜み、火技をよくせり」などとある。玄瑞の義兄楫取素彦の実姉が嫁いだ作間家に一時婿養子に入り、「作間忠三郎」を名乗った時期があった。親戚縁者が少なかった玄瑞にすれば、公私にわたり信頼できる身内的な存在だったのかも知れない。

無傷だった寺島は、鷹司家の中小姓兼田義和から脱出するよう勧められたが、「イヤどうしても久坂と一緒に死ぬる義理合ひだから、最後を是非見届けて呉れ」と言って自害したという。その場所は鷹司邸の「御局口」であった（『忠正公勤王事績』）。久坂・寺島の二人は、刺し違えたとも言われ、金子文輔『馬関攘夷従軍筆記』には時山直八からの情報として「久坂・寺島は鷹司邸内にありて敵兵肉迫し、終《つい》に互に刃を接《まじ》へて死し」とある。玄瑞二十五歳、寺島二十二歳（異説あり）。

あるいは益田右衛門介の家臣弘勝之助《ひろかつのしん》は時山とともに藩邸に火を放った後、玄瑞とともに鷹司邸に入り、自決したと『勤王烈士伝』は伝える。負傷した真木は猛火に包まれた鷹司邸を脱出し、天王山まで逃れて七月二十日、同志十六名（その大半が久留米・土佐・肥後などの脱藩浪士）とともに自決した。

こうして長州勢は二百人からの味方の遺骸を戦場に放置したまま、敗走した。乃美織江は藩邸に火を放ち、自らは西本願寺に逃れた。桂小五郎も京都を脱出し、但馬地方（現在の兵庫県北部）に潜伏した。戦火により京都の家屋三万軒や多くの社寺、武家屋敷が焼失したが、これはのちに「ドンドン焼け」と呼ばれた。この戦いにより、急進的な尊攘運動の指導者に成長した有志の多くが亡くなり、時代はまた新たな局面を迎えることになる。

当時、イギリスから帰国した伊藤俊輔は山口から上京途中の七月二十日、備前岡山で「禁門の変」

の報に接した。二十七日、萩にいる妻すみ（入江九一妹）に「久坂・寺島も切腹の由、父上様も久坂に御従行に候処、いまだ様子不相分、弥二郎に相たづね候処、御つつがなき御事にこれ有るべく乎と思へ候へども、是もくはしくは相知れず申し候」と、その混乱を伝えている（春畝公追頌会編『伊藤博文伝・上』）。

その最期

玄瑞の最期の様を目撃した、何人かの談話が残っている。長州の澄川拙三《すみかわせつぞう》（明治になり大審院検事など）は、次のように回顧する。

「久坂は脚部に銃丸を受けたるも深手にあらず。布切にてこれを捲き、玄関に腰掛けて愉快と微笑したり」

土佐脱藩で忠勇隊に属していた石田英吉《いしだえいきち》（明治になり千葉県知事・貴族院議員など・男爵）は、玄瑞が参内する鷹司輔熙に必死ですがりついて、歎願を遂げようとしたが拒否されたところを目撃した。

「我々が鷹司殿に入りし時は、殿下御参内と申す所にて、已に御装束にて居られしが、久坂は進みて殿下の御装束の裳《すそ》に縋《すが》り、『御参内なれば是非に御供仰せ付けられたし、臣等は歎願の旨趣ありて推参したるなり』と涙に咽びて言上したるはたしかに実見せり。然るに殿下は御許容なく立ち去られたる様子なりし」

その後、石田は裏門から脱出した。土佐の同志である清岡公張《きよおかきみはる》から「久坂は宰相《さいしょう》様（藩主）御父子へ対し申し訳なしとて腹切りたり」と聞かされたという（中原邦平「京都出張中取調記事」『防長史談会雑誌・三七号』）。

やはり土佐脱藩の黒岩直方《くろいわなおかた》（明治になり司法省・宮内省などの官僚）は、玄瑞が鷹司邸の表門（北門）から抜刀して門外に突進し、負傷するところを目撃した。

「久坂は敵一、二人を打ちて早くも引き返したれば止む。久坂の負傷したるはこの時なり。傷所は左の股にて骨に掛りたりと見え、歩行頗る艱み、出血も夥しく、顔色もあしく（悪しく）見受けたり。久坂は自ら布切れ（手拭と覚ゆ）を以て傷所を捲きて殿内へ入れり」（同）

平成27年建立の久坂玄瑞進撃像（山口県萩市）

この時、突進する玄瑞の姿を長州の志道貫一（明治になり海軍軍人）も目撃しており、後年になり「邸外の越前兵に向かい、突進し快戦を試みたるは実に今日猶勇ましき事なりしと思う」と、回顧している（『元治甲子　禁門事変実歴談』）。

鷹司邸に入った玄瑞は、負傷した足を

引きずりながら、長州藩士の河北義二郎《かわきたぎじろう》（俊弼）に次のように後事を託した。

「最早かような有り様に立ち至り、世子公も途中まで御出発になり、何とも君公に対し申し訳のない次第ながら、吾々が今君公の為になすべき事は、何卒途中に於いて此の事を速やかに御注進申したき一事であるが、余は負傷もしたれば、是非是に死すべき決心であるから、願わくば君等四人（河北・志道・高杉・天野）の中で申し合わせて、如何の手段に依りてなりとも此の囲みを脱して、今日の有り様を委《くわ》しく申し上げて、御出向を御留め申したき考えである」（同）

また玄瑞は、益田の家臣である小国融蔵《おぐにゆうぞう》にも「御身は此を落のびて、今日の有様を具《つぶさ》に主君に告げ白《もう》し、又折りよくば闕下に詣り、此冤を雪ぐべし」（宮内庁蔵版『修補殉難録稿・中』）と後事を託したという。

なお、河北は敵兵に包囲された鷹司邸の中で入江九一が甲冑の間から櫛を取り出し、玄瑞の大いに乱れた髪をととのえてやったのを見たと回顧している。それから玄瑞は天王山に帰り、再挙を謀るよう入江に指示した。入江は鷹司邸の裏門から槍を持って吶喊《とっかん》し、血路を開いて河北ら味方を逃がしたが、自らは負傷して邸内に退き、息絶えたという。享年二十八（野村靖『追懐録』）。あるいは南貞助は「入江は夫《それ》より奥へ行き久阪、寺島等と一緒に屠腹《とふく》せられたのであろうと思はる」（『元治甲子　禁門事変実歴談』）と述べている。

二度の「長州征伐」

軍勢を率いて上京途中の世子毛利定広が、京都での敗報に接したのは元治元年（一八六四）七月二十一日、讃岐多度津に碇泊中のことだった。定広は五卿とともに、ただちに国もとへ退却する。こうして武力を背景とした京都政局の失地回復計画は、失敗に終わった。

撤兵を命じたにもかかわらず、御所に攻め寄せ、発砲した長州藩に対し、孝明天皇は激怒する。戦場からは藩主父子が国司信濃に与えた黒印状も見つかった。天皇は七月二十三日、長州藩を討つよう、一橋慶喜に命じる。これを受けた幕府は諸藩に征長令を発し、「長州征伐（征討）」に乗り出した。

「朝敵」となった長州藩主毛利慶親は従四位上大膳大夫、世子毛利定広は従四位下長門守という官位を奪われた。さらに幕府は藩主父子から偏諱《へんき》（将軍が自分の名から与えた一字）を奪う。これにより慶親は敬親《たかちか》、定広は広封《ひろあつ》になった。

つづいて八月になると、関門海峡を封鎖されて貿易の不利益を被った英米仏蘭から成る四カ国連合艦隊十七隻が襲来し、下関を砲撃した。長州側では奇兵隊などが前田や壇ノ浦の砲台で奮戦したが敗れ、講和が締結された。以後、外国艦の海峡通航を認めること、砲台を新築修復しないこと、下関で水や燃料・石炭の補給をすることなどが取り決められた。

こうした中、尾張藩前藩主徳川慶勝を総督とする征長軍が迫るや、長州藩政府では失政を責められて「正義派」が斥けられ、「俗論派」が政権を握る。この間、恭順謝罪の意を示すため、福原越後・益田右衛門介・国司信濃の三家老が切腹、竹内正兵衛・中村九郎・佐久間佐兵衛・宍戸左馬之介の四参謀が斬首に処された。長州藩の恭順を認めた征長軍は、藩主父子の自筆謝罪状提出、山口城破却、五卿の引き渡しを命じ、戦わずして解兵した。

ところが十二月十五日、「正義派」の高杉晋作が下関で挙兵し、奇兵隊など諸隊も決起して、内戦のすえ長州藩の政権を奪い取る。刷新された藩政府は、「待敵」という武備恭順の方針を定めた。叡慮に従って来た長州藩の「正義」を朝廷や幕府が認めず、攻撃して来るのならば徹底して抗戦する決意だ。そのため軍政改革を進め、外国から銃や軍艦を買い込み、薩摩藩とひそかに提携する。

幕府は息を吹き返した長州藩を討つため、将軍徳川家茂自ら上洛して、孝明天皇に長州再征を願い出た。しかし、大義名分が無いとの理由で薩摩藩が出兵を拒否するなど、朝廷や諸藩には批判的な声が少なくなかった。

慶応二年（一八六六）六月、再び攻め寄せた征長軍を、長州藩は官民一体となって各地で撃退する（四境戦争）。幕府は将軍家茂の病死を理由に、九月、休戦協約を結んで撤兵した。

高杉晋作の死

四境戦争の最中、玄瑞の朋友だった高杉晋作は結核に倒れ、慶応三年（一八六七）四月十三日、二十九歳で病没している。玄瑞に後れること三年、松門の竜虎《りゅうこ》は、共に新時代をその目で見ることはなかった。

「禁門の変」の知らせが萩に届いた時、晋作は「世上の風説には秋湖（玄瑞）兄・宍翁（左馬之介）など忠死と申す事如何事に候哉」「この節は毎夜秋湖を夢に見候」と、杉梅太郎に手紙で知らせている。当時、晋作は亡命の罪により萩で謹慎中だった。

慶応元年（一八六五）四月、四国琴平の日柳燕石《くさなぎえんせき》のもとに潜伏した晋作は、玄瑞を偲び次のように詠んでいる（『高杉晋作史料・二』）。

先師嘗て久坂義助を称し曰く、少年第一流
骨を皇城に埋め更に香る
当時苦節吾洲を震わす
君知る同盟の裏に卓立するを
負《そむ》かず少年第一流

同志間でも卓越した存在だったことを認め、吉田松陰の期待に負かなかったと称える。つづいて、宍戸を悼む詩も詠んでいる。

宍戸左馬介辞世国歌有り。その題言に云う、議論異なると雖も、諸士と同じく死す。是れ吾が曹世臣宜味の言なり

独り国論紛乱の中
泰然黙訥として衆を解し容す
人と議を異するも人と死す

世間我が翁知る莫《な》しを恨む

晋作は、玄瑞を引き立てた宍戸が、ついには意見が異なってゆく玄瑞の精神論に引きずられ、それでも共に死んでやったと言っているのだ。玄瑞と宍戸の関係を、どのように見ていたかが分かる。ちなみに宍戸は「禁門の変」当日、天王山で待機していた。敗報が届くと竹内らと酒を酌み交わし、敵兵を待ったが、寄せて来ないので大坂へ落ち、海路帰国した。十一月十二日、野山獄に投ぜられ、六十一歳で斬られたのである（『修補殉難録稿・中』）。

刀剣趣味のあった玄瑞の刀の一振は晋作が所持したようだが、慶応二年（一八六六）三月八日に久保松太郎（清太郎・断三）に譲っている（『久保松太郎日記』）。

藩レベルの「横議横行」

孝明天皇は慶応元年十月、幕府が諸外国と結んだ開国の条約に勅許（ただし兵庫開港を除く）を与えた。これにより、勅許なしの開国を行ったという、玄瑞たちが振りかざしてきた幕府非難の大義名分は失われる。さらに翌、慶応二年十二月二十五日、天皇が三十六歳で突如崩御するや、政局は大きく動き始めた。

土佐勤王党を弾圧し、幕府寄りに傾いていた土佐藩が、薩長に接近する気配を感じた坂本龍馬は、「当年七、八月の頃には、土佐も立なおりて、昔日の長薩土となりはすまいかと相楽しみ申し候」と、慶応三年（一八六七）一月十六日、長府藩士三吉慎蔵に手紙（宮地佐一郎編『龍馬の手紙』）で知らせている。かつて、玄瑞たちが江戸や京都で行った「横議横行」が、藩という巨大な組織レベルで実行されようとしていた。龍馬の感慨も一入であっただろう。

この前後から薩摩・長州藩は提携して、たびたび密約を交わし、それが武力討幕の実現へとつながってゆく。

やがて、新しい天皇のもとで大政奉還、王政復古とつづき、徳川幕府は消滅した。政権交代が行われ、長州藩主父子と七卿は復権を果たして、日本は「明治」という新時代を迎えることになる。

そして新生日本の国是として明治元年（一八六八）三月十四日、明治天皇が神に誓った「五箇条の御誓文」には「智識を世界に求め、大いに皇基を振起すべし」とあり、翌十五日、国民に示された「五条の掲榜」には「万国之公法を以て、条約御履行在らせられ候に付ては、全国の人民奉戴し、心得違いこれ無き様、仰せ付けられ候。今より以後、猥りに外国人を殺害し、或いは不心得之所業等」あってはならないと厳しく戒める。

日本に近づく西洋列強を嫌悪し、激しい攘夷論を唱えた玄瑞が京都の戦火の中で生命を散らしてから、まだ四年足らずの時間しか経っていなかった。

玄瑞の遺骨と墓

鷹司家に仕えた兼田義和は玄瑞と寺島忠三郎の遺骨を屋敷の焼け跡から拾わせ、瓶に納めて一乗寺詩仙堂に葬った。しかし「維新の年」になり、楫取素彦《かとりもとひこ》（かつての小田村伊之助・文助、玄瑞の義兄）の指示によって、立派な柩に納め、東山霊山（現在の京都府京都市東山区）に改葬したと、金田の未亡人が語ったという（中原邦平「京都出張中取調記事」）。このため現在も詩仙堂には、玄瑞・寺島の位牌が安置されている。

久坂玄瑞の墓
（京都府京都市・霊山）

かつて、玄瑞と京都で将軍家茂の暗殺を企てた土佐の田中光顕は維新後、宮内大臣などを務めた。田中は著書『憂国遺言』の中で玄瑞の首は鞍馬口の上善寺に葬られたものの、失われたとし、「一婦人がやって来て、それを掘りかえし持ち去ったものと知れた。当時久坂には島原の芸妓でお辰というのがあり、情交もっとも厚かった」と述べている。京都市北区鞍馬口の上善寺には福井藩が建てた「長州人首塚」が現存しており、入江九一ら戦死者八名が葬られていることが判明しているが、玄瑞の名は無い。玄瑞の首が上善寺に埋葬されていたとするのは、田中の回顧談以外には見ない。田中も禁門の変には参戦しておらず、あるいは誤伝かも知れない。なお、田中は同書で、禁門の変前の一夜、玄瑞が天王山から駕籠を飛ばして島原を訪れたが、お辰には会えなかったと語っている。

玄瑞の墓標は現在、四カ所にある。遺骨を埋めた霊山の「久坂義助越智通武之墓」、鋭武隊（八幡隊と合併し整武隊となる）招魂場を前身とする朝日山護国神社（山口県山口市）の「久阪義助誠　神霊」、奇兵隊招魂場を前身とする桜山神社（山口県下関市）の「久坂義助通武　神霊」、そして故郷萩の団子岩の墓地（山口県萩市）に贈位のさい楫取素彦が建てた「贈正四位久坂義助君墓」である。また、玄瑞の神霊は明治二十一年（一八八八）四月、東京九段下の靖国神社に合祀され、同二十四年四月八日には正四位が追贈された。

遺族たち

最後に玄瑞の遺族についても、簡単に触れておこう。

玄瑞没後の元治元年（一八六四）九月二十二日、粂次郎への家督相続願が長州藩に出され、認可された。ところが明治二年（一八六九）十一月十七日、玄瑞の遺児という六歳の秀次郎が山口に来て、藩に認知される（『もりのしげり』）。

秀次郎は元治元年（一八六四）九月九日生まれで、同年七月十九日に死んだ父の顔は知らない。母は玄瑞の京都島原の愛人だった辰路（お辰）とも、別の女性とも言われる。『久坂玄瑞全集』所収「久坂家略系」（昭和五十二年（一九七七）十月三十日　田中助一編）には「（井筒太助二女）井筒タツ（佐々木ヒロともいう）」とある。杉家系図（萩博物館蔵）には秀次郎のこととして「母召遣《めしつかい》――義助没後伏見ニテ出生」と記されている。風貌は玄瑞によく似ていたとされ、後に秀次郎をモデルにして玄瑞の肖像画が描かれた。この肖像につき秀次郎は「これは日本百傑伝の写真の一枚である。玄瑞の写真又は肖像など云ふものはない。それであの写真の出来る時に自分が一人玄瑞に酷似して居るといふのでそのモデルになった。油絵式に出来上った時に野村、品川諸氏の意見を加味して諸所をなほして作られたものであるが、余程よく父に似通ふて居ると当時の評判であった」（『久坂玄瑞全集』）と語っている。もっとも原画は管見の限りでは行方が分からず、この肖像が掲載されたという『日本百傑伝』も未見である。『久坂家略伝』などによると幼少のころは山間部の徳佐村（現在の山口県山口市）で酒造家を営む親戚の椿僊介のもとで育てられたという。明治十二年（一八七九）、久坂家の家督を継ぎ、大

秀次郎をモデルに描かれた玄瑞肖像（福本義亮『久坂玄瑞全集』）

久坂秀次郎写真（『週刊デルタ新聞』昭和43年９月29日号）

倉組などに勤務し、昭和七年（一九三二）四月十七日、東京において六十七歳で没した。

秀次郎の出現により、粂次郎は久坂家を離れて生家の楫取家に戻り、「楫取道明」を名乗った。道明は明治二十八年（一八九五）六月、日清戦争後の下関条約により割譲された台湾に教師として派遣され、芝山巌《しざんがん》学堂を設立して現地の子供たちに日本語を教えていたが、翌二十九年一月一日、他の五人の教師などと共に抗日ゲリラに襲われ、三十九歳で命を落とす。

玄瑞の妻文は「朝敵」の烙印を押される原因を作った男の未亡人として、一時は肩身の狭い思いをしながら実家の杉家で生活していたようである。しかし内戦のすえ、「正義派」が政権を奪うや、慶応元年（一八六五）九月から数年間、藩主毛利家に奥女中として勤め、美和（のち美和子）と名乗った。そして明治十六年（一八八三）五月、群馬県令を務めていた楫取素彦（明治十四年〔一八八一〕に妻寿を病で失っていた）と再婚する。松陰も玄瑞も女性の再婚を激しく嫌っていたから、あるいは躊躇することがあったかもしれない。

文こと美和子は久坂家の蔵書を、再嫁先の楫取家に多数持参した。その中には、かつて玄瑞が各地から妻文にあてた手紙二十一通が含まれていた。楫取はこれらを三巻の巻物に表装し、『涙袖帖《るいしゅうちょう》』と名付ける（うち二巻は戦災で失われた）。「忠臣蔵」赤穂四十七士の一人、小野寺十内が妻にあてた書簡集『涙襟集《るいきんしゅう》』にちなんだものだ。楫取は玄瑞の顕彰にも熱心に取り組み、『久坂実甫《じっぽ》著述　江月斎遺集』全二冊（明治十年）の編集・出版を進めたり（奥付の「編輯出版人」は「山口県士族　久坂道明」となっている）、萩の団子岩に墓を建てたりした。

その後、明治十七年に群馬県令を辞した楫取は明治二十年には男爵を授けられ、華族に列せられる。また、貞宮《さだのみや》（明治天皇第十皇女）の養育掛や貴族院議員などを務め、明治二十六年には瀬戸内に面した山口県防府に邸宅を構えた。防府天満宮のある防府では、明治三十五年に行われた菅公（菅原道真）千年式年大祭の総裁を務めるなど貢献して、大正元年（一九一二）八月十四日（命日は十五日）、防府で没した。楫取没後、息子の楫取三郎は二五八部、七八八冊もの書籍を同天満宮に奉納しているが、うち『新葉和歌集』全三冊と『歴代題画詩類抄』全二冊には、「久坂蔵書」の印が見られ、美和子が持参したことがうかがえる。美和子は大正十年九月七日、七十九歳で防府で亡くなった。夫妻ともに、防府市桑山麓の墓地に眠っている。

主要参考文献

＊発行順。原則として書名、編著者名、発行年、出版社名の順である。復刻版が出ている場合は出版社名のみ掲げた。

『江月斎遺稿』松下村塾蔵板、一八六九年、河内屋吉兵衛・田中屋治兵衛。

『江月斎遺集』全二冊、久坂道明編・刊、一八七七年。

『杷山遺稿』坂上忠介編、一八八三年、田中治兵衛。

『追懐録』野村靖著・刊、一八九三年（マツノ書店復刻版あり）。

『井上伯伝』全九冊、中原邦平著・刊、一九〇七年（マツノ書店復刻版あり）。

『阿部正弘事績・下』渡辺修二郎著・刊、一九一〇年（東京大学出版会復刻版あり）。

『勤王烈士伝』萩原正太郎、一九一一年（四版）、頌功社（大空社復刻版あり）。

『訂正補修　忠正公勤王事績』中原邦平、一九一一年、庚寅新誌社（赤間関書房・マツノ書店復刻版あり）。

『維新土佐勤王史』瑞山会、一九一二年、富山房（睦書房・日本図書センター・マツノ書店復刻版あり）。

『元治甲子　禁門事変実歴談』馬屋原二郎、一九一三年、防長学友会。

『伝家録』堀真五郎、一九一五年、堀栄一（堀家・マツノ書店復刻版あり）。

『武市瑞山関係文書』全二冊、日本史籍協会編・刊、一九一六年（東京大学出版会復刻版あり）。

『会津藩庁記録・三』日本史籍協会編・刊、一九一九年（東京大学出版会復刻版あり）。

『修訂　防長回天史』全十二冊、末松謙澄編、一九二一年、末松春彦（みなと新聞社・柏書房・マツノ書店復刻版あり）。

『山県公のおもかげ』入江貫一、一九二二年、博文館（マツノ書店復刻版あり）。

『大西郷全集・一』大川信義編、一九二六年、平凡社。

『伊藤公全集・三』小松緑編、一九二七年、伊藤公全集刊行会。

『木戸孝允公伝・上』木戸公伝記編纂所、一九二七年、明治書院（臨川書店・マツノ書店復刻版あり）。

『維新風雲回顧録』田中光顕、一九二八年、大日本雄弁会講談社（大和書房復刻版・河出文庫版あり）。

『梅田雲浜遺稿並伝』佐伯仲蔵、一九二九年、有朋堂書店。

『楫取家文書』全二冊、日本史籍協会編・刊、一九三一年（東京大学出版会復刻版あり）。

『増補訂正　もりのしげり』時山弥八編・刊、一九三二年（赤間関書房・東京大学出版会・マツノ書店復刻版あり）。

『修補　殉難録稿・中』宮内省蔵版、一九三三年、吉川弘文館（マツノ書店復刻版あり）。

『公爵山県有朋伝・上』徳富蘇峰、一九三三年、山県有朋公記念事業会（原書房・マツノ書店復刻版あり）。

『松下村塾の偉人　久坂玄瑞』福本義亮、一九三四年、誠文堂。

『真木和泉守』宇高浩、一九三四年、菊竹金文堂。

『大橋訥菴先生伝』寺田剛、一九三六年、至文堂。

『吉田松陰』玖村敏雄、一九三六年、岩波書店（マツノ書店復刻版・文春学藝ライブラリー版あり）。

『吉田松陰全集』全十二冊（普及版）、山口県教育会編、一九三八〜一九四〇年、岩波書店。

『久坂玄瑞』香川政一、一九三九年、含英書院、（東行庵復刻版あり）。

『勤王奇傑　日柳燕石』草薙金四郎、一九三九年、文友堂書店。

『佐久間象山』宮本仲、一九四〇年（増訂第三刷）、岩波書店（象山社復刻版あり）。

『憂国遺言』田中光顕、一九四〇年、鱒書房。

『田中河内介』豊田小八郎、一九四一年、臥竜会。

『木戸孝允遺文集』妻木忠太編、一九四二年、泰山房（東京大学出版会復刻版あり）。

『久坂玄瑞の精神』和田健爾、京文堂書店、一九四三年。

『大橋訥菴先生全集・下』平泉澄・寺田剛編、一九四三年、至文堂。

『大村益次郎』丹潔、一九四四年、肇書房（マツノ書店復刻版あり）。

『久坂玄瑞』武田勘治、道統社、一九四四年（マツノ書店復刻版あり）。

『久坂玄瑞遺文集・上』妻木忠太編、一九四四年（中・下巻未刊）、泰山房（『久坂玄瑞文書』と改題復刻版あり。妻木五郎刊）。

『来島又兵衛伝』三原清堯、一九六三年、来島又兵衛翁顕彰会（小野田市立小野田歴史民族資料館復刻版あり）。

『国士有馬新七』町田敬二、一九六五年、謙光社。

『維新の精神』藤田省三、一九六七年、みすず書房。

『白石家文書』下関市教育委員会編・刊、一九六八年（国書刊行会復刻版あり）。

『孝明天皇紀』全五冊、宮内庁蔵版、一九六九年、平安神宮。

『幕末維新史料叢書　5　王政復古　義挙録・懐旧記事』一九六九年、新人物往来社。

『防長維新関係者要覧』田村哲夫編、一九六九年、山口県地方史学会（マツノ書店復刻版あり）。

『大楽源太郎』内田伸、一九七一年、風説社（マツノ書店復刻版あり）。

『増訂　明治維新の国際的環境・分冊一』石井孝、一九七三年、吉川弘文館。

『鹿児島県史料　忠義公史料・一』鹿児島県維新史料編さん所編、一九七四年、鹿児島県。

『京都の歴史・7　維新の激動』京都市編、一九七四年、京都市。

『防長史談会雑誌』全四冊、防長史談会編、一九七六年、国書刊行会。

『周布政之助伝』全二冊、周布公平監修、一九七七年、東京大学出版会。

『久坂玄瑞全集』福本義亮、マツノ書店、一九七八年（『松下村塾の偉人　久坂玄瑞』の一千カ所以上の誤植を訂正した復刻版）。

『長井雅楽詳伝』中原邦平、一九七九年、マツノ書店。

『増補　近世防長人名辞典』吉田祥朔編、一九七六年、マツノ書店。

『萩市史・一』萩市史編纂委員会、一九八三年、萩市。

「久坂玄瑞の漢詩文」（『岩国短期大学紀要　12号』）西郷道胤、一九八四年、岩国短期大学。

『防長医学史（全一冊版）』田中助一、一九八四年、聚海書林。

『大日本維新史料　井伊家史料・十五』東京大学史料編纂所編、一九八七年、東京大学出版会。

『久坂家略伝　改訂版』久坂恵一著・刊、一九八九年。

『維新のふる里　萩の風景と人物』松本二郎、一九九二年、萩市郷土博物館友の会。

『久坂玄瑞遺墨』一坂太郎、一九九四年、東行庵。

『幕末維新政治史の研究』井上勝生、一九九四年、塙書房。

『阪谷朗廬の世界』山下五樹、一九九五年、日本文教出版。

『ことわざ東洋医学』山本徳子、一九九九年、医道の日本社。

『防府市史　通史Ⅱ近世』編纂委員会編、一九九九年、防府市。

『明治維新と国家形成』青山忠正、二〇〇〇年、吉川弘文館。

『高杉晋作史料』全三冊、一坂太郎編、二〇〇二年、マツノ書店。

『吉田松陰』海原徹、二〇〇三年、ミネルヴァ書房。

『「武市半平太――ある草莽の実像」批判』横田達雄、二〇〇三年、日本図書刊行会。

『幕末政治と薩摩藩』佐々木克、二〇〇四年、吉川弘文館。

『日本の時代史 20 開国と幕末の動乱』井上勲編、二〇〇四年、吉川弘文館。

『久保松太郎日記』一坂太郎・蔵本朋依編、二〇〇四年、マツノ書店。

『月性』海原徹、二〇〇五年、ミネルヴァ書房。

『根岸友山・武香の軌跡』根岸友憲監修、二〇〇六年、さきたま出版会。

『山口県史 史料編 幕末維新3』山口県編・刊、二〇〇七年。

『幕末維新の政治と天皇』高橋秀直、二〇〇七年、吉川弘文館。

『島津久光＝幕末政治の焦点』町田明広、二〇〇九年、講談社。

『幕末日本と対外戦争の危機』保谷徹、二〇一〇年、吉川弘文館。

『池田屋事件の研究』中村武生、二〇一一年、講談社。

『日本の思想家・50 高杉晋作・久坂玄瑞』林田慎之助・亀田一邦、二〇一二年、明徳出版社。

『吉田年麻呂史料』一坂太郎・道迫真吾編、二〇一二年、マツノ書店。

『幕末維新変革史・上』宮地正人、二〇一二年、岩波書店（岩波文庫版あり）。

『吉田松陰――久坂玄瑞が祭り上げた「英雄」』一坂太郎、二〇一五年、朝日新聞出版。

『孝子を訪ねる旅』勝又基、二〇一五年、三弥井書店。

『赤松小三郎ともう一つの明治維新』関良基、二〇一六年、作品社。

『木戸孝允と幕末・維新』齊藤紅葉、二〇一八年、京都大学学術出版会。

『久坂玄瑞史料』一坂太郎・道迫真吾編、二〇一八年、マツノ書店。

おわりに

ようやく、久坂玄瑞の評伝を脱稿することができた。牛歩のごとく少しずつ書き進め、五年くらいかかった。最後に、私の中での玄瑞に関する思い出話を、少し書きとめておこうと思う。

私と玄瑞の出会いは、昭和五十二年（一九七七）放映のNHK大河ドラマ『花神』だった。高杉晋作（中村雅俊）は荒々しく大胆に行動する反面、ひょうきんな顔も見せるが、玄瑞（志垣太郎）はいつも冷静沈着で、冗談のひとつも言わないクールな青年として描かれていた。そして小学生だった私は、ドラマの中の「双璧」の両方に魅せられた。その後、映画やドラマ、舞台演劇などで数々の「双璧」を見たが、私の中ではいまだ『花神』がベスト・ワンである。

大学生になった頃から、玄瑞に関する史料を集め始めた。限られた範囲ではあるが、それでも貴重な史料が意外にもまだ表に出ていないことを知り、驚かされた。

そのうち、玄瑞の曾孫にあたる久坂恵一氏が奈良市にお住まいで、自家の歴史をまとめた『久坂家略伝』（平成元年）を自費出版されたと知り、手紙を出した。突然の不躾なお願いにもかかわらず、恵一氏はご丁重なお手紙とともに『久坂家略伝』を一冊恵贈下さった。以後、何度か手紙のやりとりをさせていただき、大変光栄に思った。

なんでも玄瑞は、頼山陽の書を手本としたらしい。玄瑞の没後百五十年を記念し、集めた史料を『久坂玄瑞遺墨』（平成六年）という図録にまとめ、当時勤務していた東行庵から出版したこともある。お陰で、かなりの点数の玄瑞の筆跡に接することができた。高杉晋作に比べると数は少ないが、中には明らかな偽物もあった。あるいは「久坂」「玄瑞」という同名別人の筆跡が、「久坂玄瑞」のものとして伝来しているケースも見た。

玄瑞遺墨の現物が市場に出まわると、流出するのも嫌なので、可能な限り個人で買い取ってきた。特に山口市の旧家から出た、玄瑞と寺島忠三郎の遺墨を合装した大幅は、「禁門の変」に従った玄瑞の家僕（寺島の僕とも）柴垣弥兵衛（弥平）の旧蔵品で、後世、品川弥二郎がコメントを書き添えたりしている。ちなみに弥兵衛は「禁門の変」のさい殉死を許されず、寺島の遺髪を抱いて浴室に隠れ、女装して逃げ帰ったという（熊毛町文化財保護委員会『明治維新百年と熊毛町』一九六八年）。それだけに二十年ほど前に手に入れた時は強烈な思いが籠もっているようで、身震いがした。

山口県は「維新」を最大のお国自慢とする割に、流出しつつある史料を保存するため、行政が購入することはほとんどない。昭和四十年（一九六五）、福本義亮旧蔵の久坂家史料が市場に出た時、その一部（「七卿落今様」など）を山口県が買い取ったのは、きわめて稀なケースと言える。いまは行方が判然としない、最重要史料『廻瀾条議』の玄瑞自筆本なども、今後市場に登場する可能性はなきにしもあらず。その時行政がどう対応するのか、いささか心配ではある。

玄瑞と私の関係の極めつけは、『久坂玄瑞史料』の編纂であろう。これは既刊の玄瑞史料集である福本義亮『松下村塾の偉人　久坂玄瑞』（『久坂玄瑞全集』）、妻木忠太『久坂玄瑞遺文集』を補うことをめざした。編纂途中から、萩博物館主任学芸員道迫真吾氏にも加わってもらったが、氏も大河ドラマ『花燃ゆ』や松下村塾などの世界遺産登録に忙しく、落ち着かないようで遅々として進まなかった。それでも往復文書を中心に編纂し、八百頁余りの大冊として、平成三十年（二〇一八）四月、山口県周南市のマツノ書店から出版することができた。出版を亡き久坂恵一氏（平成二十一年七月十五日没）のご子息で、福岡在住の久坂佳照氏がお祝いして下さったことも、感慨深かった。私が久坂家に最初の手紙を出して、二十九年という歳月が流れていた。

ところが、『久坂玄瑞史料』出版から間もなくの平成三十年八月十日、マツノ書店主松村久さんが、八十五歳で逝去された。ご遺族が『久坂玄瑞史料』をお棺に入れて下さったとのことで、涙が落ちた。永年にわたる松村氏の物心両面にわたる支援がなければ、とてもできなかった仕事である。

玄瑞の伝記執筆と言えば、学習院大学名誉教授井上勲氏のことも思い出す。随分以前の吉川弘文館人物叢書の出版予定の中に、井上氏の「久坂玄瑞」が入っていた。なかなか出版されないので、平成九年夏、東京でお会いしたさい尋ねたら、執筆には着手していないとのこと。それどころか、かわりに私に書けと、お勧め下さった。その時はあまりにも恐れ多くて固辞したが、後に井上氏は山川出版社の日本史リブレット『木戸孝允』（平成二十二年）の執筆者として私を推して下さり、これはじっさい書くことができた。実は『久坂玄瑞史料』内容見本に井上氏の推薦文をいただきたいと思っていたのだが、平成二十八年十一月十四日に七十五歳で逝去され、実現しなかったのが悔やまれる。

このミネルヴァ書房版の玄瑞評伝は、同社の編集者でたびたび書籍をご恵贈下さる田引勝二氏とのお付き合いの中で、執筆の話が起こった。私は『久坂玄瑞史料』編纂と平行して書き進めればよいと考えていたが、これがかなり難航した。手紙や意見書の中で、玄瑞が述べている事が何を意味するのか、読み解く作業に時間がかかったというのが、正直なところだ。残念ながら十分に理解出来なかった史料も、少なからずある。あとは今年度共同研究員として参加させて頂いている国際日本文化研究センターの楊際開氏の研究会で、本書からテーマを選び発表すれば玄瑞に関しては一段落つく予定である。

最後になりましたが、史料を提供・閲覧させて下さった方々、執筆にご協力下さった方々、企画してくれた田引氏と編集の中川勇士氏に感謝します。ありがとうございました。

平成三十一年新春

一坂太郎

久坂玄瑞略年譜

和暦	西暦	齢	関係事項	一般事項
天保一一	一八四〇	1	5月（日不詳）長門国阿武郡萩平安古八軒屋に生まる。	7月アヘン戦争の報入る。
嘉永　六	一八五三	14	8・4母富子没。	6・3ペリー浦賀に来航。
安政　元	一八五四	15	2・27兄玄機没。父良廸の嫡子となる。3・4父良廸没。6・30秀三郎の名を玄瑞と改める。7医学修行のため好生堂入学を認められる。	3・3日米和親条約。8・23日英和親条約。12・21日露和親条約。
三	一八五六	17	3・6眼病治療の名目で九州行きを認められ、百日の暇をもらい萩を発つ。下関・中津・久留米・熊本・長崎・大村・福岡などを経て5月初旬帰萩。5月下旬書を吉田松陰に送ったのが発端となり、以後7月末まで論争。	3月松下村塾開塾。11月長州藩、洋薬製造を開始。
四	一八五七	18	12・5吉田松陰の妹文と結婚。	4・11幕府、江戸築地に軍艦教授所を置く。
五	一八五八	19	2・20稽古のため自力（自費）で東上の途に就く。	5月長州藩、天朝に忠節、幕府

			藩より三十六カ月の暇をもらう。3・16京都に入って情報収集する。4・7江戸に到着し、麻布の下屋敷に入る。4・13芳野金陵に入門。7・18藩に無断で赤川淡水とともに江戸を発ち、京都をめざす。9・20京都から江戸へ戻る。10・7村田蔵六に入門。12・11高杉晋作らと松陰に書を送り、義挙の時機ではないと諫める。	に信義、祖先に孝道の三藩是確定。9月梅田雲浜ら下獄、安政大獄始まる。
六	一八五九	20	2・15萩に帰る。2・28西洋学所の給費生を命じられる。5・10自警六則を作る。5・15福川犀之助に書を送り、野山獄中の松陰への面接をひそかに頼む。5・25松陰の檻輿が萩を発つさい、詩を賦して別れを告げる。6・17西洋学所の舎長となる。11・27高杉晋作とともに松下村塾で、前月27日に江戸において処刑された松陰の霊魂を弔う。	5月神奈川・長崎・箱館を開港、交易許可。9・14梅田雲浜獄死。10・7橋本左内、頼三樹三郎刑死。10・27吉田松陰刑死。
万延元	一八六〇	21	2・7吉田松陰百日祭。3・15宮市の岡本三右衛門を訪れ、大楽源太郎らと談じる。閏3・30桂右衛門・石原荒吉とともに藩から江戸での英学修業を命じられる。稽古料は明倫館から交付される。4・7桂右衛門・石原荒吉とともに萩を発ち、江戸をめざす。5・9江戸到着。	3・3井伊直弼、桜田門外で暗殺される。7月桂小五郎ら水戸藩と交渉、水長盟約の成立。

文久　元	一八六一	22	1・10堀達之助の宅を辞し、桜田の藩邸（上屋敷）に移る。2・12藩主世子に建白し、水戸浪士警衛の幕命が出ても辞するよう説く。2・22藩政府に建白し、松寿院の再婚に反対する。3・15『俟采択録』を草す。4・6益田弾正に書を呈し、今秋予定されている藩主の参勤に反対する。5・1老中板倉勝静の家臣山田方谷に書を送り、松陰改葬の実現を願う。5・5江戸を発ち信州をめざす。11日松代で佐久間象山に面談後、青山村に根岸伴七を訪ね、19日江戸に戻る。5・26益田弾正に再び書を呈し、藩主の参勤に反対する。6・17長井雅楽を訪ね議論（19・22・29日も）。航海遠略策に反対する。8・5宍戸九郎兵衛を鮫洲まで見送る。8・29周布政之助を訪れ西上を決める。9・3藩主に建白し、公武周旋の中止と和宮降嫁の阻止のため周旋するよう願う。9・7周布政之助と共に江戸を発す。9・22伏見に到着。翌日より再び上書の執筆にかかる。10・3周布とともに淀船に乗って伏見を発し、8日芸州廿日市駅に着く。10・9帰国を命じられ、即日廿日市を発つ。11日萩帰着。12・16萩に来た土佐藩士武市半	3・28長州藩、長井雅楽の「航海遠略策」を藩是とする。

			平太の使者大石団蔵・山本喜三之進と面談。	
二	一八六二	23	1・1薩摩藩士田上藤七が樺山三円の書を持ち来る。1・14土佐藩士坂本龍馬が武市半平太の書を持ち来る。龍馬23日まで萩に滞在。1・24薩摩藩の同志と気脈を通じるため堀真五郎を薩摩に派遣する。2・16土佐藩士吉村虎太郎が武市半平太の書を持ち来る。寅太郎19日まで萩に滞在。2・19萩を訪ねて来た久留米浪士牟田大介（淵上郁太郎）と面談し、薩摩藩の国父島津久満の東上計画について聞く。3・6重臣宍戸備前に謁し長井雅楽の罪案を弁駁する上書を呈し、島津和泉東上にかんする意見を述べる。3・12好生堂舎長となる。3・14下関を訪れ白石正一郎に面談。3・18前田孫右衛門を訪ね、上京の許容を願う。3・25下関を発し、26日岡本三右衛門を訪ね、27日富海から出帆して4月5日大坂着。4・11大坂を発し京都入りし、挙兵の機をうかがう（4・23伏見寺田屋で薩摩藩士有馬新七らが上意討ちされ、挙兵計画は頓挫）。4・19佐世八十郎・久保清太郎・中谷正亮・楢崎弥八郎とともに長井雅楽弾劾書を執筆。6・30福原乙之進・寺島忠三郎・堀真五郎らと	1・15老中安藤信正、坂下門外で襲撃される。7月長州藩、即今攘夷を決定。8・3長州藩世子、公武周旋のため東上。8・21生麦事件。

三	一八六三	24	帰国する長井の要撃を企み守山に宿す。7・3長井暗殺を果たせず、京都に帰り重臣浦靱負のもとへ自首。法雲寺に幽せられ、29日謹慎を命じられる。8・2『廻瀾条議』を書き上げる。閏8・28『解腕痴言』を草す。9・12福原・寺島とともに謹慎を解かれる。10・12藩政府に儒役を拝辞したいと願う。10・13文学修業として江戸行きを命じられる。10・26京都を発ち東下、11月2日江戸着。11・12高杉晋作・大和弥八郎らと外国公使襲撃を計画し、神奈川宿の旗亭下田屋に会すも、翌13日勅使三条実美・姉小路公知らの反対により中止。蒲田梅屋敷で藩主世子から説諭される。11・26学習院御用掛を命じられる。12・12高杉晋作ら十余人とともに品川御殿山に建設中の英国公使館を焼打ち。12・13山県半蔵とともに江戸を発ち小金、牛久、水戸、大田、上田などを経て、松代で佐久間象山に面談する。 1・9山県半蔵とともに京都に入る。1・11外国人襲撃未遂事件により遠慮を命じられ、18日許される。1・12書を朝廷に上り、青蓮院の国事御用掛留任を望む。1・27東山の翠紅館において中村九郎・佐々	4・20将軍家茂、5・10の攘夷期限を上奏。5・10馬関攘夷戦始まる。5・12井上聞多ら長州藩士五名、イギリス密航。6・

木男也・寺島忠三郎らと共に、肥後・土佐・対馬・津和野・水戸藩士と会い時事を談じる。関白鷹司輔熙邸詰となり束髪するよう命じられる。2・11寺島忠三郎・熊本藩士轟武兵衛とともに関白鷹司邸に赴き、攘夷期限などに関する上書を呈す。3・11賀茂社攘夷祈願の行幸を拝観。4・18大坂から海路帰国の途に就く。25日夜山口着。4・22医業を罷め、蓄髪して平士となり、大組に列せられる。4・26敵情探索の名目で同志三十人とともに下関に派遣される。下関到着後、光明寺を本営に定め、公卿中山忠光を首領として「光明寺党」と呼ばれる。5・10攘夷期限となったため、光明寺党などの同志とともに下関から関門海峡に碇泊中のアメリカ艦を砲撃する。5・23下関からフランス艦を砲撃する。5・27藩主から袷小袴（桧皮色亀甲形の分）を拝領する。5・28君命により下関を発ち海路東上。6月1日入京（7日夜まで滞在）。6・15京都より山口に帰り、上国の事情を報ず。6・18藩主から上京を命じられる。8・14益田右衛門介・桂小五郎らと学習院出仕を命じられる。8・17願い出により義助と改名する

1米軍艦馬関来襲。6・5仏軍艦来襲、前田御茶屋砲台を破壊。7・2薩英戦争勃発。8・17天誅組の挙兵。8・18堺町御門の政変。10・11河上弥市ら沢宣嘉を擁して生野に挙兵。

よう沙汰あり。8・18大和行幸を進めるも朝議一変し、国事御用掛三条実美らの参朝、他人面会が禁じられ、長州藩の堺町御門守衛が解任される。益田右衛門介・桂小五郎らと三条実美らに謀り、妙法院に退く。三条ら七卿を護り、一旦長州藩に還ることが決まる。8・21益田右衛門介・中村九郎・桂小五郎らと共に兵庫で三条実美らと別れ、大坂を経て京都に潜伏、失地回復のため奔走する。9・17藩命により来島又兵衛・中村九郎・桂小五郎・佐々木男也とともに、大坂から帰国の途に就く。23日山口着。9・19政務座役、京都詰を命じられる。10・10現勤を除かれ、来島又兵衛とともに遊撃隊（軍）編成を命じられる。10・21津和野行きを命じられる。11・3藩主が侍従勧修寺経理に提出する入京哀願の書を届ける井原主計の補佐として、京都行きを命じられる。11・6木綿海松色野袴を拝領する。11・10宮市より東上の途に就く。一旦入京の後、藩政府の方針により大坂に退く。12・4かねてより願い出ていた、小田村文助次男の粂次郎を嗣子とすることが藩より認められる。

元治 元	一八六四	25	1・27京都における内用の労苦を賞せられ、禄高四十石切銭百五十目を給せられる。2・1海路大坂に着いた高杉晋作に会い、遊撃隊紛糾の状を聞かされる。2・18河野三平と変名する。3・12夜、大坂を発し海路帰国の途に就く。19日山口着。3・25君命により来島又兵衛ら遊撃隊や干城隊の幹部とともに京都行きを命じられる。4月2日京都着。4・19来島又兵衛・桂小五郎・寺島忠三郎・入江九一・宍戸左馬之介とともに大坂の藩邸に会し、藩主世子の進発上京につき話し合う。前日、島津久光が京都を発って帰国の途に就いていた。5・21京都を発って帰国の途に就く。27日品川弥二郎と山口着。6・12山口での用務が済み、京都へ帰るよう命じられる。6・16真木和泉とともに総管となり忠勇・集義・八幡・義勇・宣徳・尚義各隊を統括して三田尻を解纜して、富海に至り軍議の後、海路東上する。21日大坂着。6・23夜、真木和泉らと大坂を発し、24日山崎着。6・24真木和泉らと老中稲葉正邦に七卿および藩主父子の冤を訴え、入京が許されるよう朝廷・幕府に歎願する。6・25山崎に屯集した真木和泉や	1・15将軍家茂、兵三千名を率いて上洛。3月水戸天狗党の挙兵。6・5新撰組、池田屋を襲撃。7・24幕府、長州藩征討を発令する。8・5四国連合艦隊十七隻、馬関を攻撃。11・8中山忠光長州藩内で暗殺。11・12長州藩伏罪に決し、三家老・四参謀を斬る。12・27征長総督、幕軍の撤兵を命じる。

			入江九一らと共に、上京の趣旨を述べ、斡旋を依頼する陳情書を名古屋・水戸・和歌山・金沢・鹿児島・鳥取・仙台・熊本・広島・岡山・府中（対馬）・佐賀・津・久留米・桑名・福岡・米沢・松山（伊予）・徳島・津和野・福井（越前）・福山・盛岡各藩（二十三藩）の京都留守居役に送る。7・1山崎屯営で真木和泉・野唯人（中村円太）・来島又兵衛らと軍議を行い、藩主世子および三条実美・三条西季知の東上を促すことが決まる。7・8真木和泉らと老中稲葉正邦に書を送り、退京の勅命が下り痛嘆に堪えないことを述べ、三条らおよび藩主父子の真意が伝わるまでは生還のつもりはないとの歎願書の伝達を頼む。7・19長州勢が伏見・山崎・嵯峨の三方面から御所めざして進軍を開始。玄瑞は入江九一・寺島忠三郎らと堺町御門を守衛する福井藩兵や薩摩・会津・桑名藩の軍勢と戦うも、死す。真木和泉は負傷して天王山に退き、自刃して果てた。

妻木忠太編『久坂玄瑞遺文集・上』所収の年譜をもとに加除した。

人名索引

※「久坂玄瑞」は頻出するため省略した。

あ 行

か 行

さ　行

た　行

な　行

は　行

ま　行

や・ら・わ行

事項索引

な　行

は　行

ま　行

や・ら・わ行

《著者紹介》
一坂太郎（いちさか・たろう）
1966年　兵庫県芦屋市生まれ。
1990年　大正大学文学部史学科卒業。
現　在　国際日本文化研究センター共同研究員。
萩博物館特別学芸員。
防府天満宮歴史館顧問，ほか。
著　書　『長州奇兵隊』中公新書，2002年。
『司馬遼太郎が描かなかった幕末』集英社新書，2013年。
『高杉晋作　情熱と挑戦の生涯』角川ソフィア文庫，2014年。
『語り継がれた西郷どん』朝日新書，2018年。
『吉田松陰190歳』青志社，2019年，ほか多数。

ミネルヴァ日本評伝選
久《く》坂《さか》玄《げん》瑞《ずい》
——志気凡ならず，何卒大成致せかし——

2019年2月10日　初版第1刷発行　〈検印省略〉

定価はカバーに
表示しています

著　者　一　坂　太　郎
発行者　杉　田　啓　三
印刷者　江　戸　孝　典

発行所　株式会社　ミネルヴァ書房
607-8494　京都市山科区日ノ岡堤谷町1
電話代表（075）581-5191
振替口座　01020-0-8076

共同印刷工業・新生製本

ISBN978-4-623-08552-1
Printed in Japan

刊行のことば

歴史を動かすものは人間であり、興趣に富んだ人間の動きを通じて、世の移り変わりを考えるのは、歴史に接する醍醐味である。

しかし過去の歴史学を顧みるとき、人間不在という批判さえ見られたように、歴史における人間のすがたが、必ずしも十分に描かれてきたとはいえない。二十一世紀を迎えた今、歴史の中の人物像を蘇生させようとの要請はいよいよ強く、またそのための条件もしだいに熟してきている。

この「ミネルヴァ日本評伝選」は、正確な史実に基づいて書かれるのはいうまでもないが、単に経歴の羅列にとどまらず、歴史を動かしてきたすぐれた個性をいきいきとよみがえらせたいと考える。そのためには、対象とした人物とじっくりと対話し、ときにはきびしく対決していくことも必要になるだろう。

今日の歴史学が直面している困難の一つに、研究の過度の細分化、瑣末化が挙げられる。それは緻密さを求めるが故に陥った弊害といえるが、その結果として、歴史の大きな見通しが失われ、歴史学を通しての社会への働きかけの途が閉ざされ、人々の歴史への関心を弱める危険性がある。今こそ歴史が何のためにあるのかという、基本的な課題に応える必要があろう。評伝という興味ある方法を通じて、解決の手がかりを見出せないだろうかというのも、この企画の一つのねらいである。

狭義の歴史学の研究者だけでなく、多くの分野ですぐれた業績をあげている著者たちを迎えて、従来見られなかった規模の大きな人物史の叢書として、「ミネルヴァ日本評伝選」の刊行を開始したい。

平成十五年（二〇〇三）九月

ミネルヴァ書房

ミネルヴァ日本評伝選

上代

*俾弥呼　古田武彦
日本武尊　西宮秀紀
*仁徳天皇　若井敏明
雄略天皇　吉村武彦
継体天皇　若井敏明
*蘇我氏四代　遠山美都男
推古天皇　義江明子
聖徳太子　仁藤敦史
斉明天皇　武田佐知子
*小野妹子・毛人　大橋信弥
*額田王　梶川信行
弘文天皇　遠山美都男
天武天皇　新川登亀男
持統天皇　丸山裕美子
阿倍比羅夫　熊田亮介
*藤原四子　木本好信
*柿本人麿　古橋信孝
*元明天皇・元正天皇　渡部育子
聖武天皇　本郷真紹
光明皇后　寺崎保広

*孝謙・称徳天皇　勝浦令子
藤原不比等　荒木敏夫
橘諸兄・奈良麻呂　遠山美都男
吉備真備　今津勝紀
*藤原仲麻呂　木本好信
道鏡　吉川真司
*藤原種継　木本好信
*行基　吉田靖雄

平安

*桓武天皇　井上満郎
嵯峨天皇　西別府元日
宇多天皇　古藤真平
醍醐天皇　石上英一
村上天皇　京樂真帆子
花山天皇　上島　享
*三条天皇　倉本一宏
藤原薬子　中野渡俊治
*藤原良房・基経　瀧浪貞子
*紀貫之　神田龍身
源高明　所　功
*安倍晴明　斎藤英喜

藤原実資　橋本義則
*藤原道長　朧谷　寿
*藤原伊周・隆家　倉本一宏
藤原定子　山本淳子
*藤原彰子　朧谷　寿
清少納言　三田村雅子
和泉式部　ツベタナ・クリステワ
大江匡房　小峯和明
*阿弖流為　樋口知志
坂上田村麻呂　熊谷公男
*源満仲・頼光　元木泰雄
平将門　西山良平
藤原純友　寺内　浩
最澄　吉田一彦
円珍　岡野浩二
*空也　石井義長
奝然　上川通夫
*源信　小原　仁
慶滋保胤　吉原浩人
*後白河天皇　美川　圭
*式子内親王　奥野陽子

建礼門院　生形貴重
*藤原秀衡　入間田宣夫
平時子・時忠　元木泰雄
平維盛　根井　浄
守覚法親王　阿部泰郎
藤原隆信・信実　山本陽子

鎌倉

源頼朝　川合　康
*源義経　近藤好和
源実朝　神田龍身
*九条兼実　加納重文
九条道家　上横手雅敬
北条時政　野口　実
熊谷直実　佐伯真一
*北条政子　関　幸彦
北条義時　岡田清一
曾我十郎・五郎　杉橋隆夫
北条時頼　山本隆志
北条時宗　近藤成一
安達泰盛　山陰加春夫
平頼綱　細川重男

竹崎季長　堀本一繁
西行　光田和伸
鴨長明　浅見和彦
藤原定家　赤瀬信吾
*京極為兼　今谷　明
*兼好　島内裕子
重源　横内裕人
*運慶　根立研介
快慶　井上一稔
法然　今堀太逸
栄西　中尾良信
明恵　西山　厚
*親鸞　末木文美士
恵信尼・覚信尼　西口順子
覚如　今井雅晴
*道元　船岡　誠
叡尊　細川涼一
*忍性　松尾剛次
*日蓮　佐藤弘夫
一遍　蒲池勢至
夢窓疎石　原田正俊
*宗峰妙超　竹貫元勝

南北朝・室町

後醍醐天皇　上横手雅敬
＊護良親王　新井孝重
＊懐良親王　森　茂暁
＊赤松氏五代　渡邊大門
＊北畠親房　岡野友彦
楠正成　兵藤裕己
楠木正行・正儀　生駒孝臣
＊新田義貞　山本隆志
＊光厳天皇　深津睦夫
足利尊氏　市沢　哲
＊足利直義　亀田俊和
佐々木道誉　下坂　守
細川頼之　亀田俊和
円観・文観　田中貴子
足利義詮　早島大祐
足利義満　川嶋將生
＊足利義持　吉田賢司
足利義教　横井　清
足利義政　木下昌規
＊大内義弘　平瀬直樹
伏見宮貞成親王　松薗　斉
＊山名宗全　山本隆志
細川勝元・政元　古野　貢
畠山義就　呉座勇一
足利成氏　阿部能久
世阿弥　西野春雄
雪舟等楊　河合正朝
宗祇　鶴崎裕雄
＊満済　森　茂暁
一休宗純　原田正俊
蓮如　岡村喜史

戦国・織豊

北条早雲　家永遵嗣
＊北条氏政　黒田基樹
大内義隆　藤井　崇
斎藤氏三代　木下　聡
＊毛利元就　岸田裕之
＊毛利輝元　光成準治
小早川隆景・秀秋　光成準治
六角定頼　村井祐樹
＊今川義元　小和田哲男
＊武田信玄　笹本正治
＊武田勝頼　笹本正治
＊真田氏三代　笹本正治
＊三好長慶　天野忠幸
＊松永久秀　天野忠幸
＊宇喜多直家・秀家　渡邊大門
＊上杉謙信　矢田俊文
大友宗麟　鹿毛敏夫
島津義久・義弘　福島金治
＊長宗我部元親・盛親　平井上総
浅井長政　長谷川裕子
吉田兼倶　西山　克
山科言継　松薗　斉
＊雪村周継　赤澤英二
正親町天皇・後陽成天皇　神田裕理
足利義輝・義昭　山田康弘
織田信長　三鬼清一郎
織田長益　八尾嘉男
豊臣秀吉　藤井讓治
豊臣秀次　矢部健太郎
＊北政所おね　田端泰子
＊淀殿　福田千鶴
蜂須賀正勝・家政　三宅正浩
前田利家　東四柳史明
山内一豊・忠義　長屋隆幸
＊黒田如水　小和田哲男
＊蒲生氏郷　藤田達生
石田三成　堀越祐一
＊細川ガラシャ　田端泰子
伊達政宗　伊藤喜良
＊支倉常長　田中英道
千利休　熊倉功夫
＊長谷川等伯　宮島新一
顕如　神田千里
教如　安藤　弥

江戸

＊徳川家康　笠谷和比古
本多忠勝　柴　裕之
＊徳川家光　野村　玄
＊徳川吉宗　横田冬彦
＊後水尾天皇　久保貴子
後桜町天皇　所　京子
＊光格天皇　藤田　覚
崇伝　杣田善雄
＊春日局　福田千鶴
宮本武蔵　渡邊大門
＊池田光政　倉地克直
保科正之　八木清治
シャクシャイン　岩崎奈緒子
＊田沼意次　藤田　覚
細川重賢　安高啓明
＊二宮尊徳　小林惟司
末次平蔵　岡　美穂子
＊高田屋嘉兵衛　生田美智子
＊林羅山　鈴木健一
吉野太夫　渡辺憲司
中江藤樹　辻本雅史
熊沢蕃山　川口　浩
＊山崎闇斎　澤井啓一
山鹿素行　前田　勉
＊北村季吟　島内景二
伊藤仁斎　澤井啓一
貝原益軒　辻本雅史
＊ケンペル　B・M・ボダルト＝ベイリー
新井白石　大川　真
荻生徂徠　柴田　純
＊雨森芳洲　上田正昭
石田梅岩　高野秀晴
白隠慧鶴　芳澤勝弘
前野良沢　松田　清
平賀源内　石上　敏
本居宣長　田尻祐一郎
杉田玄白　吉田　忠
木村蒹葭堂　有坂道子
＊大田南畝　沓掛良彦
菅江真澄　赤坂憲雄
＊鶴屋南北　諏訪春雄
良寛　阿部龍一
＊山東京伝　佐藤至子
＊滝沢馬琴　高田　衛
平田篤胤　山下久夫
国友一貫斎　太田浩司
シーボルト　宮坂正英
本阿弥光悦　岡　佳子
小堀遠州　中村利則
狩野探幽・山雪　山下善也
尾形光琳・乾山　河野元昭
＊二代目市川團十郎　田口章子
伊藤若冲　狩野博幸
浦上玉堂　高橋博巳
＊佐竹曙山　成瀬不二雄
葛飾北斎　岸　文和
酒井抱一　玉蟲敏子
孝明天皇　青山忠正
＊和宮　辻ミチ子
徳川慶喜　大庭邦彦
島津斉彬　原口　泉
横井小楠　沖田行司
＊古賀謹一郎　小野寺龍太
＊永井尚志　高村直助

＊岩瀬忠震　小野寺龍太
＊栗本鋤雲　小野寺龍太
大村益次郎　竹本知行
河井継之助　小川和也
＊西郷隆盛　家近良樹
＊由利公正　角鹿尚計
＊塚本明毅　塚本学
＊月性　海原徹
＊吉田松陰　海原徹
＊高杉晋作　海原徹
＊久坂玄瑞　一坂太郎
ペリー　遠藤泰生
ハリス　福岡万里子
オールコック　佐野真由子
アーネスト・サトウ　奈良岡聰智
緒方洪庵　米田該典

近代

＊明治天皇　伊藤之雄
＊大正天皇　F・R・ディキンソン
＊昭憲皇太后・貞明皇后　小田部雄次
大久保利通　三谷太一郎
山県有朋　鳥海靖
木戸孝允　落合弘樹
井上馨　伊藤之雄
＊松方正義　室山義正
北垣国道　小林丈広
板垣退助　小川原正道
長与専斎　笠原英彦
大隈重信　五百旗頭薫
伊藤博文　坂本一登
井上毅　大石眞
＊井上勝　老川慶喜
＊桂太郎　小林道彦
＊渡邉洪基　瀧井一博
＊乃木希典　佐々木英昭
星亨　小林道彦
林董　奈良岡聰智
＊児玉源太郎　小林道彦
＊高宗・閔妃　木村幹
山本権兵衛　室山義正
＊金子堅太郎　松村正義
高橋是清　鈴木俊夫
小村寿太郎　簑原俊洋
＊犬養毅　小林惟司
原敬　季武嘉也
＊加藤高明　櫻井良樹
牧野伸顕　小宮一夫
田中義一　黒沢文貴
内田康哉　高橋勝浩
石井菊次郎　廣部泉
平沼騏一郎　堀田慎一郎
＊鈴木貫太郎　小堀桂一郎
宇垣一成　北岡伸一
＊宮崎滔天　榎本泰子
＊浜口雄幸　川田稔
幣原喜重郎　西田敏宏
関一　玉井金五
水野広徳　片山慶隆
広田弘毅　井上寿一
安重根　上垣外憲一
＊グルー　廣部泉
＊永田鉄山　森靖夫
東條英機　牛村圭
今村均　前田雅之
蒋介石　劉岸偉
石原莞爾　山室信一
近衛文麿　庄司潤一郎
＊岩崎弥太郎　武田晴人
伊藤忠兵衛　末永國紀
＊五代友厚　田付茉莉子
大倉喜八郎　村上勝彦
＊安田善次郎　由井常彦
渋沢栄一　武田晴人
中野武営　佐賀香織
益田孝　鈴木邦夫
山辺丈夫　宮本又郎
武藤山治　阿部武司・桑原哲也
池田成彬　松浦正孝
西原亀三　森川正則
小林一三　橋爪紳也
大倉恒吉　石川健次郎
大原孫三郎　猪木武徳
＊河竹黙阿弥　今尾哲也
イザベラ・バード　加納孝代
＊林忠正　木々康子
＊森鷗外　小堀桂一郎
＊二葉亭四迷　ヨコタ村上孝之
＊夏目漱石　佐々木英昭
徳冨蘆花　半藤英明
巌谷小波　千葉信胤
樋口一葉　佐伯順子
＊島崎藤村　十川信介
泉鏡花　東郷克美
上田敏　小林茂
＊有島武郎　亀井俊介
永井荷風　川本三郎
北原白秋　平石典子
菊池寛　山本芳明
芥川龍之介　高橋龍夫
＊宮沢賢治　千葉一幹
高浜虚子　坪内稔典
与謝野晶子　佐伯順子
＊種田山頭火　村上護
＊斎藤茂吉　品田悦一
＊高村光太郎　湯原かの子
石川啄木　先崎彰容
萩原朔太郎　エリス俊子
＊原阿佐緒　秋山佐和子
＊狩野芳崖・高橋由一　古田亮
川村清雄　落合則子
＊小堀鞆音　小堀桂一郎
竹内栖鳳　北澤憲昭
黒田清輝　高階秀爾
中村不折　石川九楊
横山大観　高階秀爾
＊橋本関雪　西原大輔
小出楢重　芳賀徹
土田麦僊　天野一夫
岸田劉生　北澤憲昭
濱田庄司　濱田琢司
＊山田耕筰　後藤暢子
松旭斎天勝　川添裕
中山みき　鎌田東二
佐田介石　谷川穣
＊ニコライ　中村健之介
＊出口なお・王仁三郎　川村邦光
島地黙雷　阪本是丸
＊新島襄　太田雄三
新島八重　佐伯順子
木下広次　冨岡勝
海老名弾正　西田毅
嘉納治五郎　クリストファー・スピルマン
柏木義円　片野真佐子
津田梅子　田中智子
＊澤柳政太郎　新田義之
河口慧海　高山龍三
山室軍平　室田保夫
大谷光瑞　白須淨眞
＊久米邦武　髙田誠二
フェノロサ　伊藤豊
井上哲次郎　井ノ口哲也
三宅雪嶺　長妻三佐雄
＊岡倉天心　木下長宏
志賀重昂　中野目徹
徳富蘇峰　杉原志啓
＊竹越与三郎　西田毅
内藤湖南・桑原隲蔵　礪波護

*廣池千九郎　橋本富太郎
岩村　透　今橋映子
*西田幾多郎　大橋良介
*金沢庄三郎　石川遼子
柳田国男　鶴見太郎
厨川白村　張　競
*村岡典嗣　水野雄司
大川周明　山内昌之
西田直二郎　林　淳
*折口信夫　斎藤英喜
シュタイン　瀧井一博
*西　周　清水多吉
*福澤諭吉　平山　洋
成島柳北　山田俊治
福地桜痴　山田俊治
*村山龍平　早房長治
島田三郎　武藤秀太郎
田口卯吉　鈴木栄樹
*陸　羯南　松田宏一郎
黒岩涙香　奥　武則
長谷川如是閑　織田健志
*吉野作造　田澤晴子
山川　均　米原　謙
*岩波茂雄　十重田裕一
*北　一輝　岡本幸治
*穂積重遠　大村敦志
中野正剛　吉田則昭
*満川亀太郎　福家崇洋
*エドモンド・モレル　林田治男
*北里柴三郎　福田眞人

高峰譲吉　木村昌人
田辺朔郎　秋元せき
*南方熊楠　飯倉照平
石原　純　金子　務
*辰野金吾　河上眞理・清水重敦
*七代目小川治兵衛　尼崎博正
本多静六　岡本貴久子
ブルーノ・タウト　北村昌史

現代

昭和天皇　御厨　貴
高松宮宣仁親王　後藤致人
*李方子　小田部雄次
吉田　茂　中西　寛
マッカーサー　柴山　太
鳩山一郎　楠　綾子
*石橋湛山　増田　弘
重光　葵　武田知己
市川房枝　村井良太
*池田勇人　藤井信幸
高野　実　篠田　徹
和田博雄　庄司俊作
朴正熙　木村　幹
*田中角栄　新川敏光
宮沢喜一　村上友章
竹下　登　真渕　勝
*松永安左エ門　橘川武郎

鮎川義介　井口治夫
*出光佐三　橘川武郎
*松下幸之助　米倉誠一郎
渋沢敬三　井上　潤
*本田宗一郎　伊丹敬之
*井深　大　武田　徹
*佐治敬三　小玉　武
幸田家の人々　金井景子
*正宗白鳥　大嶋　仁
*大佛次郎　福島行一
*川端康成　大久保喬樹
*薩摩治郎八　小林　茂
坂口安吾　千葉一幹
太宰　治　安藤　宏
松本清張　杉原志啓
安部公房　鳥羽耕史
*三島由紀夫　島内景二
井上ひさし　成田龍一
R・H・ブライス　菅原克也
柳　宗悦　熊倉功夫
バーナード・リーチ　鈴木禎宏
イサム・ノグチ　酒井忠康
熊谷守一　古川秀昭
川端龍子　岡部昌幸
藤田嗣治　林　洋子
*井上有一　海上雅臣
*手塚治虫　竹内オサム
古賀政男　藍川由美

*吉田　正　金子　勇
*武満　徹　船山　隆
八代目坂東三津五郎　田口章子
*力道山　岡村正史
*西田天香　宮田昌明
安倍能成　中根隆行
サンソム夫妻　平川祐弘・牧野陽子
*天野貞祐　貝塚茂樹
和辻哲郎　小坂国継
矢代幸雄　稲賀繁美
石田幹之助　岡本さえ
*平泉　澄　若井敏明
*早川孝太郎　須藤　功
安岡正篤　片山杜秀
青山二郎　田野　勲
島田謹二　小林信行
田中美知太郎　川久保剛
前嶋信次　杉田英明
*唐木順三　澤村修治
亀井勝一郎　山本直人
知里真志保　北原治郎太
*保田與重郎　谷崎昭男
石母田正　磯前順一
*福田恆存　川久保剛
井筒俊彦　安藤礼二
佐々木惣一　伊藤孝夫
小泉信三　都倉武之
*瀧川幸辰　伊藤孝夫
式場隆三郎　服部　正

大宅壮一　有馬　学
清水幾太郎　庄司武史
*フランク・ロイド・ライト　大久保美春
*中谷宇吉郎　杉山滋郎
今西錦司　山極寿一

*は既刊
二〇一九年二月現在